U0578832

权威·前沿·原创

皮书系列为
"十二五""十三五"国家重点图书出版规划项目

海丝蓝皮书

BLUE BOOK OF
21ST–CENTURY MARITIME SILK ROAD

21世纪海上丝绸之路研究报告
（2018~2019）

RESEARCH REPORT ON 21ST–CENTURY MARITIME SILK ROAD
(2018-2019)

华侨大学海上丝绸之路研究院／编
主　编／贾益民
副主编／许培源

社会科学文献出版社
SOCIAL SCIENCES ACADEMIC PRESS（CHINA）

图书在版编目（CIP）数据

21 世纪海上丝绸之路研究报告. 2018 ~ 2019 / 贾益
民主编. -- 北京：社会科学文献出版社，2019.4
　（海丝蓝皮书）
　ISBN 978 - 7 - 5201 - 4712 - 5

Ⅰ. ①2… Ⅱ. ①贾… Ⅲ. ①发展战略 - 研究报告 -
中国 - 2018 - 2019 ②海上运输 - 丝绸之路 - 国际合作 - 研究
报告 - 2018 - 2019 Ⅳ. ①D60 ②F125

中国版本图书馆 CIP 数据核字（2019）第 067771 号

海丝蓝皮书
21 世纪海上丝绸之路研究报告（2018 ~2019）

主　　编／贾益民
副 主 编／许培源

出 版 人／谢寿光
责任编辑／黄金平

出　　版／社会科学文献出版社 · 社会政法分社（010）59367156
　　　　　地址：北京市北三环中路甲 29 号院华龙大厦　邮编：100029
　　　　　网址：www. ssap. com. cn
发　　行／市场营销中心（010）59367081　59367083
印　　装／天津千鹤文化传播有限公司

规　　格／开　本：787mm × 1092mm　1/16
　　　　　印　张：16. 75　字　数：246 千字
版　　次／2019 年 4 月第 1 版　2019 年 4 月第 1 次印刷
书　　号／ISBN 978 - 7 - 5201 - 4712 - 5
定　　价／118. 00 元

本书如有印装质量问题，请与读者服务中心（010 - 59367028）联系

海丝蓝皮书编委会

主要编写人员简介

许培源　经济学博士、教授、博士生导师，华侨大学海上丝绸之路研究院常务副院长，主要从事国际经济、亚太经贸合作、"一带一路"的教学与研究。兼任"一带一路"国际智库合作联盟理事会理事、中国国际贸易学会常务理事、中国亚洲太平洋学会常务理事等。主持国家社科基金项目2项、省部级重大重点项目5项，其他项目10余项，在核心期刊发表论文60余篇。2013年入选教育部"新世纪优秀人才支持计划"。

许利平　北京大学博士，美国康奈尔大学访问学者，中国社会科学院亚太与全球战略研究院研究员、博士生导师，亚太社会文化研究室主任，东南亚研究中心主任。兼任中国亚太学会理事、中国东南亚研究会理事。主要研究领域为东南亚国际政治与国际关系、亚太社会与文化、非传统安全等。

赵江林　经济学博士，中国社会科学院亚太与全球战略研究院研究员、国际经济关系室主任、博士生导师，中国社会科学院国家全球战略智库副秘书长。研究方向为亚太经济、国际经济关系。

黄梅波　经济学博士，上海对外经贸大学国际发展合作研究院院长、国际经贸研究所所长、教授。兼任中国世界经济学会副秘书长、中国美国经济学会副秘书长、中国国际发展研究网络管理委员会成员、中国商务部国际投资专家委员会特邀专家。入选教育部"新世纪优秀人才支持计划"、福建省"百千万人才"、厦门市"拔尖人才"等。主要研究领域为世界经济理论与政策、国际发展援助、国际发展融资、中国对非援助贸易投资关系等。

吴崇伯　厦门大学国际关系学院/南洋研究院副院长、教授、博士生导师。从事世界经济领域的研究与教学，主要研究领域为亚太地区财政与金融、东南亚经济、港澳经济、东南亚华侨华人经济、印度尼西亚政治经济。

康　霖　博士、研究员，海南大学旅游学院副院长，政协第七届海南省委员会社会和法制委员会副主任委员。主要从事南海问题、海洋资源开发与海洋旅游、"一带一路"建设等相关方面研究。先后主持国家社科基金、中国—东盟海上合作基金等 20 多项；出版多部学术专著；在《国际问题研究》《环球时报》等发表论文和评论数十篇；获得 2014—2016 年度海南省"五个一工程"奖、第四届海南省出版物政府奖励特别奖、第十届海南省社会科学优秀成果三等奖。

徐秀军　国际政治博士，现为中国社会科学院世界经济与政治研究所国际政治经济学研究室主任、副研究员，兼任金砖国家研究基地执行主任，国际经济与战略研究中心副主任，中国新兴经济体研究会理事、副秘书长。曾在澳大利亚国立大学和美国乔治·华盛顿大学从事访问学者研究工作。主要研究领域为国际政治经济学、亚太区域合作、新兴经济体与全球治理，主持 3 项国家社科基金课题和多项省部级课题，出版论著多部（篇）。

宋秀琚　法学博士，华中师范大学政治与国际关系学院副教授，国际关系专业硕士生导师，华中师范大学中国—印尼人文交流研究中心副主任，湖北省国际关系学会秘书长，美国杜克大学政治系访问学者。主要研究方向为西方国际关系理论、大国外交、印度尼西亚及南太平洋岛国研究。主持并参与多项国家社科基金课题和教育部课题，目前已在核心期刊发表论文 30 多篇，专著、参著、主编多部著作。

于　营　海南大学政治与公共管理学院副教授、硕士生导师，海南省南海政策与法律研究中心研究员。2008 年毕业于吉林大学行政学院国际政治专业，获法学博士学位。主要研究领域为南海历史文化研究、海洋战略以及海上丝绸之路地缘安全战略通道研究。主持国家社科基金项目、省部级项目4项，参与国家社科基金及省部级项目15项。近年来发表相关学术论文10余篇，出版学术著作4部。近年来参与"南海战略与管理"高层论坛、中国南海研究院2017中韩海洋合作论坛等，并在会上发表主旨演讲。

李子昕 中国国际问题研究院美国研究所助理研究员。主要研究方向为中美关系、美国中东政策、"一带一路"倡议、中东国际安全、国际反恐合作。曾于2015年赴以色列赫兹利亚多学科研究中心反恐研究所交流访学半年。已发表多篇学术论文和媒体评论，为《大公报》《环球时报》《学习时报》《中国石油报》等媒体撰写评论文章。

摘　要

《21 世纪海上丝绸之路研究报告（2018～2019）》分为总报告、国别与区域篇、专题篇。

总报告指出 21 世纪海上丝绸之路建设走过的五年取得了丰硕成果，越来越多国家参与到共享蓝色机遇的发展浪潮中，海丝建设规划与政策得以细化拓展和广泛沟通，海上联通空间布局延伸到"四洋联动"，海陆沟通与"一带一路"衔接加强，海洋经贸、投资、环境等领域合作有效推进，多渠道海洋人文交流协同拓展，多国各方正共筑四海融通的发展格局。同时，海丝建设过程中也遇到了国际地缘政经博弈、共建国内部局势变动、海丝建设主观认知有待提升、外界理解认同差异、推进过程有待完善等问题，制约了海丝建设的实际效果与长远发展。面对这些问题，要推动海丝建设进一步走实走深，离不开大处着眼和小处着手的结合，需完善"一带一路"顶层设计，统筹海陆平衡发展；着力构建新型国际关系，增进大国间政治互信；深化国别调查研究，加强政治生态沟通；拓展海丝公共外交，推进民心相通相向；科学评估海丝实践，循序渐进推动建设；统筹国内海丝行动，化竞争为协同合力。

国别与区域篇收录的第一篇报告指出，"21 世纪海上丝绸之路"建设要与沿线国家做好对接，扩大务实合作，共享经济发展机遇，共同面对全球治理新挑战，实现共同发展、共同繁荣。"21 世纪海上丝绸之路"与沿线国家对接的内容和形式主要是发展战略对接、机制对接、海外项目和企业对接、人文对接，同时指出对接合作领域是多种多样的；概括了与沿线国家对接的现状、特点及面临的挑战，给出了优化对接的建议：深化与沿线国家对接的制度化建设、优化现有的对接合作、促进与沿线国家对接合

作的产业发展与产业链建设、打造依托对接港口合作的平台建设。第二篇报告指出，自"21世纪海上丝绸之路"倡议提出后，中国与太平洋岛国之间的战略对接拥有了新的平台，相互合作因此拥有了新的动力。新形势下，为了充分发挥太平洋岛国在"21世纪海上丝绸之路"建设中的经济伙伴、政治依托和安全保障的战略作用，应从政治、经济、人文和机制建设等各个方面加强同太平洋岛国地区的对接，并以"一国一策"为原则有针对性地加强与斐济、巴布亚新几内亚和瓦努阿图等重点国家之间的务实合作。第三篇报告指出，气候变化是人类面临的重大共同挑战，更是近年来世界关注的热点问题。南太平洋地区作为中国"21世纪海上丝绸之路"倡议的战略延伸区域，无论从地缘、安全还是发展角度，深入推进双方气候变化合作都具有重要现实意义和战略价值。近年来，中国与南太岛国通过利用现有国际机制和国际规则、发挥多边合作机制的作用、加强高层访问、多方位援助等方式在气候变化问题上展开了全方位多层次的合作，呈现出合作机制与平台增多、合作行为体多元化及合作方式多样化等特点。与此同时，双方气候变化合作也面临着域内外国家反对论调的干扰、政策共识与项目落地之间存在差距、各国之间的协调不足缺乏整体性等挑战。未来，可通过扩大向南太岛国气候变化部门提供的发展合作规模、巩固在国际气候谈判中的合作、加强在可再生能源方面的合作及推行综合立体的合作模式，推进我国与南太岛国在应对气候变化中的务实合作。第四篇报告指出，2018年，马来西亚的政治环境发生了变化，回顾"一带一路"倡议提出五年来，中马两国合作经历了艰难起步、启动对接、合作稳步推进但间有杂音和当前的变革调整四个阶段。五年来，两国"五通"合作成效显著，无论是在东盟区域还是在世界范围内都走在了其他国家的前列，但自马来西亚第14届国会大选以来，两国合作开始面临一些新的困难与挑战，主要表现为新政府对于多个中资项目的停工审查、马当前内政外交发展思路的变化给两国未来合作所带来的不确定性等。对此两国政府应该谨慎研判、务实应对，避免因各种分歧或误判而损害两国"一带一路"合作大局和两国全面战略伙伴关系的构建。第五篇报告指出，中国与印度同为新兴经济体，经济互补性强，合作潜力巨大，"一带一路"建设背景下深化中印经贸合作具有重要的战略意义。文中分析了当前中印经贸合作的现状以及存在的问题，进一步探讨了"一带一路"框架下加强中印经贸合作的重要性以及未来两国合作的重点领域，对深化两国经贸合作提出了建议。第六篇报告指出，五年来，中国与印尼全面深化合作，取得了丰硕成果，双边贸易连创新高，相互投资不断增长，其他方面的经济技术合作富有成效。尽管"一带一路"框架下中国与印尼合作还面临诸多挑战与问题，但鉴于两国政府和企业都在积极努力，为两大战略对接以及两国经济合作缔造了良好的氛围，因此，中国与印尼经济合作展现了良好的前景。

专题篇收录的第一篇报告指出了"21世纪海上丝绸之路"建设中，中国企业和机构等在"走出去"的过程中遭遇诸多风险，为了更有效地保障中国企业和人员的海外利益，应做好海外风险与防控机制的对接。为此，中国政府出台了一系列文件，在海外利益保护方面取得了许多成果。为了更好地防控海外风险，中国政府决定建立"一带一路"争端解决机制和机构，国别风险数据库和重点区域风险预警机制即将面世。各领域专家分别从顶层设计、税务、法律和网络安全方面为中国海外利益保护提出了非常有价值的意见。第二篇报告指出，贸易自由化便利化是促进"贸易畅通"，构建"海丝"自由贸易区网络的重要内容。当前沿线各国贸易自由化便利化水平差异显著。进一步量化评估贸易自由化便利化国际经济效应的结果表明：贸易自由化、便利化均对沿线各区域的实际GDP、社会福利、进出口等产生正向激励，其中贸易便利化的作用更显著。从区域看，贸易自由化对南亚、东非、南非的进出口影响较大，贸易便利化对"海丝"各次区域进出口影响均十分显著，而二者均显著改善中国的贸易条件和社会福利水平；从产业角度看，贸易自由化便利化推动沿线各国朝着各自比较优势的方向发展。由于一些国家在贸易自由化、贸易便利化中呈正负相反的收益，因此两者同步推进是构建"海丝"自由贸易区网络的最优模式。第三篇报告指出，油气开发与能

海丝蓝皮书

源贸易合作是"一带一路"倡议的重要组成部分,也是推动中国与沿线国家务实合作,增进彼此政治互信的有效途径。自"一带一路"倡议提出以来,中国与沿线国家能源合作成果显著。然而,受到与部分沿线国家能源发展规划不同、地缘政治以及部分沿线国家政局不稳等影响,"一带一路"能源合作面临诸多挑战。中国应把握沿线国家经济转型发展需要,主动推进油气产业合作,创新"能源基础设施建设—能源产业合作"模式,深挖沿线国家油气合作潜力,拓宽能源贸易合作渠道,并积极引导中资能源企业形成国际竞争优势,增强企业规避风险能力。第四篇报告指出,海洋地缘战略通道日益成为中国从近海走向远洋的关键。从中国整体地缘战略态势来看,中国的三个边缘海均受限于地缘战略通道。南海海域因沟通印度洋和太平洋,地理位置极其关键。同时,南海问题久拖不决,虽有缓和趋势,但仍错综复杂。南海地缘战略通道的开拓和维护可称为中国地缘战略通道策略的重中之重。马六甲海峡、龙目海峡、巽他海峡和望加锡海峡是南海海域进出的最重要水道,可以作为中国开拓南海地缘战略通道的核心节点。未来,中国可从构建多边合作机制、推进"依陆制海"思维的进一步扩展以及话语权建设三个层面推进中国南海地缘战略通道建设。第五篇报告指出,中东地区是中国推动"一带一路"建设的关键节点,其环境安全问题应高度重视。中东资源蕴藏丰富、市场广阔、经济社会发展潜力巨大,但受到地缘政治、教派冲突、极端主义、恐怖袭击等安全因素的袭扰,该地区政治版图碎片化严重,政治局势持续震荡,非传统安全风险有上升的趋势。特别是近一年来,域外大国在中东的争夺愈发激烈,叙利亚局势由内战转入战后利益分配期,特朗普政府退出伊核协议、迁馆耶路撒冷等冒进政策给地区带来新的不稳定因素。尽管地区局势纷繁复杂、暗流涌动,中国在过去一年与中东地区合力推动海上丝绸之路建设的努力一直没有停歇。高层交往加频加密,顶层设计举旗定向,合作平台不断拓宽,机制保障落实到位,中国的"一带一路"倡议与地区国家各自的发展规划逐步完成对接。总体而言,中东地区海上丝绸之路构建的机遇与挑战并存,非

004

传统安全风险较其他地区仍处于较高水平；目前相关合作已就应对非传统安全风险预设一定的防范机制，但具体细则和危机处置能力仍有待进一步加强。

关键词： 21 世纪海上丝绸之路 地缘环境 经贸合作

目　录

皮书数据库阅读**使用指南**

总 报 告

General Report

B.1
21世纪海上丝绸之路建设：
进展、问题与对策*

何光强　许培源**

摘　要：　　"一带一路"倡议已走过 5 年。作为其海上合作方向，21 世纪海上丝绸之路建设也取得了丰硕成果，越来越多国家参与到这场共享蓝色机遇的发展浪潮中。5 年来，海丝建设规划与政策得以细化拓展和广泛沟通，海上联通空间布局延伸到"四洋联动"，海陆沟通与"一带一路"衔接加强，海洋经贸、投资、环境等领域合作有效推进，多渠道海洋人文交流协同拓展，多国各方正共筑四海融通的发展格局。与此同时，海丝建设过程中也遇到了国际地缘政经博弈、共建国内部局

　　* 本文受到华侨大学高层次人才科研启动项目（17SKBS208）的资助。
　　** 何光强，华侨大学海上丝绸之路研究院讲师，主要从事地缘政治和"一带一路"建设研究；
　　　许培源，华侨大学海上丝绸之路研究院常务副院长、教授、博士生导师。

势变动、海丝建设主观认知有待提升、外界理解认同差异、推进过程有待完善等问题，制约了海丝建设的实际效果与长远发展。面对这些问题，要推动海丝建设进一步走实走深，离不开大处着眼和小处着手的结合，需完善"一带一路"顶层设计，统筹海陆平衡发展；着力构建新型国际关系，增进大国政治互信；深化国别调查研究，加强政治生态沟通；拓展海丝公共外交，推进民心相通相向；科学评估海丝实践，循序渐进推动建设；统筹国内海丝行动，化竞争为协同合力。

关键词： 21世纪海上丝绸之路 "一带一路" 共建国 蓝色通道 海陆统筹

一 21世纪海上丝绸之路建设5年：共享蓝色 机遇，共筑四海融通

2013年习近平主席提出共建"丝绸之路经济带"和"21世纪海上丝绸之路"倡议以来，"一带一路"已经走过了极不平凡的5年历程。5年来，在中国同国际社会的共同推进下，"一带一路"逐渐从单方倡议扩展为多方共识，从发展理念转化为合作行动，从理想愿景发展为可喜现实，取得了丰硕的建设成果，形成了互利共赢的良好局面。

作为"一带一路"建设的重要组成部分，21世纪海上丝绸之路（简称"海丝"）是中国参与和引领全球治理尤其是亚太治理、从经济大国转向经济强国的经济外交平台。[①] 在以21世纪海上丝绸之路建设为代表的新丝绸之路的继承和超越下，古代海上丝绸之路重新焕发出新的生命力，"开放、

---

① 许培源、贾益民：《21世纪海上丝绸之路及其建设路径》，载贾益民主编《21世纪海上丝绸之路研究报告（2017）》，社会科学文献出版社，2017，第3页。

包容、合作、共赢"的丝路精神得到不断充实与发展。通过海洋纽带，秉持"共商、共建、共享"原则，不管是古代海上丝路沿线地区，还是世界其他区域，越来越多的国家开始参与到这场共享蓝色机遇的合作发展浪潮中。5年来，尤其是2017年以来，海丝政策环境逐步优化，海上互联互通更加便利，海洋多域合作成效更加显著，多元融资体系日渐完善，海洋人文交流更趋密切。如今的海上丝路变得更加繁忙，越走越宽、越走越远、越织越密，沿线各地间的距离也越拉越近。在迈向人类命运共同体的征程上，海丝沿线各国各方正共同筑造着四海融通的发展格局。

当然，不可否认的是，21世纪海上丝绸之路建设在取得一个又一个进展的同时，也遇到了诸多问题。这其中，既有客观存在的地缘政治经济博弈牵制和共建国内部局势变动的影响，也有海丝建设主观认知有待提升、外界理解认同差异、推进过程有待完善等问题。这些问题不同程度地影响了21世纪海上丝绸之路建设的实际效果与长远发展，需要我们认真对待，并提出相应的政策建议。

鉴于21世纪海上丝绸之路建设面临的以上问题，相应对策必须把从大处着眼和小处着手相结合。一方面，应着眼于增进政治互信、完善顶层设计、统筹内外布局等大框架方向的稳定；另一方面，也应着手于沿线深入调查、精细研究、民间交流、项目推进等具体事务的反思与改进。作为百年大计的"一带一路"建设不可能一蹴而就，而21世纪海上丝绸之路建设更需要久久为功的战略耐心与定力。只有这样，才能更好地把握住蓝色机遇，推动21世纪海上丝绸之路建设进一步走实走深，实现共同发展。接下来，本报告将围绕21世纪海上丝绸之路建设的主要进展、遇到的主要问题进行具体论述，并就进一步推进21世纪海上丝绸之路建设提出相应对策。

二　21世纪海上丝绸之路建设的主要进展

（一）海丝建设规划与政策得以细化拓展和广泛沟通

5年来，以21世纪海上丝绸之路建设为核心的"一带一路"海上合作规划

从无到有，从粗到细。在规划政策自我完善、细化拓展的同时，我国还积极与海丝沿线各参与方进行广泛密切的政策沟通，实现了多层次海洋发展战略对接。

从国内角度看，不管是规划政策制定还是机构设置，已建立起 21 世纪海上丝绸之路建设的基本政策架构，政策环境日趋优化。2015 年 3 月国家发改委、外交部、商务部联合发布的《推动共建丝绸之路经济带和 21 世纪海上丝绸之路的愿景与行动》（以下简称《愿景与行动》）作为"一带一路"倡议的总规划，在总体框架下对 21 世纪海上丝绸之路进行了初步顶层设计。作为 2017 年 5 月我国举办的首届"一带一路"国际合作高峰论坛重要成果之一，多项政策文件已出台。其中《共建"一带一路"：理念、实践与中国的贡献》（以下简称《共建"一带一路"》）在总结合作领域时，专门论述了"有序推动海上合作"。基于前两大政策文件，2017 年 6 月，为进一步推动沿线国海丝合作，国家发改委、国家海洋局制定并发布了《"一带一路"建设海上合作设想》（以下简称《合作设想》），对"一带一路"建设海上合作的原则、思路、重点、行动进行了专门规划，为 21 世纪海上丝绸之路建设提供了行动指南。同年 10 月，"一带一路"建设被写入党章，坚定了"一带一路"国际合作的决心。另外，许多"一带一路"领域部门性政策也涉及海丝合作，沿海各省市也都制定了本地海丝规划。在机构设置上，为更好地服务"一带一路"建设，2015 年以来，推进"一带一路"建设工作领导小组、"一带一路"建设促进中心相继成立。2018 年初国务院新一轮机构改革组建了国家国际发展合作署，并调整了涉海管理部门。

从国际角度看，我国与海丝沿线各参与方加强了宏观政策协调与发展规划战略对接，政治互信不断增强，逐渐共同营造出有利的海丝发展环境。"一带一路"倡议及其核心理念已被纳入联合国、亚太经合组织、上合组织、二十国集团等重要国际组织和多边机制的成果文件。截至 2018 年 8 月，已有 103 个国家和国际组织同中国签署 118 份"一带一路"方面的合作协议。① 参与方

---

① 《国新办举行共建"一带一路"5 年进展及展望发布会》，国务院新闻办网站，http://www. scio. gov. cn/xwfbh/xwbfbh/wqfbh/37601/38866/index. htm。

从亚欧大陆延伸到了非洲、大洋洲、拉丁美洲，"一带一路"朋友圈不断扩容。首届"一带一路"国际合作高峰论坛中，29 个国家的元首和政府首脑出席，140 多个国家和 80 多个国际组织的 1600 多名代表参会。论坛 279 项成果中，到 2018 年 8 月为止已有 265 项已经完成或转为常态工作，剩下的 14 项正在督办推进，落实率达 95%。① 2017 年，我国新签署 50 份"一带一路"框架下的各类合作协议，占 5 年来已签署协议总数的近一半。在海上合作方面，截至 2017 年，我国与"一带一路"沿线 47 个国家签署了 38 份双边和区域海运协定，② 并与泰国、马来西亚、柬埔寨、印度、巴基斯坦、马尔代夫等国签署了多项政府间海洋领域合作文件，建立了双边海洋合作机制和广泛的海洋合作伙伴关系网。同时我国还与相关参与方搭建了多样化的海洋合作平台，进一步深化了亚太、中东欧、东亚、东盟、北部湾、澜湄等区域和次区域的机制化海洋合作。

（二）海上联通空间布局延伸到"四洋联动"

5 年来，以港口和航道为重点的海上互联互通建设取得了长足进展，海丝联通范围越来越广。以中国沿海为起点，从最初沿袭古代海上丝绸之路的南海—东南亚—印度洋—地中海—欧洲一线，扩展到经南海往南到南太平洋、北向延伸到北太平洋和北冰洋，实现了太平洋、印度洋、大西洋和北冰洋的"四洋联动"。

2013 年 10 月，当习近平主席最初在印尼国会演讲提出共建"21 世纪海上丝绸之路"时，主要针对中国与东盟（东南亚）之间的海上合作。2014 年 11 月，在中央财经领导小组第八次会议上，习近平总书记指出，"历史上，陆上丝绸之路和海上丝绸之路就是我国同中亚、东南亚、南亚、西亚、东非、欧洲经贸和文化交流的大通道，'一带一路'倡议是对古丝绸之路的

---

① 《国新办举行共建"一带一路"5 年进展及展望发布会》，国务院新闻办网站，http://www. scio. gov. cn/xwfbh/xwbfbh/wqfbh/37601/38866/index. htm。
② 推进"一带一路"建设工作领导小组办公室：《共建"一带一路"：理念、实践与中国的贡献》，载《"一带一路"国际合作高峰论坛重要文辑》，人民出版社，2017，第 79 页。

传承和提升"①，进一步明确了21世纪海上丝绸之路联通区域对于古代海上丝绸之路的继承性。2015年中国政府发布的《愿景与行动》正式确定了"21世纪海上丝绸之路重点方向是从中国沿海港口过南海到印度洋，延伸至欧洲；从中国沿海港口过南海到南太平洋"②，在沿袭古代海上丝绸之路的同时，扩展了往南太平洋的南线方向。

由于"一带一路"串联起了亚欧大陆两头活跃的东亚经济圈和发达的欧洲经济圈，在全球地缘政治风云变幻和极地热的催化下，针对北极地区的"一带一路"合作思考逐渐进入了中俄两国的外交视野。"一带一路"倡议提出以来，中俄进行了卓有成效的政策沟通与战略对接，取得了许多早期收获。2015年以来，俄方多次向中方表达了合作开发北方海航道的意愿，这在2015年、2016年中俄总理定期会晤联合公报中得到印证，③双方同意就合作开发北方海航道进行前期航运研究。这一合作动向随即反映在2016年底中国国家测绘地理信息局公布的"一带一路"官方标准地图中，图中21世纪海上丝绸之路增补了北向北冰洋的路线。2017年5月"一带一路"国际合作高峰论坛期间，来华参会的俄罗斯总统普京更是表达了"希望中国能利用北极航道，把北极航道同'一带一路'连接起来"④的想法。该想法在随后中国公布的《合作设想》中得到正面呼应，《合作设想》根据21世纪海上丝绸之路的重点方向，规划了共建"中国—印度洋—非洲—地中海""中国—大洋洲—南太平洋"和"经北冰洋连接欧洲"⑤的三条蓝色经济通

---

① 《习近平：加快推进丝绸之路经济带和21世纪海上丝绸之路建设》，新华网，http：//www.xinhuanet.com/politics/2014－11/06/c_1113146840.htm。

② 国家发展改革委、外交部、商务部：《推动共建丝绸之路经济带和21世纪海上丝绸之路的愿景与行动》，新华网，http：//www.xinhuanet.com/world/2015－03/28/c_1114793986.htm。

③ 在2015年中俄总理第20次定期会晤联合公报中，双方同意"加强北方海航道开发利用合作，开展北极航运研究"。在2016年中俄总理第21次定期会晤联合公报中，双方支持"对联合开发北方海航道运输潜力的前景进行研究"。

④ 《王毅：中俄有意开发北极航线，建设冰上丝绸之路》，观察者网，http：//www.guancha.cn/Neighbors/2017_05_27_410454.shtml。

⑤ 国家发展改革委、国家海洋局：《"一带一路"建设海上合作设想》，新华网，http：//www.xinhuanet.com/politics/2017－06/20/c_1121176798.htm。

道。与之前《愿景与行动》的空间布局相比，增加了北向北冰洋的海丝建设方向。在后来中俄两国高层互访中，这一合作意愿被确认为共建"冰上丝绸之路"，上升为两国之间的政策共识。自此，海丝联通空间布局逐渐联通到全球四大洋。

在现实的海丝建设中，"四洋联动"早已从政策规划转变为务实成果。数据表明，截至 2018 年，我国港口已与世界 200 多个国家的 600 多个主要港口建立航线联系，海运互联互通指数保持全球第一，海运服务已覆盖"一带一路"所有沿海国家，参与希腊比雷埃夫斯港、斯里兰卡汉班托塔港、巴基斯坦瓜达尔港等 34 个国家的 42 个港口的建设经营。[①] 值得注意的是，我国与"一带一路"沿线国家港口的联通度，明显高于中国与"一带一路"沿线国家其他交通设施联通水平，[②] 极大地带动了海丝沿线各国经贸合作的发展。

（三）海陆统筹指引下海陆沟通与"一带一路"衔接加强

5 年来，在海陆统筹指引下，21 世纪海上丝绸之路建设与丝绸之路经济带建设通过共建经济走廊和区域协调发展，初步打造出国际、国内海陆双向沟通的大格局，"一带"和"一路"间衔接度进一步增强，"一带一路"的整体效应凸显。

国际层面，根据《愿景与行动》中对于"一带一路"五大基本方向和"六廊六路多国多港"合作框架的顶层规划，共建国际经济走廊取得了显著发展，"一带一路"国际海陆联通加强。不仅亚欧大陆东西两端的东亚经济圈与欧洲经济圈联系在一起，而且 21 世纪海上丝绸之路与丝绸之路经济带也联系到一起。海上丝绸之路沿线支点港口的陆路转运通道逐渐被打通（见表 1），海陆联运进一步提升了"一带一路"的通达效率，21 世纪海上

---

① 《"一带一路"倡议五周年：设施互联互通成果丰硕》，央视网，http：//news. cctv. com/2018/08/19/ARTIKUOK6bw1EeA4TFSYgIsU180819. shtml。

② 《"一带一路"倡议五周年：设施互联互通成果丰硕》，央视网，http：//news. cctv. com/2018/08/19/ARTIKUOK6bw1EeA4TFSYgIsU180819. shtml。

丝绸之路的经济辐射效应不断向沿线国内陆腹地延伸，促进了"一带一路"沿线跨区域、区域、次区域等多层次的网络化海陆联通。新亚欧大陆桥经济走廊让深居内陆的中亚多国有了新的东向"出海口"，中国许多沿海港口直接成为"中欧班列"的东部起点，欧洲大西洋（含地中海）沿岸港口通往欧洲内陆各国的陆路中转更加便捷；中蒙俄经济走廊的具体实施增加了中国东北、蒙古和俄罗斯远东西伯利亚的海洋机遇，有效盘活了东北亚经济圈；中国—中亚—西亚经济走廊进一步密切了中东周围各边缘海、中亚里海与中国内陆之间的海陆商贸联系；中国—中南半岛和孟中印缅经济走廊建设不仅有效缓解了中国西南和中南半岛内陆的"陆锁"状态，更密切了太平洋和印度洋之间的联系，泛亚铁路构想逐渐成为现实；中巴经济走廊全面推进，有效缩短了巴基斯坦北部、中国新疆的陆海距离，促进了两国与印度洋西岸多国的进出口海陆转运对接。

表1　21世纪海上丝绸之路沿线重要支点港口、所在国及对应的陆路转运通道

支点港口	支点港口所在国	相关陆路中转通道
比雷埃夫斯港	希腊	匈塞铁路
吉布提港	吉布提	亚吉铁路
蒙巴萨港	肯尼亚	蒙内铁路
瓜达尔港	巴基斯坦	中巴经济走廊（公路、铁路、管道、光缆通道）
汉班托塔港、科伦坡港	斯里兰卡	
吉大港	孟加拉国	孟中印缅经济走廊
皎漂港	缅甸	中国—中南半岛经济走廊和孟中印缅经济走廊（具体为中缅油气管道）
新加坡港	新加坡	中国—中南半岛经济走廊（具体为中老铁路、中泰铁路、新马高铁）
巴生港、关丹港、皇京港	马来西亚	中国—中南半岛经济走廊（具体为马来西亚东海岸衔接铁路）
纳霍德卡港、扎鲁比诺港	俄罗斯	中蒙俄经济走廊（具体为滨海1号和2号国际运输走廊）

国内层面，作为新一轮更高层次对外开放，"一带一路"建设（尤其21世纪海上丝绸之路）与国内京津冀协同发展、长江经济带、粤港澳大

湾区等区域发展战略实现了有效对接。根据沿海各地区的地方特色优势，国内的海丝发展布局以不同功能定位的"新区"模式在中国东南沿海陆续铺开（见表2）。东部沿海在深化与海丝沿线国家务实合作的同时，也注重发挥自身多龙头的经济辐射效应，加强了与内陆省区的"一带一路"合作，进一步促进了中国各区域协调发展，国内沿海与沿边、内陆腹地间的陆海内外联动获得提升。横贯运行于亚欧大陆的"中欧班列"不仅串联起亚欧大陆两端，而且也串联起中国沿海与内陆，内陆省区的国内出海口更加多样化。2018年4月10日，国内首艘江海直达船完成首航。①这标志着依托以长江为代表的天然黄金水道的航运功能，长江流域内陆地区正以"江海直达"的新模式更加便利地参与21世纪海上丝绸之路建设，在"海进江"和"江出海"之间，有效节省了物流成本，缩短了物流周转期。同时，作为海陆联通重要纽带的江海联运也给以宁波—舟山港为代表的东部沿海港口带来了新的发展机遇，国内沿海海丝建设由此更好地融入国家整体（尤其内陆）发展的大格局。此外，伴随着中国国内多轮自贸试验区的建设，内陆、沿边口岸进一步加强了与沿海口岸的通关合作，陆港、空港和海港的立体互联和融合推进进一步夯实了"一带一路"衔接的国内基础。

表2　国内部分沿海省区海丝建设"新区"功能定位布局

沿海省区	海丝功能定位"新区"
福建省	21世纪海上丝绸之路核心区
	海峡蓝色经济试验区
浙江省	海洋经济发展示范区
	舟山群岛海洋新区
海南省	国际旅游岛
	海南自由贸易试验区

① 《国内首艘江海直达船完成首航》，新华网，http://www.xinhuanet.com/politics/2018-04/10/c_1122661018.htm。

（四）海洋经贸、投资、环保等多领域合作进展顺利

5 年来，中国与"一带一路"沿线国家在海洋经贸、投资、金融、环保、防灾减灾、执法安全等领域开展了一系列互利共赢的海洋合作，全球海洋合作治理有序推进，围绕 21 世纪海丝建设的全方位海洋合作局面初步形成。

在经贸、投资合作领域，我国与"一带一路"沿线国家经贸往来不断扩大，投资合作不断深化。截至 2018 年 6 月，中国与沿线国家货物贸易累计超过 5 万亿美元，年均增长 1.1%，对外直接投资超过 700 亿美元，年均增长 7.2%，在沿线国家新签对外承包工程合同额超过 5000 亿美元，年均增长 19.2%。5 年来，中国企业在沿线国家建设境外经贸合作区共 82 个，累计投资 289 亿美元，入区企业 3995 家，上缴东道国税费累计 20.1 亿美元，为当地创造 24.4 万个就业岗位。① 国家信息中心大数据分析显示，2017 年韩国、越南、马来西亚、印度、俄罗斯是中国最主要的"一带一路"贸易伙伴，② 而这五国都位于 21 世纪海上丝绸之路沿线。在融资推进上，"一带一路"多元化投融资体系不断完善，开发性和政策性金融支持力度持续加大。截至 2018 年 7 月底，亚投行成员达到 87 个，来自"一带一路"沿线的参与方超过六成。中国出资 400 亿美元成立的丝路基金，在 2017 年 5 月又获中国增资 1000 亿元人民币，目前已经签约了 19 个项目，承诺投资 70 亿美元，支持项目涉及的总金额达到 800 亿美元。值得注意的是，我国已设立中国—东盟海上合作基金和中国—印尼海上合作基金，实施《南海及其周边海洋国际合作框架计划》。亚洲基础设施投资银行、丝路基金对重大海上合作项目提供了资金支持。③ 在"一带一路"金融合作进展良好的国

---

① 《国新办举行共建"一带一路"5 年进展及展望发布会》，国务院新闻办网站，http：//www. scio. gov. cn/xwfbh/xwbfbh/wqfbh/37601/38866/index. htm。

② 《"一带一路"倡议五周年：互利共赢、经贸投资合作成效明显》，央视网，http：//m. news. cctv. com/2018/08/18/ARTIywtB7q5Bpfg9hFdsOftI180818. shtml。

③ 国家发展改革委、国家海洋局：《"一带一路"建设海上合作设想》，新华网，http：//www. xinhuanet. com/politics/2017 - 06/20/c_1121176798. htm。

家中，海丝沿线占了较大比重。其中，新加坡、马来西亚、印度尼西亚、泰国设立的中资银行分支机构最多，人民币跨境支付在海丝沿线覆盖范围越来越广。

在具体产业项目合作上，除了之前提到的重要港口和陆路中转通道建设运营合作外，依托技术优势和互补需求，中国与荷兰合作开发海上风力发电，与印尼、哈萨克斯坦、伊朗等国的海水淡化合作项目也在推动落实。[1] 海底通信互联互通水平大幅提高，亚太直达海底光缆（APG）正式运营。[2] 中国与阿联酋的海水稻农业技术合作也正逐渐推广到整个阿拉伯地区。另外，中马钦州—关丹"两国双园"、柬埔寨西哈努克港经济特区、埃及苏伊士经贸合作区等境外园区建设不断推进，区域示范效应明显。作为中国与马尔代夫共建21世纪海上丝绸之路的标志性项目，连接首都马累和机场岛的中马友谊大桥于2018年8月30日正式通车，便利了马尔代夫国内交通往来。此外，我国与中东、非洲、东南亚等海丝有关国家和国际组织开展的海洋油气和渔业合作也有所发展，推动了沿线海洋资源的可持续利用。

在海洋生态环境保护、防灾减灾、执法安全等其他合作领域，我国与21世纪海上丝绸之路沿线国家通过共建联合实验室、研究中心、合作中心、合作论坛（平台）、磋商机制、联委会等多样且专业化的机制合作（见表3），有力地提高了海洋合作水平，增进了政治互信，并有效保障了海丝沿线地区的和平稳定。同时，中国还以共建21世纪海上丝绸之路为契机，与沿线国一道，充分利用并补充已有的双多边合作机制，推动建立21世纪海上丝绸之路沿线国高层对话机制，搭建蓝色伙伴关系，探索蓝色经济发展的新模式，优化海洋规划研究与应用，推动涉海智库与民间组织的交流，共同推动全球海洋合作治理。

---

[1] 推进"一带一路"建设工作领导小组办公室：《共建"一带一路"：理念、实践与中国的贡献》，载《"一带一路"国际合作高峰论坛重要文辑》，人民出版社，2017，第90页。
[2] 国家发展改革委、国家海洋局：《"一带一路"建设海上合作设想》，新华网，http://www.xinhuanet.com/politics/2017-06/20/c_1121176798.htm。

表3　21世纪海上丝绸之路背景下中国与沿线国之间的多领域海洋合作机制

海洋合作领域	合作方	相关合作机制
综合海洋合作	中国—东盟	海洋合作中心
	中国—东南亚国家	海洋合作论坛
	亚太国家	东亚海洋合作平台
	中国—南欧国家	海洋合作论坛
	中国—小岛屿国家	海洋部长圆桌会议
海洋科技、生态环保、防灾减灾	中国—东盟	海洋科技合作论坛
	中国—东盟	海水养殖技术联合研究与推广中心
	中国—泰国	气候与海洋生态系统联合实验室
	中国—马来西亚	联合海洋研究中心
	中国—印尼	海洋与气候中心
	中国—柬埔寨	联合海洋观测站
	中国—巴基斯坦	联合海洋科学研究中心
	中国—以色列	海水淡化联合研究中心
执法安全	中国—东盟	应对海上紧急事态外交高官热线平台指导方针
	中国—东盟	"南海行为准则"框架
	中国—越南—菲律宾	海警海上合作联合委员会
	中国—巴基斯坦	海上执法合作机制
	澜沧江—湄公河流域国家	执法安全合作中心
	国际社会	亚丁湾反海盗护航巡逻机制（基于联合国安理会多项相关决议）
海事港务	中国—东盟	海事磋商机制
	中国—东盟	港口发展与合作论坛
	中国—马来西亚	港口联盟
	中国—中东欧	海运合作秘书处

（五）海丝人文交流合作多渠道协同拓展

5年来，依托21世纪海上丝绸之路建设合作纽带，我国与海丝沿线国家在教育科研文化、旅游、卫生健康、救灾援助减贫等领域开展了多层次人文交流合作，为全面深入推进21世纪海上丝绸之路建设营造了良好的人文社会环境。

在教育科研文化合作领域，"一带一路"教育科技交流日趋深化。2016年7月，我国发布了《推进共建"一带一路"教育行动》，为推动海丝沿线教育交流指明了合作方向。"一带一路"倡议提出5年来，中国与海丝沿线国家互派留学生规模逐渐扩大，开展了多批次的海丝高端人才研修培训活动，① 中国每年向"一带一路"沿线国提供1万个政府奖学金名额。2017年，来华留学生中，来自"一带一路"沿线国家的有32万人，约占总数的65%。同时，我国还与沿线国共同举办了多场"国家文化年"等人文交流活动，签署了多项文化交流合作协议，互设了一大批文化中心，相继举办了21世纪海上丝绸之路博览会、21世纪海上丝绸之路国际艺术节、世界妈祖海洋文化论坛等一系列海丝主题活动。针对海丝沿线文化遗产，我国还向海丝沿线的柬埔寨、缅甸等国提供了文化遗产修复援助，并积极与沿线国家一同推动海上丝绸之路申报世界文化遗产，弘扬妈祖海洋文化。此外，我国与海丝沿线的科研合作也在加快。除之前提到的众多海洋科技合作机制外，我国与海丝沿线国家还进一步强化了科技人才交流机制。5年来，已经吸引2500人次"一带一路"沿线国家的青年科学家来华从事短期科研工作，并初步形成面向东盟、南亚、中亚、中东欧等地区的区域技术转移协作网络。②

在旅游和人员往来便利合作领域，5年来，中国与"一带一路"沿线国家经常互办"旅游年"，密切了旅游推广与合作交流，沿线旅游规模不断扩大。中国已与"一带一路"沿线国家签署双边文化旅游合作文件76份。2018年，"一带一路"沿线国家的国际旅游规模已经占到全球旅游的70%左右。③ 在海丝沿线，中国—南亚国家旅游部长会议、中国—东盟旅游部门高官会等对话合作进一步推动了海丝沿线旅游合作的机制化。海上丝绸之路旅游推广联盟的建立，有力提升了海丝旅游品牌。为了促进中国与"一带

---

① 2017年以来，在国家发展改革委、国务院侨办的指导下，由陈江和基金会资助，中国华文教育基金会"一带一路"人才培训专项基金主办的"一带一路"人才培训学位班暨研修班已连续举办两届，包括学位班和短期研修班两种类型：学位班包括清华大学承办的"一带一路"中国法硕士班，短期研修班包括华侨大学承办的"贸易畅通研修班"、清华大学承办的"设施联通研修班"、复旦大学承办的"资金融通研修班"。另外，华侨大学自2017年以来已连续主办两届"海丝"国家高端人才培训班。
② 《"一带一路"倡议五周年·民心相通：科研交流加快区域技术协作强化》，央视网，http://news.cctv.com/2018/08/28/ARTIn4PM5Ho0afJTxsV83cgH180828.shtml。
③ 同上。

一路"沿线各国间旅游等人员往来，中国与沿线多国实现了多项互免签证、简化签证、单方免签、落地签等便利化安排，其中海丝沿线国家占了很大比重。

在卫生健康合作领域，中国通过共建"一带一路"，推动了海丝沿线传染病防控、卫生体制机制、医药合作、卫生能力、人才体系建设。其中，中国与东盟、非洲等地的卫生合作成效显著，实施了中国—东盟公共卫生人才培养百人计划、中非公共卫生合作计划。海丝沿线国家围绕以中医药为代表的传统医药领域的合作交流逐渐扩大，多个中医药海外中心在沿线落地。同时，中国还与世界卫生组织签署了《关于"一带一路"卫生领域合作备忘录》，助力"健康丝绸之路"建设。

在救灾援助扶贫领域，中国协同诸多国际组织，向海丝沿线国家派遣了多批次医疗队，开展了多项紧急医疗援助。海丝沿线分布着众多小岛屿国家、不发达国家和跨境河流。面对全球气候变暖、旱涝、地震等自然灾害时，中国向这些国家及时提供了紧急救灾、粮食、抗旱补水、防洪、抗震等援助，急其所需。作为世界上减贫成就最大的国家，中国还面向东盟、非洲、南太平洋等海丝沿线贫困地区开展减贫示范合作，提供了多项民生援助公共项目，有力促进了海丝沿线多国民生改善。

三　21世纪海上丝绸之路建设中遇到的主要问题

（一）海丝沿线大国间地缘政治经济博弈牵制

21世纪海上丝绸之路建设作为全球区域联动的发展倡议，无法回避沿线大国间地缘政治经济博弈的影响，其中既有直接针对中国的，又有影响波及中国的。5年海丝建设历程表明，大国间地缘博弈已成为海丝建设中一种具有结构性影响的趋势性问题，需要我们进行全局把握。根据21世纪海上丝绸之路围绕亚欧大陆的"四洋联动"空间布局，21世纪海上丝绸之路途经并涵盖了全球许多海上战略通道和国际热点区域。这些地方不是被他国控制，就是处于复杂的国际纷争中。其中，既有全球性大国的战略布局投射，也不乏地区大（强）国的区域辐射渗透，它们之间的地缘战略互动构成了海丝沿线地缘博弈的主要关系网。

（二）海丝共建国政治局势变化影响

21世纪海上丝绸之路沟通着亚欧大陆东西两端，西端聚集着大量资本主义发达国家，政治体制发展成熟。在东端、中间沿线及外围拓展区，分布着大量发展中国家，这些国家在政治发展上既有本土传统威权集中体制的特色继承，又有西方自由民主分权体制和社会主义制度形态的舶来影响，可谓世界政治体制的"万花筒"。而且许多海丝共建国还处在民族国家建构、国家治理能力和政治现代化发展初期，基于多元文化、民族、种族、宗教、阶级、家族、党派、地区、部门、个人等代表的政治利益间分配、交织与博弈，海丝共建多国国内政治生态极为复杂。这种复杂性不是表现为政治体制安排上的碎片化，就是政治体制结构上的多重极化与严重对立，或是强人政治下的一家独大。一旦出现政坛政党轮替、领导人变更、经济社会发展危机、国内地区冲突、外部干涉等突发事件，该国国内政治局势往往会发生变化甚至动荡，该国政策也会出现相应中断、调整与反复，影响连续性。而这给中国与这些国家间的海丝共建无疑带来了更多不确定性，如果前期缺乏有效预警评估且应对失当的话，会给海丝建设造成一系列消极影响。

（三）"一带"与"一路"之间关系定位还需进一步明确

"一带一路"倡议提出以来，虽然中国政府出台了《愿景与行动》这样的顶层设计规划和多项相关政策文件，在海丝合作领域甚至制定了《合作设想》这样的专门性文件，也取得了众多实务建设成果；但是在这些已出台的政策文件中，关于"丝绸之路经济带"（"一带"）与"21世纪海上丝绸之路"（"一路"）之间的关系定位还需进一步明确，相关政策论述更多的是统一于"一带一路"倡议的整体角度来谈，偏重原则、理念性等大框架

方面的介绍，在具体政策实施方面还需制定配套的细则。而国内"一带一路"相关研究也偏重于"一带一路"整体思考，对于"一带"与"一路"各自功能定位（尤其"一路"）与相互关系研究并不多。如何在具体的建设实践中定位并处理好两者之间的关系，这将直接影响到"一带一路"的陆海统筹效果。

（四）国内外关于海丝的认知与认同问题

21 世纪海上丝绸之路从倡议转化为共建行动离不开国内外对海丝建设的全面认知与广泛认同。而海丝建设的可持续推进更依赖于国内外对海丝理念和实践的认知、认同与深化。然而，自倡议提出以来，伴随着海丝建设在各共建国的推进，国内外对海丝建设的认知日渐清晰全面，认同上也越来越具有建设性，但是仍暴露出不少认知与认同问题，在一定程度上扰乱且制约了中国与共建国之间的合作。关于海丝建设的认知与认同问题，国内外舆论环境各有侧重，存在较为明显的认知、认同差异：中国国内对于海丝建设存在多个认知误区，但对于海丝建设的普遍认同度高于国外；国外不仅对海丝建设存在多个认知误区，而且对于海丝建设的认同度在不同国家、不同群体、不同领域中也表现出较大差异性，总体认知度和认同度都有待提高。

（五）国内各参与方之间还需进一步加强统筹协调

"一带一路"是一项复杂的系统工程，对内是中国新一轮更深层次的深化改革和区域协调发展，对外则是中国新一波更高层次的扩大开放和"走出去""引进来"。在"一带一路"海陆内外联动、东西双向互济的大格局下，中国国内各界各地广泛响应"一带一路"倡议，呈现出多主体积极参与"一带一路"建设的热潮。然而，就拿"21 世纪海上丝绸之路"建设来说，国内多方在参与海丝建设时虽然总体上态度积极，但是各方态度仍表现出不同程度的差异性，相互之间还需进一步加强统筹协调。

四 针对21世纪海上丝绸之路建设存在问题的对策建议

（一）推动构建新型国际关系，增进大国间政治互信

面对 21 世纪海上丝绸之路沿线大国间地缘政治与经济博弈对海丝建设的牵制，作为当今国际社会具有重要影响的新兴全球大国，中国应敢于在海丝外交布局上下先手棋，推动中国与包括共建国在内的海丝建设相关国家共同构建新型国际关系，提高与相关大国的政治互信水平。努力在全球、地区和国别多个层面为海丝建设营造良好的外部地缘环境，扩大海丝共建的国际认同，为海丝建设寻求更多的国际支持与合作参与，并以海丝建设为纽带，共同打造全球人类命运共同体。具体来说，可从以下几个方面入手。

第一，在外交理念上，要结合"一带一路"理念精神和新型大国关系内涵，创新海丝外交理念。21 世纪海上丝绸之路既秉承了和平合作、开放包容、互学互鉴、互利共赢的古丝路精神，又融入了共商、共建、共享的时代内涵。同时，海丝建设要同时处理好与全球大国、地区大国和其他共建国之间的关系。因此，海丝外交理念要在充实发展海丝理念与新型大国关系内涵的基础上进行内在融通与创新，为推动构建新型国际关系提供理念指引。

第二，在大国关系上，要准确把握国际大势，摸清主要全球大国和地区大国在全球、地区和海丝建设中的具体利益关切，维护全球战略平衡，增进与相关大国之间的政治和战略互信，进一步延长并开拓中国的战略机遇期。对于全球大国，中国应加强与其的高层战略沟通，稳定中美关系、深化中俄关系、发展中欧关系、改善中日关系，推动全球多极化趋势，进一步降低全球大国博弈对海丝建设的消极影响，积极探索相互间建设合作模式；对于地区大国，中国应全面深化与其的政治互信，协调彼此在海丝建设中的利益关切，共同维护地区战略平衡，重视发展中大国和新兴经济体在海丝建设中的重要作用。

第三，在与其他共建国的关系上，要探索政治互信的提升空间，进一步扩大在海丝建设上的共同利益，创新推动海丝框架中的南北对话和南南合作。海丝建设共建国发展水平多样，既有发达的资本主义国家，又涵盖亚非拉等广大发展中国家，许多新兴经济体也参与其中。因此，应多渠道推动中国与其他共建国之间的海丝合作，提升双边海丝合作伙伴关系，发挥区域和全球性组织的整体合作效应，积极引入第三方合作支持，为南北关系和南南关系的发展提供新的合作机遇，共同推动新型国际关系的形成与发展，携手打造人类命运共同体。

（二）深化对共建国的调查研究，加强与政治生态的沟通

面对21世纪海上丝绸之路共建国国内政治社会局势变化的影响，中国无法回避，而是应该积极反思并吸取之前海丝建设过程中对共建国调查不够、交流不深、评估不准的教训。在全面发展与共建国多领域合作关系的同时，应加强对共建国的调查研究，增进对共建国国内复杂政治社会生态的全面了解并加强与共建国内政治生态各派别间的有效沟通，兼听各方诉求，做好各方工作。在此基础上，对共建国未来可能的政治社会局势变化做好预测、预警和方案，动态研判其变化，做到处变不惊，以不变应万变，将共建国国内局势变化的不利影响降到最低，保证海丝共建项目的连续性。

第一，应深化对海丝共建国基本国情的实地调查研究，尤其要增进对其政治社会生态的全面了解。海丝各共建国的国情千差万别，对于其国情的了解不能只停留于科普式国情介绍，而应该深入实地对其历史与现状进行较为动态的跟踪与把握。其中，增进对共建国国内政治社会生态的全面了解尤为重要，因为这直接关乎共建国国内政治局势的变化走向及政策动向。因此，要进一步加强国别区域问题研究，做好研究人员的外派工作，对于那些小国、小语种、少数民族等的冷门偏门研究要施以政策倾斜，做到海丝共建国国别研究全覆盖。

第二，根据海丝共建国国内复杂的政治社会生态，建立与共建国国内政

治社会生态各派之间的有效政策沟通渠道，并加以机制化，做到对共建国国内各派政治意见上的兼听则明。一方面，要进一步巩固、深化并完善我国与海丝共建国之间已有的主流政策沟通交流渠道（主要是针对政府、执政党等），升级传统机制化联系；另一方面，也应在不干涉共建国内政的前提下，创造性探索并建立起我国与海丝共建国国内其他政治派别（主要是反对党和其他社会群体）之间的沟通联系，积极倾听并尊重它们的利益关切，做到沟通无障碍。只有这样，才能逐步减少海丝建设沟通对象不全面带来的各种危害，扩大海丝沟通的代表性，做到沟通上的有备无患。

第三，对于中国自身而言，应充分利用国内海丝建设各参与方与共建国对应方之间的沟通联系，实现国内海丝建设各参与方在海丝政策沟通上的统筹协调。加强与海丝共建国国内各政治社会派别之间的沟通并不仅仅是中国政府的事，其实国内海丝建设各参与方也不同程度承担了海丝建设的对外沟通功能，甚至在与非主流、非官方政治社会派别的沟通上具有特殊优势。因此，除了中国政府官方沟通渠道外，还应充分发挥国内各参与方的多样化沟通作用，完善海丝政策沟通，加强各参与方在政策沟通上的统筹协调，形成中国与海丝共建国之间的多轨沟通网络，最终提升与共建国的沟通效果。

（三）完善"一带一路"顶层设计，统筹海陆丝路平衡发展

中国是一个海陆兼备的地缘复合型大国，"塞海之争"长期以来困扰着中国国家发展战略的定位和选择。"一带一路"倡议最初提出也是基于中国这一特殊地缘禀赋和发展环境，试图在当前国际、国内背景下，为中国的长远发展探索一条地缘经济的合作创新之路。"一带"与"一路"之间的关系定位对于"一带一路"建设来说，属于成长中的问题，针对其的对策思考也应该在"一带一路"建设的具体实践中不断进行调整与细化，逐步加深对于"一带一路"倡议内涵的学理认知和海陆关系的结构性把握。

我们要深化对"一带一路"政策内涵和空间布局的研究，在建设过程中落实和完善"一带"与"一路"的功能定位和关系定位。在顶层设计上，

除了从"一带一路"整体层面对其进行内涵界定外，还应该结合"一带"与"一路"各自联系的区域实践，从"一带""一路"角度对"一带一路"内涵开展较为精细的分类化研究，这样有利于弄清"一带"与"一路"的功能定位，明确"一带一路"本质的海陆倾向。关于"一带"与"一路"之间的关系定位，要加强对"一带一路"空间布局的结构化和延展性研究，在"一带"与"一路"各自功能定位的基础上，通过审视"一带一路"建设中的空间布局、结构和联系，总结"一带"与"一路"之间的相互作用机理，以此实现对"一带一路"中海陆关系的结构性把握。

（四）拓展海丝公共外交，推进民心相通相向

面对国内外关于21世纪海上丝绸之路建设出现的各种认知、认同问题，中国应该保持清醒的头脑，在对国内外这些杂音进行分类区别的同时，还应该意识到民心相通在海丝建设过程中的极端重要性，它不仅仅是针对国外，同样需要国内民心认知认同基础的支撑。因此，针对国内外对海丝建设出现的各种认知、认同问题，中国应双管齐下，不仅加强国内"一带一路"建设的宣传教育，强化国人对于"一带一路"的认知认同，营造良好的海丝公共外交基础；而且完善海丝外宣工作和海丝公共外交，密切与海丝共建国等相关国家民众的人文往来，助力增信释疑，推动民心相通相向发展，让海丝建设成为更多国家间的共同事业。

针对国内大众存在的各种认知误区，一方面，应该加强对"一带一路""21世纪海上丝绸之路"政策内涵的相关研究，做到正本清源。同时应加强"一带一路"建设的政策阐释与宣传报道，做好"一带一路"知识的教育普及工作，推动中国大众对"一带一路"、海丝建设等形成科学的思想认知，帮助他们鉴别并纠正关于海丝建设的各种认知误区，进一步统一思想认识，为开展海丝公共外交营造良好的国内舆论环境。另一方面，应该推动海丝建设各参与方践行"一带一路"建设的原则和理念，做到海丝建设上的言行一致。进一步说，就是要让普通中国大众能切身地从海丝建设中获得实实在在的好处，让他们感受到海丝建设的推进有利于中国的可持续发展和人民生

活水平的提高，以此提升中国大众对于"一带一路"的内在认同。

针对国外的各种认知、认同问题，首先，应积极掌握海丝建设宣传的主动权，加强"一带一路"内涵理念的外宣工作。找准海丝建设的外宣对象，创新海丝建设宣传的传播模式，突出"一带一路"在国际合作中的道义站位，全面提升中国在海丝建设中的国际话语权，针对"一带一路"的歪曲中伤行为开展宣传斗争。其次，应充分调动国内海丝各参与方的沟通联系，多渠道对外开展海丝公共外交。深化多方面的人文往来，推进中国与海丝共建国等相关国家间的民心相知和相通，积极挖掘共建国优秀文化，充实发展海丝合作精神，增进国外对于海丝、"一带一路"的全面认知。最后，在中国与国外（尤其是海丝共建国）民心相通的基础上，着力增信释疑，形成国内外海丝认同合力。通过务实高效的海丝建设实践，切实在国外践行"一带一路"合作理念，提高国外民众在海丝建设中的获得感与幸福感，增进国外民众对于海丝建设的自觉情感认同，推动更多共建国与中国携手海丝建设，共享海丝建设福利。

（五）科学评估海丝实践，循序渐进推动海丝建设

面对21世纪海上丝绸之路建设中出现的主观认知有待提升问题，中国应对5年来的海丝实践进行科学评估，进一步完善海丝建设评价体系。

在与海丝沿线各国沟通方面，除了前文的应对分析，还应注意海丝建设对外沟通不能机械照搬所谓的"中国方式"，应该在遵守海丝共建国法律、风俗习惯和国际惯例的前提下，创新海丝建设沟通方式，既保证海丝沟通对象的全面性，又符合共建国本国的交流特色。

在海丝调研评估方面，中国应建立全国性海丝调研评估监管体系。一方面，要大力支持接地气的海丝驻地调查研究，加强相关研究资源倾斜，便利出国审批流程。同时要注重一手资料和信息，发挥大数据方法在海丝调研评估中的作用。另一方面，要加强对海丝调研评估中的各种形式主义进行监督管理，引入退出机制，减少不实调研评估的误导。

在海丝建设合作方面，国家应对海丝实践进行科学评估，有序推动海丝

建设。"一带一路"建设刚提出5年，不可能一蹴而就。国内各参与方应进行一定的心态调整，遵循"一带一路"建设原则、理念来对外开展海丝共建合作，注意海丝建设与单纯对外援助的本质区别。同时，要对具体共建项目进行实事求是的科学评估，充分协商，因地制宜，在海丝建设上实施一国一策，力避部分共建国无理的均等合作要求，真正让海丝建设走在"共商、共建、共享"的共赢轨道上。

在海丝企业战略文化方面，参与海丝建设的中国企业家应积极领会"一带一路"的合作理念，努力培养自身的企业家精神，引导企业形成专属战略文化。具体来说，在海丝共建合作中，中国企业要超越简单的经济利益追求，努力将海丝共建事业化。积极承担相应的社会和环境责任，严于律己、勤于反思，践行正确义利观和新发展理念，创新合作模式，优化企业管理，加强对共建国民族文化的了解和学习。在企业实现自身发展的同时，助力海丝共建国经济社会全面发展。

在海丝研究方面，学术界应该大力改革国内"一带一路"研究评价的体制机制，引入科学的海丝研究评价标准。不能光看海丝研究成果数量，而应该注重海丝研究的实地调研和研究成果的质量。推动海丝研究的问题转向，倡导海丝研究关注顶层设计中的内涵缺陷和具体建设中的实际问题。力避海丝研究的空泛口号指向和功利资源指向，让海丝研究像"一带一路"建设一样，更好地做到顶天立地，真正地服务海丝建设。

（六）统筹国内海丝建设，化竞争为纵横协同合力

面对国内海丝建设各参与方缺乏有效统筹协调问题，中国应以整体和动态的眼光重新审视"一带一路"在空间、部门、领域、界别等上的多重布局，并进行综合优化。在调动国内各参与方积极性的同时，注重发挥各参与方的比较优势，推动"一带一路"背景下国内各区域间的协调发展。同时，针对国内海丝建设各参与方之间突出存在的同质化恶性竞争问题，应进一步加强党中央、各级政府、行业协会、学会等的纵向管理和横向协调，创新海丝建设不同参与方之间的协同合作模式，化无序竞争为海丝建设的纵横协同

合力。根据海丝建设统筹协调乏力的关系性、制度性、个体性和整体性归因分析，我们可以从以下几个方面采取应对措施。

第一，从关系性角度看，要明确国内海丝建设各参与方之间的竞合关系事实，对其中的竞争性倾向进行合理管控，引导各参与方处理好与"一带一路"建设整体大局之间的关系。具体来说，国内海丝建设各参与方应努力把海丝合作的蛋糕做大，将彼此之间的良性竞争限定在海丝建设合作的大框架内，防止恶性竞争。国内各参与方还应加强对"一带一路"理念内核的理解，培养自身的大局观念和国家意识，努力在"一带一路"建设中处理好个体与整体之间的关系，与国内其他参与方一道维护海丝建设的共同利益。

第二，从制度性角度看，要在多个层面优化完善"一带一路"统筹协调的制度设计，推动海丝建设统筹管理的系统化，畅通海丝建设国内各参与方之间的联系渠道。在中央层面，要充分发挥党中央、"一带一路"工作领导小组、国家发改委这些海丝建设领导机构的全盘统筹协调功能，并在具体的纵横协调上加以细化和完善，形成海丝建设强有力的中央核心领导力。在地方、部门、行业、界别等层面，要充分发挥地方各级政府、部门联委会、行业协会、专业学会等在地方、部门、行业、界别内部及其相互之间的合作协调，构建各参与方有效的沟通协调机制，强化海丝建设的制度合力。

第三，从个体性角度看，要明确国内各参与方自身条件差异对海丝建设的利弊影响，充分发挥各参与方的比较优势，并在此基础上推动各参与方优势互补。21世纪海上丝绸之路建设不仅是中国与海丝各共建国之间的合唱，而且是国内各参与方之间的合唱。国内各参与方自身条件的差异决定了其在海丝建设整体大局中的角色和功能定位，统筹协调得好不仅不会削弱各参与方各自的优势，而且还会形成优势互补与分工优化，进一步放大各比较优势在海丝建设大局中的整体影响，产生协同合力。

第四，从整体性角度看，优化国内海丝布局不能仅停留在21世纪海上丝绸之路建设的单一层面，而应扩展到"一带"与"一路"之间的整

体统筹协调以及"一带"建设内部的统筹协调。正所谓"一带一路"一盘棋,"一带一路"联系着中国国内各大发展区域,盘活国内海丝建设布局既要向东看向南看,同时也需要向西看向北看,加强与国内各大区域发展战略的对接。基于"一带"与"一路"在国际和国内的双重联动效应,通过加强"一带"与"一路"之间的整体统筹协调,以及国内"一带"建设各参与方之间的统筹协调,可以最大限度地发挥海丝建设的统筹协同效应。

国别与区域篇

Country and Region

B.2
"21世纪海上丝绸之路"与沿线国家合作

庞加欣　赵江林[*]

摘　要： 促进沿线国家战略对接是顺利推进"21世纪海上丝绸之路"建设的重要支撑。与沿线国家对接的合作方式和合作领域具有多样性。本文通过研究"21世纪海上丝绸之路"与沿线国家战略对接的现状，探讨与沿线国家对接的特点和难点，并据此提出如何与沿线国家实现良性对接的应对建议。

关键词： 21世纪海上丝绸之路　对接战略　国际合作

---

[*]　庞加欣，中国社会科学院研究生院亚太系国际政治专业博士生、中国社会科学院国家全球战略智库研究助理；赵江林，中国社会科学院国家全球战略智库研究员。

2013 年 10 月 3 日，习近平主席在印度尼西亚发表演讲，首次提出要与沿线国家发展好海洋合作伙伴关系，共同建设"21 世纪海上丝绸之路"。"21 世纪海上丝绸之路"是沿线国家与中国扩大务实合作，共享经济发展机遇，共同面对全球治理新挑战，实现共同发展、共同繁荣的和平之路、繁荣之路、开放之路、创新之路和文明之路。

一 "21世纪海上丝绸之路"的对接研究

21 世纪的"海上丝绸之路"不仅仅是一个历史符号，更是重建沿线国家贸易物流大通道，实现沿线国家互联互通的"新海上丝绸之路"。自从秦汉时期开通以来，海上丝绸之路这条从中国东海岸向西到印度洋，一直延伸至非洲和地中海的沿线一直是东西方经济贸易与文化交流的桥梁。2008 年全球金融危机之后，全球经济增长放缓，世界范围内经济不平衡加剧，尽管发达经济体的产能利用率保持较高水平，但发展中国家的经济发展难以突破瓶颈。"21 世纪海上丝绸之路"就是最大的发展中国家中国与沿线国家共同打造人类命运共同体，实现本地区人民共同福祉的重要抓手。"21 世纪海上丝绸之路"串联了东南亚、南亚、非洲、欧洲、大洋洲等经济市场，极大地提高了贸易物流运输效率，促进了地区经济贸易一体化进程。

"21 世纪海上丝绸之路"提出至今已有 5 年，实现了质的飞跃。5 年来，中国已和 103 个国家和国际组织签署了 118 份相关合作协议，中国与沿线国家货物贸易累计超过 5 万亿美元，建设的境外经贸合作区总投资 200 多亿美元，创造就业岗位数十万个。① 5 年来，"海上丝绸之路"从理念转化成实践，各项项目取得了较大成就，从基础设施建设到工业化建设，再到科学、教育、文化和卫生等多个领域拓宽合作，与沿线国家民心正在逐步

---

① 《"一带一路"五周年：共同绘制合作共赢的"工笔画"》，人民网，http：//world. people. com. cn/n1/2018/0907/c1002 - 30279508. html，最后访问日期：2018 年 9 月 10 日。

拉近。

加强对接、优化对接是顺利推进"21世纪海上丝绸之路"的重要保障。丝路沿线国家发展水平不同，国情不同，文化差异大，推进海上丝绸之路建设就需要找到合作点，充分考虑地缘政治和形势，创新不同的理念和合作模式，从而制定合理的对接方案，优化和不同地区国家的对接。

"21世纪海上丝绸之路"对接的内容和形式主要分为四个方面。一是发展战略对接，即从国家发展战略或地区联盟发展战略的角度出发，找到和"21世纪海上丝绸之路"的共性和合作点，加强战略性对接。比如斯里兰卡打造印度洋航运、金融和物流中心和21世纪海上丝绸之路倡议的不谋而合，《东盟互联互通总体规划2025》与21世纪海上丝绸之路倡议的对接合作新引擎。二是机制对接，包括博鳌亚洲论坛、亚太经合组织、中国-东盟"10+1"、联合国等多边组织的机制对接，也包括中国与沿线国家就不同领域进行合作交流的双边机制建设和对接，加强各类机制的分工协作和整合意义重大。三是海外项目和企业对接，不少沿线国家处于经济建设的重要阶段，正大力发展港口基础设施建设，开发临港产业区、自贸区，发展航运业、海产品加工业、制造业等，中国企业在相关领域有实力、有经验也有意愿与沿线国家开展项目对接，深化企业与海外项目对接可以促进优势互补，实现共同利益。四是人文对接，包括人才培养和相关领域人才在具体实务上的对接，也包括文化交流，以取信于民，实现民心相通。

"21世纪海上丝绸之路"的对接合作领域是多种多样的，包括港口基础设施、临港产业园区、海洋科技合作园区等各种基础设施建设，也包括海上航运、海洋资源开发、海洋环保、海洋科研、海洋观光等蓝色经济和海洋人才培养基地建设等人文交流领域，还包括海上自然灾害和人为灾害的减防灾、海上执法和海上搜救等海域非传统安全合作等。丰富中国与沿线国家的对接合作领域，不仅能提高双方或多方的互信度，也能带动内陆与沿海地区联动发展，推动沿线国家的共同繁荣。

二 "21世纪海上丝绸之路"与沿线国家的
对接现状和特点

（一）与沿线国家的对接现状

1. 海上丝绸之路与东盟对接现状

东南亚是"21世纪海上丝绸之路"的首要区域。习近平主席在访问东盟国家时首次提出了共建21世纪"海上丝绸之路"，使用好中国政府设立的中国－东盟海上合作基金，发展好海洋合作伙伴关系，并提出了以点带面，从线到片的区域大合作思路。[①] 中国与东盟国家山水相连，人文相亲，东盟同中国一道积极推进深入全面的合作对接，东盟国家已成为海上丝绸之路建设推进的重点地区。5年来，中国与东盟在各领域合作取得了不少成果。

第一，对接东盟国家发展战略规划，务实推进"21世纪海上丝绸之路"建设合作。东盟10国中有9国均为海洋国家，海上互联互通是东盟长久以来的战略举措，"海上丝绸之路"与东盟的战略规划具有很强的互补性。加强"一带一路"倡议和东盟发展战略规划有效对接符合中国和东盟双方共同意愿和利益。设施联通是"一带一路"合作倡议中的重要内容，这与东盟的《东盟互联互通总体规划2025》《中国—东盟交通合作战略规划》《大湄公河次区域交通战略2030》相契合。加强"海上丝绸之路"与《东盟互联互通总体规划2025》《中国—东盟交通合作战略规划》《大湄公河次区域交通战略2030》对接是中国和东盟互联互通，打造中国－东盟命运共同体的重要内容。

中国和东盟就"海上丝绸之路"开展基础设施建设领域的合作具体包

---

① 习近平：《携手建设中国－东盟命运共同体——在印度尼西亚国会的演讲》，《人民日报》2013年10月4日，第2版。

括港口建设、中国－中南半岛经济走廊建设以及网络基础设施铺设等。港口是共建"海上丝绸之路"的核心，习近平主席也多次用"重要枢纽""重要支点"来描述港口在"海上丝绸之路"中的重要性。在经济全球化的今天，港口已成为区域经济发展的重中之重。目前，中国与东盟国家的港口建设在基础设施、港航物流、临港产业园、通关和水电网络铺设等领域取得较大进展。中国企业积极投资并承建东盟各国港口，海上联通越来越顺畅。2013年，中国－东盟港口城市合作网络建立，成为中国与东盟之间海上互联互通的重要合作机制。① 目前，广西钦州港与互航的东盟港口物流信息已实现了互联互通，开通了 5 条钦州港至东盟国家主要港口航线，建设了海上搜救分中心、海洋气象监测预警中心、水上训练基地、中国—东盟海事法庭等配套航运服务项目。② 2015 年 11 月，中国与马来西亚共同签署《建立港口联盟关系的谅解备忘录》，正式组建"中马港口联盟"，该谅解备忘录是中马两国在港口合作领域签订的首个合作文件，是中马两国共建"21 世纪海上丝绸之路"的重要举措。③ 目前，合作网络越铺越广，海上航线越来越密，港口投资合作不断深化，临港产业合作不断拓宽。2017 年，中国与新加坡签署了两国四方合作协议，开拓了以中国－新加坡互联互通南向通道作为多式联运的合作网络，加强双方投资、物流、金融等多领域合作。中国与东盟还建立了中国－东盟港口社区运输物流信息共享平台，提高各港口之间信息交流效率，促进国际贸易持续发展。

目前，中国与东盟就"21 世纪海上丝绸之路"建设已形成了包括中央政府之间、地方政府之间、企业之间等多样化对接形式和合作网络。历经 5 年，中国与东盟的合作对接越来越细致完善，中国－东盟港口城市合作网络工作机制业已常态化，并吸引了越来越多的合作伙伴加入港口城市网络。比如中国广西北部湾港口管理局与文莱摩拉港签署友好合

---

① 《港口合作发力，中国东盟海上互联更紧密》，新华网，http：//www.xinhuanet.com//world/
2017－09/15/c_129704627.htm，最后访问日期：2018 年 9 月 15 日。

② 同上。

③ 同上。

作备忘录；中国—东盟信息港股份有限公司分别与上海海事大学签署了合作协议、与新加坡国际电子贸易（亚洲私人有限公司）签署战略合作备忘录等。①

第二，助力"海上丝绸之路"贸易互联互通，为中国－东盟自贸区增添新活力。以港口为支点，中国和东盟进一步开拓了临港相关产业合作，推进港口融资和信息共享平台建设，并与现有机制对接，促进中国和东盟包括科技、教育、文化、旅游等多方面合作。自贸区的发展与基础设施的互联互通密不可分，根据2016年东盟峰会通过的《东盟互联互通总体规划2025》，未来东盟每年需投入至少1100亿美元用于基础设施建设，以提高东盟地区的竞争力。促进"海上丝绸之路"与东盟各国的战略对接，将会缓解中国—东盟自由贸易区"贸易长，投资短"的问题，为中国—东盟自贸区注入更多活力。据统计，2017年中国与东盟双边贸易已达5148亿美元，中国连续9年成为东盟第一大贸易伙伴。② 目前，中国企业与东盟国家签订的基础设施项目金额已超2962.7亿美元，这将弥补自贸区的短板，为自贸区经济合作与发展带来新机遇。

2. 海上丝绸之路与南亚国家对接现状

南亚地区是中国的近邻，位于"一带一路"海陆交汇处，在"21世纪海上丝绸之路"中占有重要地位，是"一带一路"倡议的重要伙伴。"21世纪海上丝绸之路"倡议提出后，受到了大部分南亚国家的欢迎。虽然，印度起初对"一带一路"倡议保持谨慎态度，经过五年实践也对此有所改观。根据《"一带一路"贸易合作大数据报告2018》，2013～2017年中国与南亚地区"一带一路"国家贸易额稳步增长，2017年中国对南亚地区"一

---

① 《中国—东盟推进港口城市合作 共享海上丝绸之路繁荣》，新浪网，http://news. sina. com. cn/o/2017－09－13/doc－ifykyfwq6970449. shtml，最后访问日期：2018年9月15日。
② 《东博会已成中国—东盟投资贸易合作重要平台》，中工网，http://world. workercn. cn/32832/201809/21/180921010303760. shtml，最后访问日期：2018年9月21日。

带一路"国家进出口总额达 1271.8 亿美元，较 2016 年增长 14.1%。① 目前，中国和南亚国家就"21 世纪海上丝绸之路"倡议的对接合作进展顺利，现已取得较大成果。

中巴经济走廊是"一带一路"倡议在南亚地区的旗舰工程，经过 5 年的努力，中巴经济走廊已取得丰硕成果。从 2013 年中国提出建设中巴经济走廊设想后，双方制定了远景规划，成立了联合工作组，并设立了中巴经济走廊远景规划联合合作委员会。2015 年，习近平主席访问巴基斯坦，中巴双方同意，以中巴经济走廊为引领，以瓜达尔港、能源、交通基础设施和产业合作为重点，形成"1 + 4"经济合作布局。② 巴基斯坦一直积极推动其"2025 年远景规划"和"21 世纪海上丝绸之路"相对接，主要对接领域包括瓜达尔港建设、交通基础设施、能源、产业合作等。其中，瓜达尔港是中巴经济走廊的龙头项目，于 2016 年 11 月正式开航，中国港控公司运营瓜达尔港之后，充分完善了港口设施建设，现瓜达尔港口已经具备了全作业能力。2018 年 3 月，中远海运集装箱运输有限公司开辟了巴基斯坦瓜达尔中东快航，这条固定的集装箱航线，从根本上解决了瓜达尔港此前"有船无货，有货无船"的局面。未来瓜达尔港将成为地区转运枢纽和区域经济中心。③ 除了经济合作外，中国公司也积极履行社会责任，改善当地医疗条件、捐资助学等，真正达到了民心相通。此外，中巴经济走廊建设的成功也吸引了更多国家的参与。2018 年 9 月，沙特阿拉伯投资 100 亿美元加入中巴经济走廊项目，成为该项目第三个经济战略伙伴。

斯里兰卡是"21 世纪海上丝绸之路"的重要支点。2014 年，中国与斯里兰卡签署了共同推进 21 世纪海上丝绸之路的合作备忘录，并达成《中国和斯里兰卡深化战略合作伙伴关系的行动计划》，根据行动计划，中国将对斯里兰卡的基础设施项目提供融资支持，进一步加强海洋领域合作，推进科

---

① 《瓜达尔港——中巴经济走廊的璀璨明珠》，新华网，http://www.xinhuanet.com/2018 - 08/26/c_1123331199.htm，最后访问日期：2018 年 9 月 20 日。

② 同上。

③ 同上。

伦坡港口建设，加强对马加普拉/汉班托塔港项目的投资，并建立海岸带和海洋合作联委会，就海洋观测、生态保护、海洋资源管理、郑和沉船遗迹水下联合考古、海上安保、打击海盗、海上搜救、航行安全等领域开展合作。①

马尔代夫也是最早与中国签署了"21世纪海上丝绸之路谅解备忘录"的国家之一，现已成为"21世纪海上丝绸之路"的重要节点。2014年9月，中马两国就合作对接进行洽谈，并提出建设"中马友谊大桥"项目，该项目于2015年12月正式开工，2018年8月30日已正式通车。中马友谊大桥的建设和通车是中马两国共建"21世纪海上丝绸之路"的重要里程碑，也是中马两国顺利对接的表现。中马两国的合作对接发展顺利，合作项目进展良好，马累国际机场扩建项目正在推进，拉穆环礁连接公路已通车。2017年12月，中国与马尔代夫签署了《中华人民共和国政府和马尔代夫共和国政府关于共同推进"一带一路"建设的谅解备忘录》《中华人民共和国政府和马尔代夫共和国政府自由贸易协定》以及经济技术、人力资源开发、海洋、环境、卫生、金融等领域双边合作文件。② 通过这些合作文件的签署，中马两国将在卫生、海洋经济、海洋安全等领域加强合作对接。

孟加拉国是21世纪海上丝绸之路的重要国家之一，也是中国的战略合作伙伴。2016年，中国和孟加拉国就加强"21世纪海上丝绸之路"和"金色孟加拉"对接达成共识，签署了包括贸易投资、路桥建设、海洋经济、海事合作、能源电力等涉及多个经济领域的共27项合作协议及谅解备忘录。在"一带一路"倡议的合作框架下，中孟两国加强了多个重大项目的合作。其中，帕德玛大桥项目、卡纳普里河底隧道工程项目等交通基础设施真正促

---

① 《中国和斯里兰卡深化战略合作伙伴关系的行动计划》，中国青年网，http://news.youth.cn/gn/201409/t20140917_5749202.htm，最后访问日期：2018年9月20日。

② 《中国与马尔代夫签"一带一路"建设备忘录》，中国国际贸易促进委员会网站，http://www.ccpit.org/Contents/Channel_4113/2017/1219/933255/content_933255.htm，最后访问日期：2018年9月22日。

进了孟加拉国的互联互通，打通了孟加拉国未来经济贸易的可持续发展。中孟双方的经济合作和战略对接正不断深化，根据孟加拉国向中国提交的新项目清单，中孟两国将在 12 个重点领域进行合作对接，中国将提供超过 94.5 亿美元的贷款以促进项目的顺利实施。[①]

中国与南亚国家就"21 世纪海上丝绸之路"的合作对接是积极有效的。通过和南亚国家建设经济走廊，中国和南亚国家不仅在国家战略层面加强了合作对接，发展了战略合作伙伴关系，也实现了海外项目和中国企业的有效对接。中国和南亚国家的合作对接在很大程度上拉动了南亚国家经济社会的发展，使南亚国家和中国在基础设施方面真正实现了互联互通。

3. 海上丝绸之路与非洲国家对接现状

中国和非洲各国历来保持着友好合作关系。中非合作论坛从 2000 年成立至今，中国和非洲国家在各领域展开务实合作，取得了丰硕成果。2013 年，中国提出建设"21 世纪海上丝绸之路"倡议后，非洲国家表示了欢迎，也积极参与到"一带一路"的建设中，中非合作上升到了新高度。2015 年 1 月，中国和非洲联盟签署推动"三网一化"建设备忘录，旨在促进非洲高铁、高速公路、航空和工业化基础设施建设。2015 年 12 月，习近平主席在中非合作论坛约翰内斯堡峰会公布《中非合作论坛——约翰内斯堡行动计划》，提出了"十大合作计划"（工业化、农业现代化、基础设施、金融、绿色发展、贸易和投资便利化、减贫惠民、公共卫生、人文、和平与安全），并提供了 600 亿美元资金，共同打造中非命运共同体。[②] 2015 年，非洲联盟通过了《2063 年议程》，着眼于建设和平繁荣的新非洲。中国和非洲联盟积极推动《2063 年议程》与"一带一路"倡议对接，并与非洲各国的发展战略对接。2018 年 7 月，中国同塞内加尔签署了在非洲第一份推进"一带一路"建设的合作文件，随后同南非、卢旺达、埃及、马达加斯加、

---

① 《"一带一路"孟加拉湾发展综述：多个重大项目落地生根》，中国一带一路网，https://www.yidaiyilu.gov.cn/xwzx/hwxw/42612.htm，最后访问日期：2018 年 9 月 22 日。

② 《"一带一路"建设下的中非产能合作》，中非合作论坛官网，http://www.fmprc.gov.cn/zflt/chn/zxxx/t1478626.htm，最后访问日期：2018 年 9 月 22 日。

苏丹、突尼斯、利比亚、摩洛哥签署了"一带一路"合作谅解备忘录,并同多个非洲国家签署了共同推进国际产能合作框架协议,共同建设"21世纪海上丝绸之路"。此外,金融支持是非洲对接"一带一路"倡议顺利落实的关键,2016年,在中非合作论坛上,中非共签署了40余项涉及中非金融机构和企业间的合作协议,总金额约为180亿美元。①

目前,中非正通过建设基础设施和工业园区,加强产能合作,带动非洲工业化发展。基础设施方面,中国通过项目投资、技术支持、施工承建等方式,加强与非洲在港口建设、公路建设、能源电力等基础设施领域的合作。不仅如此,中国还承建了多条与港口相连接的铁路、公路,具体包括肯尼亚的蒙内铁路、埃塞俄比亚的亚吉铁路、安哥拉的本格拉铁路、尼日利亚的阿卡铁路等,这些铁路的建设和运营使非洲国家实现了内陆与沿海的互联互通,带动了铁路沿线地区的经济发展。

中国还积极推进非洲人才培养,增加非洲就业,促进非洲民生建设。中方在非洲实施了20多个区域职业教育中心和能力建设学院项目,截至2018年底,将在非洲为非方培训超过20万各类职业技术人才,在华培训超过4万名非方官员和技术人员,并创造了近90万个就业岗位。② 中国还在非洲国家投入了医疗卫生、减贫、农业、教育等多个领域达数百个项目,真正把中非民心相通落到了实处。

4. 海上丝绸之路与大洋洲对接现状

2014年,习近平主席在访问新西兰时,首次提出南太平洋地区是"21世纪海上丝绸之路"的自然延伸。大洋洲作为"21世纪海上丝绸之路"的重点方向之一,地处海上交通要道交汇处,是多条海空航道的必经之路,也是海上丝绸之路自然延伸到拉美的最短海道和航线。但是,除了澳大利亚和新西兰,其他南太平洋岛国"岛小海大",又处于环太平洋地震带上,虽具

---

① 《中非签署40余项经贸合作协议》,经济参考网站,http://dz.jjckb.cn/www/pages/webpage2009/html/2016-08/01/content_21903.htm,最后访问日期:2018年9月22日。
② 《中非"十大合作计划"全面落实 "一带一路"与非发展战略对接将加速》,同花顺财经,http://field.10jqka.com.cn/20180829/c606829206.shtml,最后访问日期:2018年9月23日。

有重要地理位置，却在港口、机场等交通设施建设上滞后。因而，在"21世纪海上丝绸之路"框架下，中国与大洋洲国家在基础设施建设、海洋产业、海上非传统安全等领域合作潜力巨大。

澳大利亚和中国的经贸联系日益紧密，中国积极促进"21世纪海上丝绸之路"与澳大利亚"北部大开发"计划的战略对接。2013年，中澳两国签署了《中华人民共和国政府和澳大利亚政府自由贸易协定》，两国的经贸合作不断增强。2014年11月，习近平主席在访问澳大利亚时提出，中方愿意应澳方邀请积极参与澳大利亚"北部大开发"计划。但出于种种原因，澳大利亚尚未加入"一带一路"倡议。2015年6月，中澳两国签署了《中澳自由贸易协定》（FTA），中澳两国的经贸合作和人文联系越来越紧密。至今，中国已连续多年成为澳大利亚的最大贸易伙伴。但中澳两国在基础设施建设方面的合作比较少，在通信基础设施领域更是鲜有合作。

新西兰积极融入"一带一路"倡议，加强与中国的对接合作。2016年，在新西兰总理约翰·基与李克强总理的见证下，中新两国签署了涉及政治、经贸和人文领域多个双边合作文件。2017年3月27日，中国和新西兰正式签署了"一带一路"合作协议《中华人民共和国政府和新西兰政府关于加强"一带一路"倡议合作的安排备忘录》，新西兰成为首个签署相关协议的西方发达国家。根据备忘录，两国将加强区域间互联互通，推动交通、经贸、农业技术、投资、科技创新、旅游及其他领域合作。[1] 次日，新西兰执政党国家党主席彼得·古德费洛与华人议员杨健等人宣布共同发起"一带一路"促进机制。[2] 该机制成为服务两国战略对接的重要平台。目前，中国企业已和新西兰北部地区委员会签署了备忘录，计划开发跨越新西兰北岛的一条地区铁路线，这将是中国牵头的新西兰境内第一个重大基础设施项目。[3] 作为发

---

① 《中国与新西兰政府签署"一带一路"合作协议》，国家发展和改革委员会网站，http://www.ndrc.gov.cn/gzdt/201703/t20170328_842503.html，最后访问日期：2018年9月25日。
② 边振瑚：《大洋洲一带一路促进机制正当其时》，新华网，http://www.xinhuanet.com/2017-05/15/c_1120975687.htm，最后访问日期：2018年9月25日。
③ 《新西兰专家：中国把"一带一路"倡议延伸到大洋洲》，参考消息网，2017年4月25日，http://column.cankaoxiaoxi.com/2017/0425/1924239_2.shtml，最后访问日期：2018年9月25日。

达国家，新西兰和中国的合作对接主要在经济领域，包括产能合作、服务业、投资项目以及社会文化和城市发展等领域。比如，在"21世纪海上丝绸之路"的框架下，伊利集团在新西兰开展乳品合作项目，在新西兰设厂，既为国内外市场提供了优质乳制品，也促进了当地经济发展。

南太平洋岛国共27个国家和地区，其中14个已独立，总体经济发展相对落后。2014年11月，国家主席习近平对斐济进行国事访问并同南太平洋建交岛国领导人举行会晤，中国和南太平洋岛国在合作发展上达成共识，并积极发展伙伴关系。2017年6月，国家发展改革委和国家海洋局联合发布《"一带一路"建设海上合作设想》，为建设中国—大洋洲—南太平洋蓝色经济通道提供了框架思路。根据该设想，中国和南太平洋岛国之间将发展"海洋经济"之路，促进贸易、投资、旅游、教育及培训等多方面合作。①其中，中国和斐济的对接合作是典型。5年来，中国提供援助项目和优惠贷款帮助斐济实现了一系列项目建设，不仅包括公路、桥梁、水电工程等基础设施的建设，也包括水稻、菌草、海洋领域的技术援助项目。中国民营企业还积极投资斐济等南太平洋岛国的旅游业，带动当地经济发展，促进人文交流。巴布亚新几内亚是另一个对接典型。目前，中国和巴布亚新几内亚已签署了"一带一路"建设倡议。中国在巴布亚新几内亚直接投资累计已超过19亿美元，双方抓紧落实商定项目，积极深化贸易、能源资源、基础设施建设、农业渔业、制造业等领域合作，实现优势互补。②同时，中国也大力发展当地教育、医疗卫生等领域，为巴布亚新几内亚的可持续发展提供良好帮助。

（二）"21世纪海上丝绸之路"的对接特点

第一，合作对接落实速度快。中国和其他发展中国家的战略契合度

---

① 《南太平洋之夜——开启中国与南太平岛国合作新篇章》，中国（深圳）综合开发研究院，http：//www.cdi.com.cn/detail.aspx？cid=5158，最后访问日期：2018年9月26日。
② 《巴布亚新几内亚总理：欢迎"一带一路"倡议延伸到南太平洋国家》，新华丝路网，http：//silkroad.news.cn/2018/0402/90462.shtml，最后访问日期：2018年9月26日。

高，合作对接项目落实较快。中国承建的沿线国家港口从协议签署后，如果不是对象国国内出现较大阻碍，快则两到三年，慢则五六年便完成建设。比如瓜达尔港、科伦坡港等，中国承建的许多港口、临港产业园区、配套的水电能源设施建设已竣工，并投入运营。基础设施建设的成果正在改变沿线国家的面貌，激活沿线国家的经济活力，促进沿线国家人民生活水平的提高。

第二，合作对接的形式多样。和中国就"21世纪海上丝绸之路"加强对接的国家多为发展中国家，其对接合作形态多样，既有双边合作对接，如中斯、中马的海上丝绸之路建设，也有国家间的次区域合作，如中国和东盟之间的对接合作。同时，中国和沿线国家之间因地制宜地发展合作对接。和发展中国家加强基础设施建设合作，促进当地产业发展，如在非洲沿线国家承建港口和临港产业园区等；和发达国家加强互补性产业合作升级，如和新西兰发展乳制品业合作等。

第三，融资渠道多元化水平有待提高。现阶段"21世纪海上丝绸之路"的融资主要来源于两个方面，一是中国国内的政策性银行，二是亚投行、丝路基金等由中国发起并参与的金融机构。来源于其他国际金融机构的融资相对较少。由于中国参与的融资不附加政治条件，而其他国际金融机构在提供资金的同时还要求干涉对象国内政，因此"21世纪海上丝绸之路"沿线国家更偏好来自中国的资金。不过，作为一个开放包容的倡议，随着"21世纪海上丝绸之路"的不断推进，定将吸引更多国际资金参与到沿线国家来，实现共同发展。

三 海上丝绸之路与沿线国家的对接难点

在"21世纪海上丝绸之路"战略对接的过程中也存在相当多的挑战，亟待进一步应对和完善。在诸多挑战中，当下最需要着手应对的主要是三个方面：战略对接对象难明确；战略对接结果难保障；战略对接互信难建立。此外，海上丝绸之路战略对接所面临的其他挑战还包括：沿线国家战略之间

的矛盾与冲突应该如何应对？如何分配和平衡与不同国家之间的对接深度和资源投入？这一系列问题需要我们去思考。

1. 战略对接对象难明确

在进行战略对接的过程中，对接对象难以明确是首要的挑战之一。战略对接不仅仅是协议的签署，还需要落实到具体的对象来进一步巩固和执行，前者往往较容易达成，而后者则需要审慎的判断和长期的投入。值得注意的是，海上丝绸之路沿线国家政体各异，各国政治运行的模式也大不相同，政策连贯性在不同政体之间差别很大。同时，由于沿线发展中国家居多，政治体制制度化水平也十分有限，政治权力往往分布于不同的实体中，由此造成潜在战略对接对象的多样性，再加上对象国国内政治势力之间的相互牵制和权力斗争，想要真正能够长期对接国家战略，需要找准可靠的合作伙伴。

如果我们观察一下海上丝绸之路最邻近的东南亚国家，就会发现在这个区域中既存在议会民主制又存在君主立宪制，甚至还有神权君主国。掌握权力的实体既可能是总统、首相，也可能是国王，有国家主席也有国务资政，又或者是执政党、议会甚至是军方在统治。如此多元的政治实体导致战略对接的合作方式需要灵活对待，甚至有时候需要同时与多方进行对接才能够防止战略对接受到阻挠。事实上，政府早已经不再是战略对接的唯一有效对象，尤其在许多发展中国家，政府并没有足够的能力对社会进行管制与治理。有的国家政治权力被宗教势力和军队掌握，有的则受到社会组织的影响巨大，仅仅与政府进行合作无法促成对接的完成，因为遭到社会和强大政治势力反对的政策终究很难推行。

截至 2018 年 8 月，与我国签署了"一带一路"合作协议的国家已经达到了 103 个，可以说政府间的合作意向已经达到了较高水平。与此同时，沿线各国也已经有不少发展战略试图和"21 世纪海上丝绸之路"进行对接，其中包括印尼的"全球海洋支点战略"、越南的"两廊一圈发展战略"、柬埔寨的"四角战略"和泰国的"泰国 4.0 战略"等等。这些战略本身同"一带一路"倡议有颇多契合之处，它们大多聚焦于基础设施建设、经济发展和产业升级等方向，但是真正进入项目落实的环节则又常常出现一波三折的情况。

这些问题之所以会浮现，其根本原因在于战略对接缺乏可靠的对接和落实对象。虽然"21世纪海上丝绸之路"提出了诸多合作理念，但当合作过程中出现阻碍时，对象国的合作意愿及政府能力就显得格外重要。前者事关项目是否能够真正落地而不至于沦为争夺国内和国际利益讨价还价的筹码，后者则决定了在我国践行不干涉内政原则的情况下，该国能否有效解决国内矛盾将合作项目推行下去，只有在避免这两方面的陷阱战略对接才有可能实现。

以同印尼的战略对接为例，虽然21世纪以来印尼同我国的外交关系不断升温并保持良好态势，但"21世纪海上丝绸之路"和印尼"全球海洋支点战略"对接的过程仍旧遭遇了一些瓶颈。2014年印尼总统佐科上台后，提出将印尼建成"全球海上支点"，并优先考虑五个重点，分别是复兴海洋文化、保护和经营海洋资源、发展海上交通基础设施、进行海上外交和提升海上防御能力。[①] 其中与21世纪海上丝绸之路最为契合的就是发展海上交通基础设施这一方向。然而迄今为止，笔者仅找到中国和印尼两国在该领域可能存在的两个合作项目，而且关注度远远不及雅万高铁项目。两个合作项目分别是舟山港参与投资的丹戎不碌港新港区扩建工作，以及河北港口集团投资的占碑省钢铁工业园综合性国际港口项目。前者在2017年"一带一路高峰论坛"举办期间发布了参与投标的消息，拟投资位于印尼丹戎不碌港（Tanjung Priok）新港区（New Priok），项目总投资为5.9亿美元（约合40亿元人民币），其中资本金部分约为1.375亿美元，舟山港出资额约为2750万美元，占股20%。[②] 后者则在2016年7月正式注册成立印尼秦海港口有限公司，宣告占碑省钢铁工业园综合性国际港口项目进入全面实质性推进阶段。[③] 但是，两个项目除了上述新闻所宣布的消息外再无更新，无论河北港口集团还

[①] 马博：《"一带一路"与印尼"全球海上支点"战略对接研究》，《国际展望》2015年第6期，第34页。

[②] 《宁波舟山港股份有限公司关于媒体有关报道的澄清公告》，新浪财经，http://finance.sina.com.cn/roll/2017-05-13/doc-ifyfecvz1171243.shtml。

[③] 《印尼秦海港口有限公司注册成立》，《河北日报》2016年8月11日，第6版。

是舟山港的官方网站都见不到任何后续进展相关报道。因此，我们不得不推断两个项目的合作或许都在一定程度上出现了障碍。

2.战略对接成果难保障

在战略对接的过程中，在合作项目已经落地开工后，如何保障项目的持续推进，避免其受到对象国国内政治波动的影响，真正做成两国双赢的成果，则是一个更加复杂的挑战。在"21世纪海上丝绸之路"与相关国家的战略对接项目开工后，双方政府和相关合作方都已经发生了前期的资源投入，并且对于未来的结果有一个共同的预期。但是，对象国国内政治局势的变化很可能对共同的预期产生负面影响，使成本大大增加，并最终导致一个双输的结果。

在一些政治局势不稳定的国家，权力斗争导致政治势力重新洗牌也有可能发生，新上台的掌权人物是否会延续前任的政策及战略存在诸多变数。在那些采取选举民主制的国家，政党轮替也产生了同样的作用，新当选的政党常常会重新审查甚至推翻前任政党的政策或战略，有时候即使是在一个政党执政时期制定的战略，当其下野后也会为了牵制执政党而提出各种反对意见，使战略对接变得困难重重。

截至2018年，21世纪海上丝绸之路的几大港口合作项目都曾经历过因对象国政府换届而导致的风波，虽然战略对接都有惊无险地落地，但过程中所发生的波折则值得重视并引以为戒。希腊的比雷埃夫斯港是我国最早开展合作的港口之一，早在2008年6月中远集团旗下的码头专业公司中远太平洋有限公司就曾中标获得该港口2号和3号集装箱码头东侧为期35年的特许经营权，集团于11月在希腊雅典正式同比雷埃夫斯港务局签署了协议。然而，此后比雷埃夫斯港的私有化竞标被推迟了三次，因为2009年希腊爆发主权债务危机后到2015年发生了2次政府更迭，经历了5任总理。2015年1月上台的左翼政府在上台之初就又提出叫停出售比雷埃夫斯港67%股权的计划，直到债务危机继续发酵迫使政府不得不做出妥协并最终完成交易。①

---

① 胥苗苗：《中远海运收购比港启示》，《中国船检》2016年第4期，第59页。

斯里兰卡作为印度洋上的一个岛国，与我国有过良好的反恐合作经历，该国最大港口汉班托塔港是主要依托我国资金和技术合作建立起来的。然而，尽管有过较为成功的安全和经济合作经历，战略对接的落地仍旧多有波折。汉班托塔港一期主体工程于2012年12月完成，工程合同额3.61亿美元，实际总造价5.80亿美元，当地政府出资15%，另外85%的资金来自中国进出口银行的买方信贷。二期工程于2012年11月开工，2015年底基本完工，合同额8.08亿美元，全部资金来源于中国进出口银行贷款。① 然而，在2015年1月的总统大选中，"亲中"政治强人原总统拉贾帕克意外落选，反对派上台后对多个中企投资重大工程项目进行重新审查，中斯双方合作的标志性工程科伦坡港口城更是被迫停工。② 此后，汉班托塔港还经历了老总统为反对而反对、新总统和总理意见不一致以及来自印度方面的压力等波折。幸而，在进行了一系列软实力外交后，新总统再次重启了项目。但是，同斯里兰卡的战略对接仍旧面临着来自社会层面的风险。

当然，政权变更也并不必然意味着战略对接受到阻碍。2015年杜特尔特当选新一任菲律宾总统，改变了中菲之间在南海争端中的对立局面，为中国同菲律宾在"21世纪海上丝绸之路"战略对接方面提供了良好的环境。不过，政权变更对战略对接所可能造成的负面影响是值得警惕和重视的，在对象国发生选举或其他政权更迭事件时，应提早与各主要政治势力进行有效沟通，避免领导人变更对战略对接与合作构成破坏。

3. 战略对接互信有待进一步增强

战略对接还可能由于互信不足而受到影响，并最终导致对接无法落地或是成果遭到抹黑和非议。造成互信欠缺的原因既可能是长期和结构性的，也可能是短期因素导致的，但无论哪种情况都将使战略对接无法持续推进。前

---

① 朱翠萍：《汉班托塔深水港：重塑斯里兰卡海上丝路地位》，《世界知识》2017年第20期，第30页。
② 李卓成：《大选后斯里兰卡外交政策的调整及影响》，《南亚研究季刊》2015年第3期，第17页。

者在东南亚地区有较多的表现形式，在一些国家中存在 20 世纪长期的反共宣传与政策导致对中国的不信任，还有一些在南海争端中同中国存在利益冲突，又或者是作为邻国对周边强大国家的天然恐惧。这些结构性互信欠缺的情况将导致战略对接的进展缓慢，甚至可能在短期因素的叠加影响下出现倒退。

21 世纪海上丝绸之路同越南"两廊一圈"战略的对接进程就在一定程度上体现了互信不足对合作所产生的负面影响。越南作为中国的邻国，同时也是共产党领导的国家，无论民间交往还是政府间沟通或是党际交流相较其他东南亚国家都更为广泛。但是，这些共同点和交流渠道并没有助推两国战略对接的快速推进，从双方的合作成果来看，也并没有超越地区中的其他国家。

中越两国经贸往来一向十分密切，早在 2004 年时任越南总理潘文凯访华时就曾提出希望同中国共建"两廊一圈"战略。"两廊一圈"指的是建立"昆明—老街—河内—海防—广宁"和"南宁—谅山—河内—海防—广宁"两条经济走廊以及"环北部湾经济圈"，其核心内容同 21 世纪海上丝绸之路有不少契合点，都是希望通过完善基础设施建设谋求共同发展。此外，"两廊一圈"战略本身也可以被视为一个中越双边基础设施合作战略，但长期以来双方落实的合作成果寥寥，也在一定程度上影响了越南对接 21 世纪海上丝绸之路的信心。①

短期因素对互信的影响则主要表现为第三方势力对于战略对接的非建设性介入。在 21 世纪海上丝绸之路进行战略对接的过程中，存在多种第三方势力对合作项目进行破坏的现象，导致项目遭受不必要的损失推高合作成本，并最终导致合作双方互信受损。外部势力进行非建设性介入的手段包括：通过环保或劳工 NGO 团体煽动民众反对合作项目的推进，通过媒体恶意造谣抹黑项目效果，通过资助恐怖主义势力、极端宗教势力或分裂势力对

---

① 黎氏玉碧：《"两廊一圈"与"21 世纪海上丝绸之路"的战略对接——"互联互通"视角》，硕士学位论文，上海外国语大学，2017。

项目进行破坏等等。

"一带一路""债务陷阱"就是通过媒体造谣中伤试图破坏战略对接的典型案例。《澳大利亚金融评论报》称其独家获得了一份长达40页的美国国务院秘密报告，警告中国正在澳大利亚门前制造"债务陷阱"，列出了16个易受中国所谓"债务外交"和"经济胁迫"影响的国家。《南华早报》也曾报道称有将缅甸皎漂港和斯里兰卡的汉班托塔港相比的声音，担心缅甸会步汉班托塔港的后尘，"因无法偿还贷款，将港口租借给中国99年"。事实上，海上丝绸之路战略对接项目的成效有目共睹，在克服困难坚持推进项目的地方，对象国政府和民众都享受到了发展带来的红利。但是，需要注意的是，对于那些破坏双方互信的外部介入仍要警惕并采取一定的针对性措施，否则倘若任其发展导致合作项目失败，对于战略对接过程中的互信建构将产生巨大打击。

四 21世纪海上丝绸之路与沿线国家对接的建议

5年来，"21世纪海上丝绸之路"建设已取得良好成效，朋友圈越来越大。继续加强中国与沿线国家对接，激活沿线国家的经济增长活力有助于推动"21世纪海上丝绸之路"朝互利共赢、共建共享的方向稳健发展。推动对接工作走实走深，关键在于对接机制的常态化。对接机制不仅包括政府间的对接机制，更重要的是落实到每个项目对接的机制化、常态化。

首先，深化与沿线国家对接的制度化建设。第一，明确政府合作与企业合作的基本内容。合作对接既有政府层面的，也有企业层面的，既有双边的，也有多边的。对不同层面的对接工作，需要首先明确对接合作的具体对象和主要内容，明确各方的责任和义务，明确具体的落实方案和潜在的风险管控机制。明确对接的具体内容是中国和沿线国家实现良好对接合作的第一步。第二，落实政府与政府、政府与企业、企业与企业之间的多重协调。对接工作并不是一劳永逸的，沿线国家政体不一，在具体对接上可能遇到的潜在问题也具有偶发性，所以在具体合作上有必要加强不同的对接对象之间的

协调工作，尤其是政府和企业的对接协调上。多重协调需要克服的两大问题是沟通问题和效率问题，沟通主要涉及文化差异，效率则是在具体项目落实的协调上可能存在时间差。因而，在涉及多方协调的多重协调方面，协调机制的建设十分重要。第三，优化与明确与沿线国家对接合作中的合作协调机制。中国和沿线国家的合作对接大多数是在经济走廊建设的框架下进行的，部分已建立起了合作协调机制。应明确合作协调机制的作用和责任，提高合作协调机制的协调效率，发挥合作协调机制在不同层面的协调作用，尤其是具体项目上的协调。此外，合作对接的制度化建设和提高中国与沿线国家的互信度相辅相成，合作对接的制度化建设的有序进行有助于提高互信度，互信度的提高也促进合作对接的制度化建设。

其次，优化现有的对接合作。系统而充分地研究沿线国家的国情、对接战略的虚实和合作意向的强弱，分清主次，树立典型。对沿线国家的具体情况进行分门别类，对对接国家做优先排序。具体到不同的国家，由于国情不一，对对接合作的风险应做具体分析，根据合作意向的强弱，双向选择，排列和不同国家合作对接的主次，进行高质量对接和精准投资规划。对现有的已取得显著成效的对接合作国家和项目树立正面典型，通过对正面典型集中投入一定资源，以获得经济发展的显著成效，从而调动各国的合作意愿，形成共同推动合作的势头。应让沿线国家意识到资源是有限的，谁有强烈的合作意愿和诚意，就可以优先进行可行性和可靠性评估，再分配资源。此外，根据沿线国家的国情，对不同国家的政府战略执行力分类，视情况接触更多潜在对接对象。对接的对象不单指中央政府，而且是考虑其他一个或多个较强的政治力量，比如地方政府、工会、军方甚至在野党和反对党，具体对接对象视不同国家国情而定。对于政府战略强执行力强的沿线国家，可以在一定程度上提升对接进度和对接领域合作。对于战略强执行力弱的沿线国家，由于其战略的延续性难以保证，需具体和这些国家的不同党派和内部团体建立或加强联系，选择相对可持续的规划项目进行对接。对于战略弱执行力弱的沿线国家，由于其政府能力弱，甚至可以在做好政府工作的前提下，以当地较强的政治势力为主体进行对接。

此外，还可以设立新机构以完善风险管控机制，新设机构应为中国和沿线国家的各类对接项目提供融资、咨询、法律和其他对接相关技术服务，为项目对接提供完备的技术支持。通过建立健全项目对接的风险管控机制，完善反馈机制，不仅可以为对接项目及其投资提供安全保障，也可以减少或避免不必要的法律纷争和战略疑心，为后续的合作对接提供必要的参考。同时，防范外部势力的非建设性介入也应纳入风险管控机制之中，通过与沿线国家的政府、企业和社会组织进行多渠道沟通，能够避免不必要的误解和麻烦，适当对非建设性外部势力采取反制措施，也能够增加其行动成本。

再次，促进与沿线国家对接合作的产业发展与产业链建设。不少沿线国家属于中等偏下收入国家，正处于吸收第二次工业革命和第三次工业革命成果的阶段①，虽然有一定的资源和人力，但缺乏必要的资金和技术。中国的产能转移不是某个沿线国家可以完全吸纳的，加强沿线国家基础设施建设、促进教育水平提高是为其进一步推动产业发展，更好地融入全球产业链做充分准备。所以，未来与沿线国家的对接合作不应局限于基础设施建设的对接，更重要和可持续的是强化产业合作的对接，以帮助处于中等偏下收入阶段的国家尽早融入全球产业链的分工合作中。

最后，打造依托对接港口合作的平台建设。港口建设完成后，更为重要的是港口的利用和发展，打造港口对接合作平台不仅包括港口与港口之间的物流联系和对接合作，也包括港口内部不同产业之间的合作对接。港口附近大都建设了临港产业园区，已有大量企业入驻。整合不同国家的港口资源打造合作平台，有助于实现沿线国家之间更好的互联互通。

---

① 王灵桂主编《"一带一路"：理论构建与实现路径》，中国社会科学出版社，2017，第132页。

B.3

"21世纪海上丝绸之路"框架下的
中国与太平洋岛国合作

徐秀军*

摘　要： 2013年，"21世纪海上丝绸之路"倡议提出后，中国与太平洋岛国之间的战略对接拥有了新的平台，相互合作因此拥有了新的动力。但是，双方合作也面临一些值得关注的问题和挑战。新形势下，为了充分发挥太平洋岛国在"21世纪海上丝绸之路"建设中的经济伙伴、政治依托和安全保障的战略作用，应从政治、经济、人文以及机制建设等各个方面加强同太平洋岛国地区的联系，并以"一国一策"为原则有针对性地加强与斐济、巴布亚新几内亚和瓦努阿图等重点国家之间的务实合作。

关键词： 21世纪海上丝绸之路　太平洋岛国　"一国一策"

一　中国与太平洋岛国合作进入新时代

早在2006年，中国政府曾明确提出，发展与太平洋岛国的友好合作关系是中国外交的战略决策。[1] 这是中国政府首次明确从战略高度来考虑中国

---

* 徐秀军，中国社会科学院世界经济与政治研究所副研究员，研究方向为国际政治经济学。另外，感谢冯维江研究员提供的调研资料。

[1] 温家宝：《加强互利合作　实现共同发展——在"中国-太平洋岛国经济发展合作论坛"首届部长级会议开幕式上的讲话》，《中华人民共和国国务院公报》2006年第15期，第10~11页。

与太平洋岛国之间的合作伙伴关系。此后，中国与太平洋岛国关系日益深化，太平洋岛国在中国外交战略中的地位得到不断发展与提升。当前，考察中国与太平洋岛国关系，主要从以下两个方面进行定位。

从全球视角来看，当今世界已进入全球治理的新时代，中国与太平洋岛国关系应放在全球治理的进程中加以考察。在复杂多变的世界政治经济形势和日益凸显的全球性问题面前，包括中国和太平洋岛国在内的任何国家都不可能独善其身。国际社会日益成为一个你中有我、我中有你的"命运共同体"。太平洋岛国等一些长期处于世界体系边缘的国家也拥有了参与全球治理的强烈诉求。尤其是在当前一些西方国家奉行单边主义和保护主义，并试图按其自身利益重塑国际政治经济秩序的背景下，维护多边主义和国际秩序稳定成为中国与太平洋岛国的共同利益诉求。

从中国视角来看，中国对外合作已进入"一带一路"建设的新时代，中国与太平洋岛国关系应放在"一带一路"合作框架下加以考察。2013年，"一带一路"倡议提出以来，与沿线国家共建"一带一路"成为中国对外政策的优先议题和参与全球治理的重要依托。作为"21世纪海上丝绸之路"沿线国家，太平洋岛国在中国外交战略中的地位得到再度提升，加强与太平洋岛国之间的合作成为"21世纪海上丝绸之路"建设的重要组成部分。2014年，中国国家主席习近平在出访太平洋岛国斐济期间，与多个太平洋岛国领导人举行会谈，为新形势下中国与太平洋岛国关系的深入发展奠定了新的基础。

二 "21世纪海上丝绸之路"框架下中国与太平洋岛国合作的新机遇

在中方提出共建"21世纪海上丝绸之路"倡议后，这一倡议在太平洋岛国产生了广泛的和深远的影响，并得到了很多岛国的积极响应。近年来，中国与太平洋岛国在战略对接、贸易、投资、金融合作和人文交流等方面迎来了新的合作机遇，各领域合作取得了很多新的进展。

（一）战略对接迈入新阶段

2008 年国际金融危机爆发后，中国与太平洋岛国经济发展的外部环境迅速恶化，经济增长也遭受了较大冲击。根据国际货币基金组织（IMF）统计数据，2009 年绝大多数太平洋岛国的经济增速较上一年有所下滑，其中帕劳、萨摩亚、所罗门群岛、图瓦卢和斐济等国均出现负增长，增速分别为 –9.1%、–6.4%、–4.7%、–4.4% 和 –1.4%；并且，至 2013 年，密克罗尼西亚、帕劳、萨摩亚、马绍尔群岛和汤加等太平洋岛国仍出现负增长，增速分别为 –3.6%、–2.4%、–1.9%、–1.1% 和 –0.6%。与此同时，太平洋岛国多是经济社会发展较为落后的国家，多数国家人均 GDP 不足 4000 美元，其中基里巴斯的人均 GDP 仅为 1400 美元左右。因此，促进经济复苏、推动社会可持续发展成为太平洋岛国经济和社会发展政策的重要内容。例如，巴布亚新几内亚制定了《2010 ~ 2030 年发展规划》和《2050 年远景规划》等发展战略规划等。

与此同时，中国的经济增速也相比金融危机前出现了一定幅度的放缓，并且中国的经济和社会发展也随国际和地区环境变化步入新的调整期。正是在此背景下，中国与太平洋岛国领导人和政府高层不断加强沟通和交流，共同探讨经济和社会发展问题以及双方关心的地区和国际问题。这些高层交往加深了相互之间的了解，拓宽和深化了双方之间的发展战略和具体政策对接，并为共建"21 世纪海上丝绸之路"奠定了坚实基础。尤其是，2014 年习近平主席的南太平洋之行以及 2015 年太平洋岛国领导人和高官来华参加首届"一带一路"国际合作高峰论坛，将双方发展战略对接推向新的历史阶段。

（二）贸易合作拓展新空间

在双方共同努力下，近年来中国与太平洋岛国之间的经贸合作发展迅速，合作领域不断拓展。2013 年 11 月，中国政府在第二届中国—太平洋岛国经济发展合作论坛上提出了一系列促进双方货物和服务贸易的措施，为太平洋岛国的优势产品进入中国市场创造便利条件，鼓励更多中国公民赴太平洋岛国旅游，鼓励航空企业开辟直航线路等。① 2014 年 11 月，习近平主席在楠迪宣布包括支持太平洋岛国扩大对华出口和深化双方经贸合作在内的一系列新举措。

2014 年以来，中国与太平洋岛国贸易额大幅提升，并维持在较高水平。根据世界贸易组织（WTO）统计数据，2014 年中国与太平洋岛屿地区②的货物贸易额为 50.25 亿美元，较上年度增长 13.6%；2015 年双方货物贸易额大幅攀升 62.8%，达到 81.80 亿美元；2016 年和 2017 年双方货物贸易额仍维持在 80 多亿美元的历史较高水平（见图 1）。在促进太平洋岛国的出口方面，成效更为显著。2014 年，太平洋岛国对华货物出口额为 23.44 亿美元，较上年增长 56.6%；2017 年，太平洋岛国对华货物出口额达到创纪录的 34.73 亿美元，为 2013 年的 2.32 倍。这使双方贸易更加平衡。2017 年，中国对太平洋岛屿地区的商品贸易顺差为 12.56 亿美元，较上年下降 57.3%。

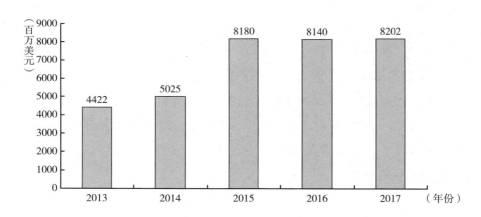

图 1　2013～2018 年中国与太平洋岛屿地区货物贸易额

数据来源：World Trade Atlas。

---

① 《汪洋出席中国—太平洋岛国经济发展合作论坛并发表主旨演讲》，《人民日报》2013 年 11 月 9 日，第 3 版。

② 在统计上，太平洋岛屿地区包括美属萨摩亚、库克群岛、斐济、法属玻利尼西亚、关岛、基里巴斯、马绍尔群岛、密克罗尼西亚、瑙鲁、新喀里多尼亚、纽埃、北马里亚纳群岛、帕劳、巴布亚新几内亚、皮特凯恩群岛、萨摩亚、所罗门群岛、托克劳、汤加、图瓦卢、瓦努阿图以及瓦利斯与富图纳群岛等。

尽管目前中国尚未与任一太平洋岛国之间签订自由贸易协定，但双方都积极为促进双方经贸关系创造新的条件。目前，斐济、巴布亚新几内亚分别表示与中国建立双边自由贸易区的意向，并且双方正在就建立双边自由贸易区展开研究。

（三）投资合作创造新抓手

"一带一路"倡议提出后，基础设施建设成为中国对外投资合作的重要领域之一。在基础设施建设合作方面，中国相比太平洋岛国拥有资金和技术优势，而太平洋岛国拥有市场和需求，双方合作的互补性很强。并且，中国还出台了一系列新的措施为太平洋岛国基础设施建设提供便利。

2013 年 11 月，中国政府和中国国家开发银行分别提供 10 亿美元优惠贷款和 10 亿美元专项贷款，支持太平洋岛国经济社会发展。[①] 根据中国商务部统计，2017 年中国对纳入统计的巴布亚新几内亚、斐济、库克群岛、马绍尔群岛、密克罗尼西亚、帕劳、萨摩亚、汤加和瓦努阿图等太平洋岛国直接投资额为 2.668 亿美元，较上年增长 124.2%，为 2013 年的 22.3 倍（见表 1）。截至 2017 年，中国对上述国家的对外直接投资存量为 30.93 亿美元，为 2013 年的 3.0 倍。由此可见，"21 世纪海上丝绸之路"倡议提出后，中国对太平洋岛国的直接投资增长迅速，投资合作也日益成为促进双方全方位合作的重要抓手。

表 1　2013～2017 年中国对太平洋岛国直接投资额（流量）

单位：万美元

	2013 年	2014 年	2015 年	2016 年	2017 年
巴布亚新几内亚	4302	3037	4177	−4368	10161
斐济	5832	−3716	1240	4461	1706
库克群岛	17	−27	—	—	—
马绍尔群岛	−1210	0	−5682	260	798

---

① 《汪洋出席中国—太平洋岛国经济发展合作论坛并发表主旨演讲》，《人民日报》2013 年 11 月 9 日，第 3 版。

	2013 年	2014 年	2015 年	2016 年	2017 年
密克罗尼西亚	46	339	355	0	−1474
帕劳	—	51	150	50	8
萨摩亚	−7793	3484	9586	10924	12840
汤加	—	10	98	35	112
瓦努阿图	—	604	2245	542	2532
总计	1194	3782	12169	11904	26683

资料来源：商务部、国家统计局、国家外汇管理局《2017 年度中国对外直接投资统计公报》，2018。

（四）金融合作增加新平台

2016 年 1 月 16 日，由中国提出创建的开发性区域金融机构——亚洲基础设施投资银行（以下简称为"亚投行"）开业仪式在北京举行。作为现有机制的补充，亚投行主要业务是为亚太地区国家的基础设施建设提供援助，将致力于解决亚洲地区存在的基础设施建设瓶颈问题。截至 2018 年 12 月，亚投行成员已涵盖太平洋岛国中的斐济、萨摩亚、汤加、库克群岛、瓦努阿图和巴布亚新几内亚，并且太平洋岛国作为域内地区将包括在亚投行的业务范围之内。[1] 越来越多的太平洋岛国加入亚投行，使亚投行日益成为中国与太平洋岛国之间重要的金融与货币合作平台，也将为双方在基础设施建设、贸易投资合作、可持续发展等更加广泛的领域开展深入合作提供便利，从而为太平洋岛国的发展提供难得的机遇。

（五）人文交流获得新支持

人文交流是"一带一路"的重点领域之一，也是中国与太平洋岛国合

---

[1] 亚投行网站，2018 年 12 月 31 日，https：//www. aiib. org/en/about – aiib/governance/members – of – bank/index. html。

作的重要依托。2013 年 11 月，中方宣布的人文交流支持计划逐步落实，推动了当地经济与社会发展。这些计划包括为太平洋岛国提供 2000 个奖学金名额，帮助培训一批专业技术人员；继续为岛国援建中小学校，并提供汉语教学帮助；继续为岛国派遣医疗队，传授抗疟经验和技术；继续派遣农业、渔业专家，支持岛国发展农业生产等。除此之外，中方还鼓励双方民间交往，促进双方旅游合作，为促进民心相通搭建各种平台。

三 "21世纪海上丝绸之路"框架下中国与太平洋岛国合作的问题与挑战

"21 世纪海上丝绸之路"倡议对中国与太平洋岛国合作提出了更高的要求。但在具体合作过程中，由于不同国家和区域、不同合作领域和项目面临的情况各不相同，推进双方合作不能简单统一划齐，而需要更加注重因地制宜。随着合作的深入，双方合作存在的问题与挑战也日益凸显。

（一）太平洋岛国对"21世纪海上丝绸之路"倡议仍缺乏充分了解

近年来，越来越多的太平洋岛国政府官员、企业家和学者知道"一带一路"倡议，甚至很多普通民众也都对"21 世纪海上丝绸之路"有所耳闻。但绝大多数当地民众对这一倡议的了解仅限于知道它是由中方发起的，但对于这一倡议的具体内容则不甚了解。在仅有一些了解当中，甚至还包括来自西方媒体的负面消息。当地层级较高的官员和规模较大的企业管理人员对"21 世纪海上丝绸之路"倡议了解相对较多，但总体上仍是期待"一带一路"能够带去更多援助、贸易投资和就业机会。当地政府和企业对如何通过对接"一带一路"强化自身"造血功能"则考虑不多，对如何借助"21世纪海上丝绸之路"倡议平台促进当地经济社会发展还缺乏比较明确的规划和全面的考察。这在很大程度上限制了"21 世纪海上丝绸之路"倡议的平台作用的充分发挥，也不利于挖掘"21 世纪海上丝绸之路"倡议框架下的合作潜力。

（二）太平洋岛国经济社会发展的基础和条件相差较大

在 14 个独立的太平洋岛国中，各国经济社会发展的基础和条件相差较大，市场规模和民众需求不一，很难用相同的模式推进共建"21 世纪海上丝绸之路"倡议。在国土面积上，面积最大的巴布亚新几内亚拥有约 46.28 平方千米的陆地面积和 310 万平方千米的海洋专属经济区，而瑙鲁和图瓦卢的陆地面积仅分别为 21.1 平方千米和 26 平方千米。在人口上，巴布亚新几内亚拥有近 800 万人口，而纽埃本地居民不足 2000 人，图瓦卢、瑙鲁、库克群岛、帕劳分别仅有 1.1 万人、1.1 万人、1.3 万人和 2.18 万人。在经济规模上，2017 年巴布亚新几内亚的国内生产总值约为 170 亿美元，而图瓦卢仅为 3400 万美元。图瓦卢、基里巴斯、所罗门群岛等太平洋岛国还被联合国列入最不发达国家名单。尽管这些国家都位于南太平洋，并且都是太平洋岛国论坛成员，但彼此之间的差异非常明显。这是中国与太平洋岛国共建"21 世纪海上丝绸之路"必须考虑的前提。因此，在落实共建"21 世纪海上丝绸之路"倡议时，难以通过整齐划一的模式和途径来推进双方各领域的合作。

（三）援助合作项目需要更多地因地制宜考虑当地需求

中国对太平洋岛国的援助和经济合作与澳大利亚、新西兰等地区传统援助国相比，有自身的特点与优势，但受限于对"不干涉内政"等政策的理解不到位等因素，这些特点和优势没有充分发挥出效益。在一些太平洋岛国，当地政府对澳大利亚和新西兰的传统援助方式并不满意。它们的援助主要是所谓技术援助，通过派遣顾问等方式进行。一方面，这些顾问实际影响甚至控制了关键的经济决策部门，伤害了岛国的政策独立性和自主性；另一方面，这些顾问的费用要从澳大利亚、新西兰的援助资金中开支，相当于给援助总额打了折扣。因此，当地官员认为澳大利亚、新西兰等国的援助，相当部分没有落实到岛国民众身上。而中国的援助，大都是实实在在的看得见、摸得着、用得上的基础设施，当地官员和民众对此非常欢迎。但中国的

项目通常是建设之后移交，由当地人自己运营。当地官员认为，由于具备较好经营能力和经验的本地人才严重不足，很多项目运营状况不佳。例如，瓦努阿图维拉港一处中国援建的会议中心，交付当地人运营后，迄今处于严重亏损状态，欠下的电费已高达1200万瓦图。当地官员认为，中国的"不干涉内政"原则对尊重别国主权、发展平等友好合作关系非常重要，但在执行中应具备一定的弹性和灵活性，对于发展能力较弱的地区，希望能通过派遣技术专家、顾问、管理人才等方式，帮助其政府、企业等机构开展能力建设，增强与基础设施发展相匹配的运营能力。

（四）政治社会环境对中资企业运营产生较大影响

很多太平洋岛国法制建设不健全，并且存在执法不透明、不规范的情况。太平洋岛国在劳工、环保要求等条件上一定程度存在对中资企业的严苛要求甚至歧视待遇。例如，在瓦努阿图投资的中资企业，经常因为所谓污染控制不达标在经营方面受到很多掣肘。相对而言，当地人或其他岛国的居民开办的企业则较少遇到这类问题。这可能是中国人投资的企业确实在环保条件上没有严格按照要求来做，但据当地华人反映，也确实存在对不同企业区别待遇的问题。在劳工方面，当地政府和社会希望中资企业能更多雇佣本地员工。但由于当地员工工作效率相对较低，对中资企业的运营也构成一定影响。此外，政治不稳定也对中资企业运营带来不利影响。例如，斐济当地由美拉尼西亚、密克罗尼西亚和波利尼西亚人相互融合的原住民大约占45%，以前殖民者带来开发斐济的印度人后裔大约占45%，目前主要经济部门掌握在印度人后裔手中，但国家元首等象征性的职位由当地人担任，一旦由印度裔担任，无论是否选举上台，都可能引发抗议甚至政变。对这些政治社会环境缺乏了解，往往会给企业经营带来难以预估的损失。

（五）在经济合作的细节方面中未足够重视树立中国良好形象

除中国之外，澳大利亚、新西兰、美国、法国、日本、韩国等在太平洋岛国地区都有比较多的援助与经济合作项目。在援助与合作过程中，这些国家特别注重树立国家形象。例如，在很多太平洋岛国的高校和政府办公区域，经常看到一些国家的援助标识。例如，在南太平洋大学苏瓦劳加拉校区一座日本援建的教室里，每一个座位上都有日本的国旗。比较而言，在"21世纪海上丝绸之路"框架下，中国在太平洋岛国地区的援助和经济合作也非常多，但并没有充分通过细节来展示作为整体的中国的形象，也缺乏相应的宣传。这也是当地人对中方的合作意图以及"21世纪海上丝绸之路"倡议缺乏深入了解的原因之一。再如，中国在楼堂馆所建设方面有非常丰富的经验，特别是在超高型、超大型建筑方面，有技术和经验的优势。但这种建设思路直接照搬在太平洋岛国，有时还产生适得其反的效果。例如，在斐济首都苏瓦有一栋中国人设计并正在施工修建的高层建筑，尚未完工就被批与当地建筑风格不符、破坏了当地景观的协调性。虽然大楼的设计施工系中方根据当地业主方要求而实施，并且也通过了当地环境等监管部门的审核，但当地人难免会将不满归因于承建方，从而造成对中国形象的损坏。

（六）不可忽视的澳大利亚因素

澳大利亚对"21世纪海上丝绸之路"倡议以及在这一倡议框架下中国与太平洋岛国之间的合作持较为警惕甚至是反对的态度。2006年斐济政变之后，澳大利亚对斐济实施制裁，很长时间内停止了对斐济的援助。中国与斐济开展友好合作以来，澳大利亚感觉自己在太平洋岛屿地区的影响力受到影响，并炒作中国在太平洋岛国的扩张以及中国给太平洋岛国造成"债务陷阱"。近年来，为应对中国在这一地区日益上升的影响力，澳大利亚开始重新加大对包括斐济在内的太平洋岛国的援助和影响。2018年11月，澳大利亚总理莫里森宣布成立总额达30亿澳元的"太平洋基金"，帮助太平洋岛国发展电信、能源、运输和供水等基础设施，并承诺加强与部分岛国的外交关系和防务合作。澳大利亚是大洋洲地区最大的经济体，是太平洋岛国传统上的援助国和合作伙伴。在中国与太平洋岛国合作过程

时，如果不能与澳大利亚处理好关系，双方合作的进一步深化很可能受到澳方干扰。

四 "21世纪海上丝绸之路"框架下中国与太平洋岛国合作的国别路径

鉴于太平洋岛国的差异性，推进"21世纪海上丝绸之路"框架下中国与太平洋岛国合作重在根据各国条件制定相应对策。现阶段，应加强与太平洋岛国地区14个独立国家中的重点国家之间在"21世纪海上丝绸之路"建设框架下的务实合作，并发挥它们的示范作用，带动中国与整个太平洋岛国地区的全面合作。结合太平洋岛国地区各国的经济规模、战略价值以及双边关系等因素，中国应将斐济、巴布亚新几内亚和瓦努阿图作为重点合作国家，并采取有针对性的策略发展与它们之间的关系。

（一）充分发挥斐济在太平洋岛国地区的战略支点作用

斐济是太平洋岛国地区的经济和政治中心，是联系其他岛国之间的重要枢纽，许多区域组织总部都设在斐济。在太平洋岛国地区，斐济经济实力较强，并且拥有较大的影响力。因此，斐济能够作为太平洋岛国地区参与"21世纪海上丝绸之路"建设的战略支点国家。

在政治上，中国与斐济相互支持，为共建"21世纪海上丝绸之路"奠定了良好基础。自建交以来，中斐双边关系一直稳步发展，中国对斐济的经济社会发展起到了重要的推动作用。在中方提出"21世纪海上丝绸之路"倡议后，斐济政府积极响应这一倡议，并与中方积极探索倡议框架下的务实合作。2014年11月，中斐双方宣布建立"相互尊重、共同发展的战略伙伴关系"。这是两国关系迈向新的发展阶段的重要标志。2018年11月，两国政府正式签署《关于共同推进丝绸之路经济带和21世纪海上丝绸之路建设的谅解备忘录》，并一致同意按照"共商、共建、共享"原则，在政策沟通、设施联通、贸易畅通、资金融通、民心相通等领域开展合作，实现共同发展和共同繁荣。① 结合当前斐济的经济发展状况以及国家发展规则，中国应加强"21 世纪海上丝绸之路"与斐济"向北看"政策的对接，在此框架下重点推动以下领域的合作。

一是加强经贸与旅游合作。在经济上，斐济资源丰富，可供开发利用价值潜力大。斐济拥有丰富的林业、渔业和矿产资源。森林面积达到 95.6 万公顷，其中近 25 万公顷具有极高的开采价值，如优质桃花心木和松木。同时，海洋经济潜力大，渔业资源丰富，盛产金枪鱼、海参、巨蚌等海产品。斐济还是著名的海外度假胜地。2015 年，接待境外游客 75.5 万人次，其中中国游客为 4 万人次，呈上升态势。经贸合作是双边关系的重要基础，但斐济对华贸易逆差掣肘了双方经贸关系的发展。为此，中方可以在斐济建立初级产品加工基地，帮助当地提升出口能力，同时通过旅游合作扩大对华服务出口。

二是通过发展援助和基础设施建设推动可持续发展领域的合作。可持续发展是包括斐济在内的太平洋岛国面临的重大课题，关乎这一地区的生存与发展问题。中国在可持续发展问题上积累了很多经验，斐济政府也多次表示希望加强在这一领域与中国的合作。2016 年 8 月，斐济外交部部长昆布安博拉公开表示，中国是斐济的重要合作伙伴，斐济希望与中国一道通过南南合作确保发展中国家的利益，尤其是在可持续发展等问题上。为此，中方的发展援助可与可持续发展结合起来，将基础设施建设领域的合作作为实现可持续发展目标的重要手段，推动重点项目取得务实成果，并发挥样板作用。

三是加强多边组织框架下的合作。斐济积极参与国际和地区事务，是联合国、世界银行、IMF、WTO、太平洋共同体、美拉尼西亚先锋集团、非加太集团、77 国集团等国际组织成员。斐济是太平洋岛国论坛的创始成员国，为该组织秘书处所在地，斐济还倡议成立了太平洋岛国发展论坛（PIDF）。加强同斐济在多边框架下的合作，能够发挥中斐关系的辐射作用，促进与其

---

① 《中国与斐济签署共建"一带一路"合作谅解备忘录》，中国驻斐济共和国大使馆网站，http：//fj. chineseembassy. org/chn/xw/t1612307. htm。

他岛国之间的了解与合作。2018 年，斐济已加入亚投行，期待亚投行为斐济增加多边融资渠道，为斐济的公路、桥梁建设等提供支持。

（二）深入挖掘巴布亚新几内亚的战略价值和合作潜力

巴布亚新几内亚是太平洋岛国地区国土面积和人口规模最大的国家。巴布亚新几内亚国土面积 46.28 万平方千米，海洋专属经济区面积 310 万平方千米；人口约 800 万，占这一地区人口总数的 80% 以上。巴布亚新几内亚地处全球贸易通道枢纽的战略要位，资源丰富，矿产开采、石油开采和农业是其经济的支柱产业。目前，巴布亚新几内亚政府集中精力发展经济，正加强实施《2010－2030 年发展规划》和《2050 年远景规划》等发展战略规划。中巴经济互补性强，合作空间巨大，加强"21 世纪海上丝绸之路"与巴布亚新几内亚国家发展规划的对接，能够为巴布亚新几内亚经济社会发展创造新的机遇。结合中国与巴布亚新几内亚各自优势和需求，双方可重点挖掘以下三个领域的合作潜力。

一是矿产和油气资源的开采和加工。巴布亚新几内亚金、铜产量分别列世界第 11 位和第 10 位，石油、天然气蕴藏丰富。近年来，随着国际能源资源市场价格下跌，巴布亚新几内亚经济增速有所放缓，政府财政困难增多，对外合作意愿强烈。2012 年 12 月迄今中国在太平洋岛国地区最大投资项目——中国冶金集团与巴布亚新几内亚合作开发的瑞木镍矿项目正式投产，2014 年底中国石油化工集团与巴布亚新几内亚液化天然气项目牵头方埃克森美孚签署购气项目开始供气，都为双方这一领域的合作树立了榜样。但总体来说，巴布亚新几内亚矿产和油气资源的开采和加工技术落后，并且交通基础设施缺乏，开采和运输成本较大。为此，中巴基础设施建设合作应重点面向矿产和油气资源的开采、加工和运输，并带动其相关产业的发展。

二是渔业合作。巴布亚新几内亚拥有大量可供开发的海底资源，拥有太平洋地区最大的渔场。在 310 万平方千米的海洋专属经济区内，巴布亚新几内亚拥有全球总量 18% 的金枪鱼，年潜在捕捞量 30 万吨，而年捕捞量约 20 万吨。但是，巴布亚新几内亚渔业发展并不发达，只有 34% 的渔产品在当地加工。为鼓励渔业可持续发展，巴布亚新几内亚政府积极推动配套基础设施建设，并为渔业发展提供必要的服务，尤其是加大对马当太平洋渔业园和莱城渔业园等园区建设的投入，吸引捕鱼船上岸入园加工后再出口，从而有效促进渔业的商业开发，拉动当地就业和经济发展。在巴布亚新几内亚加大力度促进渔业发展时，深化双边渔业合作具有巨大空间和潜力。为此，中方应注重利用援外项目促进双边渔业合作，将渔业合作作为中国企业在太平洋岛国地区的重要领域，努力打造两国产能合作在渔业领域合作的新亮点。

三是林业和农业产品的开采、运输和加工。巴布亚新几内亚的热带原始森林覆盖面积3600万公顷，约占国土面积的86.4%，林木总蓄积量为12亿立方米，可采蓄积量为3.6亿立方米。巴布亚新几内亚是全球最大的热带木材出口国，主要出口原木，深加工产品包括家具、胶合板及地板等建筑材料。但由于交通不便，巴布亚新几内亚的林业资源难以开采利用，并实现其经济价值。此外，巴布亚新几内亚还拥有大量可耕种农田，绝大多数尚未开发。在林业和农业方面，双方合作前景十分广阔。

（三）深化中国与瓦努阿图合作，为其他小岛国提供示范

瓦努阿图是南太平洋地区的岛国之一，尽管人口规模和经济总量较小，但也是"21世纪海上丝绸之路"的一个节点。并且，瓦努阿图面临与其他小岛国同样的发展问题和外部挑战，发展与瓦努阿图的关系能够为深化与其他小岛国关系提供示范作用和经验借鉴。

在中方提出"一带一路"倡议后，瓦努阿图政府对这一倡议表示积极关注和支持，并希望瓦努阿图同其他太平洋岛国一起都能成为"一带一路"建设的受益国。具体来说，瓦努阿图对"一带一路"的立场与态度主要包括以下两个方面：一方面，"一带一路"建设能够给瓦努阿图的发展带来机遇。正如瓦努阿图驻华大使塞拉·莫利萨所言，"21世纪海上丝绸之路"构想不仅为丝绸之路沿线国家带来发展机遇，也为瓦努阿图带来商机，因为这意味着中国、中亚、欧洲国家将会开放更多的贸易合作领域，更多的太平洋岛国也有机会参与其中。另一方面，希望与中国在"一带一路"建设框架

开展务实合作。在农业方面，瓦努阿图有其特色，例如其有机牛肉世界闻名；在旅游方面，瓦努阿图资源丰富，被认为是游客的度假天堂，塔纳岛是世界上唯一一个可以近距离观看活火山的岛屿；在基础设施建设方面，瓦努阿图需求较大，发展空间广阔。因此，依托这一新的倡议，瓦努阿图期待进一步加深与中方在政策、贸易、金融、设施和人文方面的联系。

"一带一路"倡议的提出，为双方深化各领域合作提供了新的契机。结合瓦努阿图的国情国力，中方在"一带一路"框架下推进双方务实合作应重点放在以下三个方面：一是深化基础设施建设、农业、渔业、旅游业等领域的务实合作，促进双边贸易关系，扩大双方投资合作。中方对瓦努阿图产品实行单方面零关税政策，与瓦努阿图商签投资保护协定，鼓励中资企业赴瓦努阿图投资。二是扩大双方人文交流，推进民间继续向瓦努阿图提供不附加任何政治条件的经济技术援助，让普通民众能够分享两国关系发展的成果。三是加强在应对气候变化、自然灾害和可持续发展等全球性问题上的合作，并为其他国家积累经验和提供借鉴。

五　小结

2013 年以来，随着"一带一路"倡议的提出，太平洋岛国在中国外交战略中的地位得到再度提升。太平洋岛国地区既涉及中国的安全利益，又涉及政治利益和经济利益，对中国的和平发展具有重要的战略意义。在"21世纪海上丝绸之路"建设框架下，中国与太平洋岛国合作空间十分广阔。与此同时，由于国家层面经济社会发展的环境和条件发生了改变，区域层面大国在太平洋岛国地区对中国的防范加强以及全球层面新兴领域的问题与挑战日益加大，中国与太平洋岛国地区共建"21世纪海上丝绸之路"面临了诸多新的挑战。为此，要明确太平洋岛国地区在"21世纪海上丝绸之路"建设中的经济伙伴、政治依托和安全保障的战略定位，从政治、经济、人文以及机制建设等各个方面加强与太平洋岛国地区的联系，为共建"21世纪海上丝绸之路"奠定坚实的基础。

中国在开展与太平洋岛国之间的国际合作时，不可能以追求各种国家利益最大化为目标。在"21世纪海上丝绸之路"框架下，中国发展与太平洋岛国之间的关系，应注重追求双方利益的契合，并维持与各种域外国家利益的总体平衡。现阶段，应加强与太平洋岛国地区14个独立国家中的重点国家之间在"21世纪海上丝绸之路"建设框架下的务实合作，并发挥它们的示范作用，带动中国与整个太平洋岛国地区的全面合作。结合太平洋岛国地区各国的经济规模、战略价值以及双边关系等因素，中国应将斐济、巴布亚新几内亚和瓦努阿图作为重点合作国家，并以此为依托推进中国与太平洋岛国关系的全方位发展。

B.4

"21世纪海上丝绸之路"背景下
中国与南太岛国的气候变化合作

宋秀琚　余　姣*

摘　要： 气候变化是人类面临的重大共同挑战，更是近年来世界关注的热点问题。南太平洋地区作为我国"21世纪海上丝绸之路"倡议的延伸区域，无论从地缘、安全还是发展角度，深入推进双方气候变化合作都具有重要意义。近年来，中国与南太岛国通过利用现有国际机制和国际规则、发挥多边合作机制的作用、加强高层访问、多方位援助等方式在气候变化问题上展开了全方位多层次的合作，呈现出合作机制与平台增多、合作行为体多元化及合作方式多样化等特点。与此同时，双方气候变化合作也面临着域内外国家反对论调的干扰、政策共识与项目落地之间存在差距、各国之间的协调不足缺乏整体性等挑战。未来，可通过扩大向南太岛国气候变化部门提供的发展合作规模、巩固在国际气候谈判中的合作、加大在可再生能源方面的合作及推行综合立体的合作模式，推进我国与南太岛国在应对气候变化中的务实合作。

---

* 宋秀琚（1971～），男，湖北秭归人，法学博士，华中师范大学政治与国际关系学院副教授，华中师范大学中印尼人文交流研究中心副主任，主要从事国际关系理论与大国外交研究；余姣（1993～），女，陕西汉中人，华中师范大学政治与国际关系学院研究生，主要从事国际关系理论与亚太地区国家间关系研究。

关键词： "21世纪海上丝绸之路" 南太岛国 气候变化合作

　　南太地区作为受气候变化影响最大的地区之一，存在严重的环境敏感性和脆弱性，全球气候变化深刻地影响着其生存权和发展权。能否更好地应对气候变化及其带来的严重后果，关系到南太岛国的生死存亡和可持续发展。气候变化具有长期性、全球性、不确定性和潜在巨大规模的特征，所以，各国之间的通力合作已成为应对气候变化的必然选择和必然要求。南太地区作为我国推进"21世纪海上丝绸之路"倡议的延伸区域，无论从地缘、安全还是发展角度，都具有深化合作的现实必要和潜在价值。正是基于这样的考量，习近平主席在同南太岛国领导人举行集体会晤时明确提出："中方将在南南合作框架下为岛国应对气候变化提供支持，向岛国提供节能环保物资和可再生能源设备，开展地震海啸预警、海平面监测等合作。"[1] 如何在"21世纪海上丝绸之路"背景下更好地实现中国与南太岛国气候变化合作，有效推动双方可持续发展就成为亟待解决的重要现实课题。

一　气候变化给南太岛国带来的问题

　　南太岛国是指分布在南太平洋的岛屿国家，该地区幅员辽阔，主要包括除澳大利亚和新西兰外的 27 个国家和地区，这些国家和地区由 1 万多个岛屿组成。南太岛国都是小岛国和海岸线低洼国家，陆地面积狭小，经济基础有限，极易受到气候变化的影响。尽管该地区在全球温室气体排放中的比例极其微小，却是全球受气候变化不利影响威胁最大的地区之一。南太岛国因全球气候变化引发了诸多问题。

　　1. 国家生存受到威胁

　　南太岛国均属于小岛国或海岸线低洼国家，且大多处于环太平洋地震活

---

[1]　《习近平同南太岛国领导人举行集体会晤并发表主旨讲话》，《人民日报》2014 年 11 月 23 日。

跃带，地震、海啸、飓风等自然灾害频发，全球气候变化带来的海平面上升、极端天气日益加剧，深刻地影响着南太岛国的生存。以巴布亚新几内亚为例，仅 2018 年就发生多起地震，其中"2·26 地震"最为严重。① 截至 2018 年 3 月 5 日，地震造成 125 人死亡，上万人无家可归。② 此外，陆地面积仅 26 平方千米的图瓦卢是全世界最小的国家之一，有专家曾预言，"按照 1993～2012 年间海平面上升速度，至 2062 年其 60% 的国土将沉入海中，其他国家如瑙鲁、基里巴斯、瓦努阿图等岛国也面临类似问题。"③ 这都是南太岛国因气候变化使国家生存面临威胁的最好例证。

2. 经济发展受到阻碍

南太岛国多数国家经济欠发达，本身应对气候变化能力较弱。加之受其特殊地理条件的限制，南太岛国受气候变化、海平面上升的影响巨大，经济发展具有严重的脆弱性。亚洲开发银行发布的报告显示，"预计到 2100 年，太平洋岛国将因气候变化损失 2.9% 到 15.2% 的国内生产总值；到 2050 年，太平洋地区每年最多将需要近 8 亿美元，即其国内生产总值的 2.5%，以应对极端天气带来的影响；到 2070 年，斐济等国家的年平均气温都将上升 2～3 摄氏度，这将导致太平洋国家农业和渔业大幅度减产、游客人数下降等。"④ 《2018 年亚洲发展展望》显示，南太岛国经济增长停滞甚至下跌，不管是 GDP 增长率还是通货膨胀率在 2018 年都有所下降，特别是 GDP 在 2018 年呈现出负增长趋势。⑤ 可见，南太岛国在气候变化中的

---

① 巴布亚新几内亚 2018 年发生地震情况（作者根据网上资料统计）：2 月 26 日，7.5 级；3 月 24 日，6.3 级；8 月 17 日，5.1 级；10 月 11 日，分别发生 5.8 级、7.1 级；

② 《巴新 7.5 级强震死者增至 125 人 医生担心疾病暴发》，人民网－国际频道，http：//world. people. com. cn/n1/2018/0315/c1002 - 29870029. html。

③ 胡振宇、周余义：《"一带一路"区域研究之南太：南太岛国，掀起你的盖头来》，中国网，http：//opinion. china. com. cn/opinion_30_165230. html。

④ 邓黎：《南太岛国将因气候变化损失 2.9% 到 15.2% 的 GDP》，国际在线，http：//news. cri. cn/gb/42071/2013/11/27/7291s4336262. htm。

⑤ Asian Development Bank（ADB），"Asian Development Outlook（ADO）2018 Update：Maintaining Stability Amid Heightened Uncertainty"，https：//www. adb. org/publications/asian - development - outlook - 2018 - update.

经济脆弱性已严重影响其经济发展，这也是其应对气候变化能力较弱的原因之一，避免这样的"恶性循环"也是南太岛国今后需要面临的重要现实问题。

3. 人民生活受到影响

南太岛国均属海岛，而海岛的生态和生活环境通常比较脆弱，气候变化对海岛人民的生活影响更为明显。加拿大哥伦比亚大学气候科学家 Simon Donner 称，随着地球内在气候环境的变化，位于大洋洲东部的基里巴斯将在未来 50 年内消失；因此，为了应对自然气候构成的潜在威胁，基里巴斯正在积极买地迁移，除了基里巴斯存在被淹没的风险外，其他南太平洋岛屿国家都将面临同样的问题。[1] 另外，据斐济总检察长赛义德－海尤姆透露，受到海平面上升影响，斐济计划将 40 多个村落迁移到高地，目前，政府正在尝试解决土地拥有权和公民权问题，协助其他受海平面上升威胁的南太岛国的居民移民。[2] 可见，气候变化将会使南太岛国遭遇"灭顶之灾"，如果不采取措施积极应对气候变化，其或将面临与传说中失落的文明——亚特兰蒂斯同样的遭遇。

二 中国与南太岛国气候变化合作的动因

可以看出，南太岛国面临严峻的生态环境威胁，且自我缓解和应对气候变化的能力又非常有限。当前，"一带一路"已成为国际社会最受欢迎的公共产品，也是目前前景最好的国际合作平台。"21 世纪海上丝绸之路"作为"一带一路"倡议的重要构成部分，在推动沿线国家互利互通、友好合作上起着不可或缺的作用。无论从南太岛国还是中国方面来看，推进中国与南太岛国气候变化合作都势在必行。

---

[1] 《海平面每年上升 3.2 毫米，太平洋岛国开始买地迁移》，北京时间，https：//item. btime. com/m_95e5f861b9a0dcce8。

[2] 《受海平面上升威胁 太平洋岛国斐济将内移 40 多村落》，中国新闻网，http：//www. chinanews. com/gj/2017/11－17/8379612. shtml。

（一）从南太岛国方面看，其在应对气候变化问题上的多重困境需要中国参与、支持与合作

如前所述，国家生存受到威胁、经济发展受到阻碍、人民生活受到影响，无论哪一种威胁对南太岛国的可持续发展和人民福祉的获得都是巨大的压力。面对如此复杂的气候灾害严峻形势，南太岛国在应对上却往往力不从心。究其原因，主要是南太岛国在应对气候变化过程中存在多重困境。一方面，南太岛国均为发展中国家，经济发展水平较低，应对气候变化的资金、人才和新技术的匮乏；另一方面，南太岛国在全球气候治理中的话语权有待提升。

这些都是南太岛国迫切需要解决的问题，但从现实来看，单凭借其自身的力量很难在较短时间内有所进益。经济、人才、技术和短板使其应对气候变化的能力变弱，与之而来的后果就是气候的愈加恶化，这无疑形成了"恶性循环"。因此，南太岛国除了加强内部国家的联系与合作（如太平洋岛国论坛，太平洋地区还有太平洋共同体、南太平洋区域环境项目等），也需要域外国家的力量。近年来，随着中国日益走近世界舞台中央，南太岛国期盼中国在气候变化合作中发挥更大作用。作为负责任的大国，中国一贯主张在相互尊重、平等相待、真诚互助的原则下开展与南太岛国的双边合作，努力寻求双方利益契合点和合作最大公约数。推动中国与南太岛国共同参与气候治理，有助于缓解南太地区生态灾难的紧迫压力。

（二）从中国方面看，"21世纪海上丝绸之路"的推进和实施，需要南太岛国的配合与支持

无论从地缘位置还是从自然资源来看，南太岛国地区都对中国顺利推进"一带一路"具有重要的战略作用。一方面，南太岛国地区位于浩瀚的太平洋中部和西南部地区，是世界两大战略通道交汇处，连接着太平洋和印度洋，占据着美洲至亚洲的太平洋航线，扼守着北半球通往南半球乃至南极的国际海运航线，是建设"21世纪海上丝绸之路"的战略要地。另一方面，

南太岛国地区有着丰富的能源、木材、矿物、渔业、旅游等资源，近年来在中国对外贸易与国家发展中的战略地位不断提升。2013 年 10 月，习近平主席访问印度尼西亚时首次提出要和沿线国家共建"21 世纪海上丝绸之路"的倡议，旨在希望各沿线国在坚持讲信修睦、合作共赢、守望相助、心心相印、开放包容的原则上通力合作，进一步建设和完善海上的互联互通，发展好海洋合作伙伴关系。2014 年 11 月，习近平首次对大洋洲地区国家进行国事访问，指出"南太平洋地区是中方提出的 21 世纪海上丝绸之路的自然延伸"①。2015 年 3 月，国家发展改革委、外交部、商务部联合发布了《推动共建丝绸之路经济带和 21 世纪海上丝绸之路的愿景与行动》，明确提出"从中国沿海港口过南海到南太"是"海上丝绸之路"的重点方向之一。② 2017 年发布的《"一带一路"建设海上合作设想》，进一步指出要经南海向南进入太平洋，共建中国—大洋洲—南太蓝色经济通道，从而在顶层设计和具体规划中明确了南太地区在"21 世纪海上丝绸之路"建设过程中的战略地位。2018 年，习近平再次出访南太时强调，中方愿支持岛国发出"太平洋声音"，共同推动落实 2030 年可持续发展议程，支持岛国推进"蓝色太平洋"倡议；中国重视和理解太平洋岛国在气候变化问题上的特殊关切，将向各岛国提供力所能及的帮助，携手推动《巴黎协定》有效实施，促进全球绿色、低碳、可持续发展。③

总的来说，南太岛国作为"21 世纪海上丝绸之路"南线规划的重要站点和必经之地，在推进实施"一带一路"倡议中具有举足轻重的战略作用。加强中国与南太岛国在气候变化方面的合作，符合"21 世纪海上丝绸之路"的发展需要，符合当前应对全球气候变化异常的现实需要。

---

① 杜尚泽、杨迅：《习近平同新西兰总理约翰·基会谈共同决定将中新关系提升为全面战略伙伴关系》，《人民日报》2014 年 11 月 21 日。
② 国家发展改革委、外交部、商务部：《推动共建丝绸之路经济带和 21 世纪海上丝绸之路的愿景与行动》，人民出版社，2015，第 5 页。
③ 王云松、刘天亮：《习近平同建交太平洋岛国领导人举行集体会晤并发表主旨讲话》，《人民日报》2018 年 11 月 17 日。

三　中国与南太岛国气候变化合作的现状与特点

近年来，中国与南太岛国进行了卓有成效的气候变化合作，取得了重要的阶段性成果并呈现合作机制与平台增多、合作行为体多元化和合作方式多样化等鲜明特点。

（一）中国与南太岛国气候变化合作现状

1. 充分利用现有国际机制和国际规则

中国与南太岛国应对气候变化是双方严格遵守联合国大会决议及《联合国气候变化框架公约》（以下简称《气候变化公约》）、《京都议定书》、《巴黎协定》中关于减缓气候变化，增强生态系统对气候变化的适应性，确保粮食生产和经济可持续发展的规定和义务的重要实践。例如，《气候变化公约》确立了包括"共同但有区别的责任"、公平原则、各自能力原则和可持续发展原则等国际合作应对气候变化的基本原则，要求"向发展中国家提供资金和技术，帮助发展中国家应对气候变化"。此外，《巴黎协定》进一步明确要求要"通过精简审批程序和进一步向发展中国家缔约方，尤其是最不发达国家和小岛屿发展中国家提供资助，来确保它们在国家气候战略和计划方面有效地获得资金"[①]。例如，2013年5月，中国援建的斐济基务瓦村海岸防护工程完成交接，该工程旨在应对海平面上升，保护生存环境，是中国严格履行《气候变化公约》《京都议定书》《巴黎协定》有关规定的又一例证。

2. 最大限度地发挥多边合作机制的作用

"中国—太平洋岛国经济发展合作论坛"是中国与南太岛国密切经济联系、促进共同发展的重要平台。自该论坛成立以来，气候变化一直是必不可

---

① 《巴黎协定（中文版）》，中华人民共和国发展和改革委员会网站，http：//qhs.ndrc.gov.cn/gwdt/201512/W020151218641766365502.pdf。

少的议题，在中国和南太岛国政府的共同努力下，双方气候变化合作取得了长足进展。此外，"发展中国家海洋与海岸带管理论坛"、小岛屿发展中国家可持续发展会议、"中国—太平洋岛国国别合作发展论坛"、"中国—小岛屿国家海洋部长圆桌会议"等合作对话机制的建立为中国与南太岛国的海洋治理合作提供了良好的平台。尤其是"中国—小岛屿国家海洋部长圆桌会议"的召开，为建立中国政府与小岛屿国家之间的长效对话机制，推动沿线国家共同承担气候变化责任提供了重要的合作契机。

3. 加强高层访问强化政策共识

近年来，习近平主席多次会见南太岛国领导人并连续出访大洋洲国家，表明中国对加强与南太国家全方位联系、建设"21世纪海上丝绸之路"的浓厚兴趣。2013年，习近平主席会见斐济总理姆拜尼马拉马时表示，中方支持斐济在能源安全、气候变化、海洋资源等问题上的合理诉求。① 2014年，习近平主席出访大洋洲并同南太岛国8个建交国领导人举行集体会晤，强调"中方将在南南合作框架下为岛国应对气候变化提供支持，向岛国提供节能环保物资和可再生能源设备，开展地震海啸预警、海平面监测等合作"②。对此，南太岛国纷纷采取"向北看"政策予以回应，双方在开展应对海平面上升、海啸、风暴潮、海岸侵蚀、海洋酸化等方面的合作研究和调查进一步得以强化。2018年2月，汤加国王图普六世对中国进行国事访问，其间发布了《中华人民共和国和汤加王国联合新闻公报》，双方表示要密切在应对气候变化、可持续发展等全球性问题上的沟通合作，推动《巴黎协定》有效实施，促进全球绿色、低碳、可持续发展。③ 高层互访的日益频繁在深化双方气候变化合作共识上发挥了重大作用。

4. 多方位援助增强应对气候变化能力

近年来，中国不断加大资金、人才援助，提升南太岛国应对气候变化能

---

① 赵成：《习近平会见斐济总理姆拜尼马拉马》，《人民日报》2013年5月30日。
② 《习近平同太平洋岛国领导人举行集体会晤并发表主旨讲话》，《人民日报》2014年11月23日。
③ 新华社：《中华人民共和国和汤加王国联合新闻公报（全文）》，http：//www.gov.cn/xinwen/2018-03/01/content_5269884.htm。

力。中国向来重视对南太岛国地区的资金和人才援助，出资设立了"中国—太平洋岛国论坛合作基金"，用于资助旨在推进区域合作进程的"太平洋计划"。近 5 年来，中国累计为太平洋岛国提供了 2000 个奖学金名额和 5000 个各类研修培训名额，并为岛国的极端天气预报预警、海洋环境监测等提供了大量的资金和技术援助。2015 年，中国宣布将出资 200 亿元人民币建立"中国气候变化南南合作基金"，支持像南太岛国这样资金较为匮乏的国家。① 中国也为南太岛国提供了大量的人道主义援助，2016 年，南太平洋岛国斐济遭受飓风"温斯顿"袭击，中国红十字会向斐济捐赠了 10 万美元紧急人道主义援助，支持斐济开展救灾和灾后重建工作。

（二）中国与南太岛国气候变化合作的特点

1. 合作机制与平台增多

近年来，中国与南太岛国在原有《气候变化公约》《京都议定书》《巴黎协定》及"中国—太平洋岛国经济发展合作论坛""中国—小岛屿国家海洋部长圆桌会议"等机制平台的基础上开展了卓有成效的应对气候变化的合作。与此同时，伴随着国际社会对气候变化的关注及"21 世纪海上丝绸之路"的推进，新的合作机制和平台应运而生。2015 年"联合国可持续发展峰会"通过的《联合国 2030 年可持续发展议程》于次年正式生效并成为各国解决气候变化问题的指导性文件。随后，中国及时出台了《中国落实 2030 年可持续发展议程进展报告》予以回应并作出相关承诺。此外，首次"中国—小岛屿国家海洋部长圆桌会议"于 2017 年顺利召开并通过了《平潭宣言》，旨在加强与包括小岛屿发展中国家和最不发达国家开展海洋领域应对气候变化、促进海洋可持续发展等方面的合作，实现可持续发展，这足以体现中国与南太岛国海洋治理合作的依托机制和平台日渐增多且更具规范化。

---

① 《综述："中国气候变化南南合作基金"赢得发展中国家赞誉》，新华网，http://news. xinhuanet. com/world/2015 – 10/14/c_1116825265. htm。

2. 合作行为体多元化

可以看出，双方在应对气候变化的合作过程中，合作机制不断完善，高层访问日渐频繁，诸如"红十字会专项援助""送医上岛"①、智库研究、社会团体项目共建等民间合作日渐兴起。从近年来中国与南太岛国的气候变化合作现状来看，来自非政府组织间、企业间、社会团体间的共同行动已成为双方合作的重要依靠力量，合作行为体日渐多元化且表现出较强的社会感召力。

3. 合作方式多样化

中国与南太岛国应对气候变化的合作不断深入，合作的形式也呈现出多样化趋势。除了传统的医疗卫生、资金援助，近年来各类专业人才培训的设立和开展、研讨会的召开、地方政府合作、"中国气候变化南南合作基金"的建立及合作备忘录的签订等，都是中国与南太岛国气候变化合作形式日趋多样化的有效例证。

四 中国与南太岛国气候变化合作的挑战与对策

（一）中国与南太岛国气候变化合作的困境

随着"21世纪海上丝绸之路"的有效推进，中国与南太岛国通过高层互访、加大援助、签订协议等方式加强了双方在应对气候变化领域内的合作。然而，双方合作依然面临域内外国家反对论调的干扰、政策共识与项目落地之间存在差距等现实挑战，此外，语言障碍也是双方实施合作的一大障碍，这都在一定程度上阻碍了双方合作的成效。

---

① 南太岛国地区医疗条件普遍较差，不少国家的医院、医护人员和医疗设备远远不能满足当地人看病需求。从2007年至今，广东省多次派出团组出访斐济、瓦努阿图、库克群岛等太平洋岛国，积极在太平洋岛国实施"送医上岛"项目，多次派遣医疗代表团在当地医疗巡诊，免费看病问诊、赠医送药，深受岛国人民欢迎。以巴布亚新几内亚为例，2002年以来，中国向巴布亚新几内亚派遣8批医疗队并提供抗疟疾药品和物资；4年间，中国海军"和平方舟"号两次访问巴布亚新几内亚并在当地开展义诊。

1. 域内外国家反对论调的干扰

中国与南太岛国的联系日益密切，合作不断深化，一些域内外国家的误解和反对声音随之而来。"新殖民主义""短期的机会主义""中国正试图抢夺澳大利亚在南太地区主导力量"等论调此起彼伏。澳大利亚、新西兰、美国、日本、欧盟等南太岛国的传统利益国家反对中国的论调尤为强烈。特别是澳大利亚，一方面顾忌美国压力、迎合美国战略目标、巩固澳美军事同盟，另一方面顾忌国内保守政治势力，加之中国在南太岛国的影响力越来越大，使澳大利亚日渐不安，便寻求通过与美国、日本和印度携手合作，目的是平衡中国日益增长的影响力。这无疑给中国与南太岛国开展气候变化合作带来了强大的政治及外交阻力。

2. 政策共识与项目落地之间存在差距

南太岛国是我国推动"21世纪海上丝绸之路"的重点示范区域，中国一直积极通过政策发布、高层互访、签署文件等形式强调与南太岛国加强应对气候变化合作的重要性和必要性，南太岛国也做出了积极回应。但是，双方在政策共识与项目落地之间存在明显的差距。首先，双方没有建立气候变化合作与高层访问的专门性机构，沟通和合作机制亟待完善；其次，双方尚未签订针对气候变化的正式文件，无法保障合作机制长效运行。这些问题虽然不影响中国与南太岛国的"伙伴"关系，但不利于推进中国与南太岛国气候变化合作进一步深入。

3. 各国之间的协调不足，缺乏整体性

由于各国面临的具体矛盾存在主次性的差异，南太岛国在气候变化合作问题上存在不同的声音。以所罗门群岛为例，澳大利亚2016年5月发布的报告显示，因为受到海平面上升和海水侵蚀，所罗门群岛的5个小岛已被淹没。[①] 因此，所罗门群岛在推进海洋治理问题上刻不容缓。2016年所罗门群岛召开第4届太平洋岛国发展论坛，是该论坛首次在斐济以外的国家召开，

---

① 王作成：《2016－2017年度太平洋岛国发展概况与展望》，载喻常森主编《大洋洲发展报告（2016～2017）：全球治理框架下的大洋洲区域合作》，社会科学文献出版社，2017，第62页。

也从侧面反映了所罗门群岛面临海洋问题的严重性和紧迫性。斐济和巴新是南太岛国的经济发展引擎，但其民主化进程中依然存在矛盾，加之2016年两国的经济疲软导致整个南太岛国地区经济数据严重下滑。因此实现政局稳定、经济发展就成为其优先的选择。未来，深化南太地区各国的合作共识依然是一项重要任务。

（二）推进中国与南太岛国气候变化合作的对策建议

基于上述分析，未来继续推进中国与南太岛国气候变化合作，需不断扩大向南太岛国气候变化部门提供的发展合作规模、巩固在国际气候谈判中的合作、加强在可再生能源方面的合作、加强中国与南太岛国开展第三方合作等，多种方式合力推进中国与南太岛国应对气候变化的合作。

1. 扩大向南太岛国气候变化部门提供的发展合作规模

中国可以在当前的合作基础上开展更多的气候变化项目。项目可以是以双边的形式开展，也可以是以支持区域性组织（如太平洋区域环境署秘书处、南太平洋区域环境项目等）的方式开展。当然，为了避免单一的一次性项目，中国还可考虑制订"南太平洋地区气候合作计划"，为南太岛国设立专门的"气候变化适应特别基金"，作为中国在南太岛国地区气候变化领域内的长期规划。

2. 巩固在国际气候谈判中的合作

传统国际气候谈判中的核心角力和博弈力量主要是中国、美国、欧盟三方，其他的势力依附着三者形成了不同的集团，影响着总体平衡和局势。中国作为发展中大国和"负责任的大国"，总的来说，其基本利益诉求与其他发展中国家是一致的，理应在国际气候谈判中积极为广大发展中国家谋求利益。为此，中国与南太岛国应该继续在气候变化国际舞台上协调立场并共同行动，特别是在联合国气候变化谈判的框架内协调立场，在落实国际协议和国内自主贡献的实际行动中加强对话与合作。与此同时，中国还应继续支持南太岛国积极推进"损失和损害"机制，支持设立单独的或倾向于南太岛国的国际气候援助机制，使南太岛国能够更直接和便捷地获取所需的资金和

技术援助。

3. 加强在可再生能源方面的合作

一方面，中国可加大力度支持南太岛国对太阳能、生物质能、风力、潮汐能等现有可再生能源的利用，以满足南太岛国长期的、多样化的能源需求，减轻对自然的压力，保护生态环境以减缓气候变化。另一方面，中国可加强南太岛国在可再生能源研发方面的能力。中国可以通过现有的高等教育和短期培训项目为南太岛国提供可再生能源领域的专门技术培训名额，或者适当地为某些优先领域提供具有针对性的技术转让，不断提升南太岛国整体的可持续发展能力。

4. 推行综合立体的合作模式

中国与南太岛国的气候变化合作应当充分利用现有的合作机制和资源，推行多层次、多渠道的综合立体化合作模式。例如，在资金技术援助上，中国可继续通过"气候变化南南合作基金"加大对南太岛国的援助力度；在合作方式上，中国与南太岛国可开展气候领域内的专业性合作，可建立灾害预警、气候监测机制，也可通过科学技术合作促进气候方面的合作；在制度合作上，双方可适当地在合理性范围内省略部分监管和审批程序，以避免项目难以开展或耗时过久，导致项目难以落地。此外，中国也需深入推进对南太岛国的系统性国别研究，深入了解岛内各国的实际情况及民众的真实诉求，推动实现双方的"精准合作""精准治理"，提高气候变化合作的高效性与协调性。

B.5

中马"一带一路"合作：成就与挑战[*]

摘　要： "一带一路"倡议提出 5 年来，中马两国合作经历了艰难起步、启动对接、合作稳步推进但间有杂音和当前的变革调整四个阶段。5 年来，两国"五通"合作成效显著，无论是在东盟区域还是在世界范围内都走在了其他国家的前列，但在 2018 年 5 月马来西亚第 14 届国会大选以来，两国合作开始面临一些新的困难与挑战，主要表现为新政府对多个中资项目的停工审查、马当前内政外交发展思路的变化及未来国内政治发展走向的不确定性给两国未来合作所带来的不确定性等。对此两国政府应该谨慎研判、务实应对，避免因各种分歧或误判而损害两国"一带一路"合作大局和两国全面战略伙伴关系的构建。

关键词： 中国　马来西亚　"一带一路"

一　两国"一带一路"合作5年来的成就与进展

（一）两国"一带一路"合作5周年的阶段划分

作为历史上就是海上丝绸之路重要节点和"21 世纪海上丝绸之路"建

---

　* 本文受到华侨大学海上丝绸之路研究基金项目（HSZD2014－12）的资助。
　** 周兴泰，华侨大学海上丝绸之路研究院讲师，主要从事亚太地区国家间关系和"一带一路"建设研究。

设倡议提出后习近平主席访问的第一个国家，马来西亚在中外"一带一路"合作中具有不可替代的作用。马曾是东盟中第一个与中国建交的国家，也是首个推动中国－东盟对话进程、同中国双边贸易额突破千亿美元的东盟国家，当前中国也是东盟之外马最大的外国游客来源国，历史地看两国具有坚实的合作基础。因此，2013年"一带一路"倡议提出后，马来西亚很快作出积极响应并开始推动两国各领域全面合作，5年来两国合作大致经历了四个阶段，并取得了丰硕成果。

1. 艰难起步阶段

这一阶段起于2013年10月习近平主席首访东南亚提出"21世纪海上丝绸之路"建设倡议，其间经历马航MH370事件，截至2014年5月纳吉布总理访华两国庆祝建交40周年。这一阶段两国关系发展总体平稳，2013年10月习近平主席访马时，双方决定将两国关系提升为全面战略伙伴关系，并签订《中马经贸合作五年规划》（2013—2017年）。① 2014年1月以后，在中国驻马使馆的大力推动下，马来西亚多个华人社团首先开始启动同中国"一带一路"倡议的对接工作②，但就在一切顺利推进之际，震惊世界的马航MH370事件发生，使两国关系受到一定的影响。③ 在两国政府的积极干预下④，2014年4月上旬以后两国关系开始好转，并于2014年5月纳吉布总理访华期间顺利庆祝两国建交40周年。在此访期间所签署的《中马建立外交关系40周年联合公报》中，马方明确表示欢迎"21世纪海上丝绸之路"建设倡议，欢迎亚洲基础设施投资银行的建立，并愿参与

---

① 《习近平同纳吉布总理举行会谈　决定建立中马全面战略伙伴关系》，新华网，http：//www. xinhuanet. com/world/2013－10/04/c_117595519. htm。

② 马来西亚中华总商会内刊：《中总会讯》第89期，2014年2月；马来西亚－中国总商会内刊：《马中经贸》第49期，2014年3月。

③ 《社评：报道马航，西媒为其国家利益效力》，环球网，http：//opinion. huanqiu. com/editorial/2014－04/4963288. html。

④ 《社评：中马友好关系必将展示坚实和强大》，环球网，http：//opinion. huanqiu. com/editorial/2014－04/4952427. html。

该进程。① 至此，马成为最早响应中国"一带一路"倡议并愿积极参与其中的国家之一，两国"一带一路"合作实现艰难起步，并站在新的历史起点上。②

2. 启动对接阶段

这一阶段起于 2014 年 5 月纳吉布总理访华两国庆祝建交 40 周年，就"一带一路"合作达成重要共识，其间经历 2014 年 11 月和 2015 年 3 月纳吉布总理的两次非正式访华③，截至 2015 年 11 月李克强总理首访马来西亚，两国再次确认将在"一带一路"框架下加强发展战略对接，推进务实合作。④ 在这一年多的时间里，两国的"一带一路"合作从达成共识，逐渐向落地实施、务实对接的方向推进，"一带一路"合作成为两国巩固传统友谊，推动构建全面战略伙伴关系的重要抓手。这一时期，两国"一带一路"合作势头渐显，并在 2016 年 11 月纳吉布总理再次来访之时达到高潮。

3. 合作稳步推进但间有杂音阶段

自 2015 年 11 月李克强总理首次访马以后，根据对马国内各中英文主流媒体报道的梳理可以发现，两国"一带一路"合作的热潮开始出现，大量的"一带一路"相关经贸投资对接会、商业展会、学术研讨和文化娱乐活动等开始如火如荼地进行，多项大型中马合作项目也开始落地实施。在这一系列两国高频次交往的推动下，2016 年 10 月纳吉布总理的第三次正式访华直接将两国合作推向了高潮。此访期间，据有关媒体报道，两国共达成了约 1440 亿令吉（约合 2325 亿元人民币）的商业协议，涉及港口、铁路、能源

---

① 《中华人民共和国和马来西亚建立外交关系 40 周年联合公报》，新华网，http：//news. xinhuanet. com/world/2014－05/31/c_1110948563. htm。

② 《述评：马来西亚总理访华 世代友谊再谱新篇》，新华网，http：//news. xinhuanet. com/world/2014－05/30/c_1110943890. htm。

③ 《习近平会见马来西亚总理纳吉布》，外交部网站，https：//www. fmprc. gov. cn/web/gjhdq_676201/gj_676203/yz_676205/1206_676716/xgxw_676722/t1209068. shtml；《习近平会见马来西亚总理纳吉布》，外交部网站，https：//www. fmprc. gov. cn/web/gjhdq_676201/gj_676203/yz_676205/1206_676716/xgxw_676722/t1249562. shtml。

④ 《中华人民共和国和马来西亚联合声明（全文）》，https：//www. fmprc. gov. cn/web/gjhdq_676201/gj_676203/yz_676205/1206_676716/1207_676728/t1317730. shtml。

管道和土地开发与融资等多个方面。① 2017 年 5 月，在"一带一路"国际合作高峰论坛即将召开之际，纳吉布总理再次访华，会见习近平主席②，同时两国还签署了《关于通过中方"丝绸之路经济带"和"21 世纪海上丝绸之路"倡议推动双方经济发展的谅解备忘录》，使两国合作有了具体文件的指导。

但就在这一阶段两国合作正在稳步推进之际，在马国内也开始出现一些反对和质疑的声音，从而给两国合作蒙上了一层阴影。③ 在此背景下，两国政府同这些反对和异议进行了坚决的斗争。④ 2018 年 5 月，马来西亚第 14 届国会大选结果出炉，由于由前总理、前巫统主席马哈蒂尔领导的反对党联盟希望联盟四党获得国会过半议席从而赢得本次大选，因此马来西亚出现建国 61 年来的首次政党轮替。⑤ 由于马哈蒂尔在 2016 年 11 月纳吉布再次访华以后就对部分中马合作项目存有异议，因此在政党轮替之后，对两国之间相关合作的调整已在所难免。

4. 变革调整阶段

如上所述，这一阶段主要起于 2018 年 5 月 9 日在马来西亚第 14 届国会大选中，对两国"一带一路"合作中部分项目持有较大异议的反对党联盟上台，强调将继续支持"一带一路"倡议和中马"一带一路"合作的同时，将对部分中马合作项目进行审查，并一直延续至今。

作为中国人民的老朋友，同时曾担任马来西亚 22 年总理的马哈蒂尔，在上一任期内被国际舆论普遍认为对华友好，两国建交 44 年来有一半的时

---

① 马来西亚－中国总商会内刊：《马中经贸》第 60 期，2017 年 1～3 月。
② 《习近平会见马来西亚总理纳吉布》，外交部网站，https：//www. fmprc. gov. cn/web/gjhdq_676201/gj_676203/yz_676205/1206_676716/xgxw_676722/t1461286. shtml。
③ 《马来西亚总理访华签 2000 多亿大单　竟被质疑"卖国"》，观察者网，https：//www. guancha. cn/Neighbors/2016_11_08_379913. shtml。
④ 《使馆发言人回应有关"中资抢本地饭碗"言论》，中国驻马来西亚大使馆网站，http：//my. china－embassy. org/chn/sgxw/t1429665. htm。
⑤ 《马来西亚大选结果出炉：反对党"希望联盟"赢得胜利》，环球网，http：//world. huanqiu. com/article/2018－05/12003966. html。

间是在他的任期之内。但在 2015 年 4 月与时任总理纳吉布的冲突爆发以后①，他对前政府的执政思路与政策就多有批判，并在 2016 年 11 月纳吉布总理再次访华双方达成多项重大合作协议以后，加剧了对部分中资项目的批判，如东海岸铁路、碧桂园森林城市、中国吉利汽车收购马来西亚国产车宝腾 49.9% 的股份并接手运营等。同时，由于马哈蒂尔在马来西亚和整个东南亚乃至国际舆论圈的重要影响力，以马哈蒂尔为首的希盟四党内部多位党要出于选举需要，也纷纷迎合马哈蒂尔的声音，两国间合作的舆论氛围开始受到一定的影响。2017 年以后，他曾多次表示一旦再次当选，将对部分中资项目进行审核，2018 年 5 月 9 日晚，在胜选后的首场记者会上，他也再次指出他本人欢迎中国的"一带一路"倡议并已致函习近平主席，但对部分中马合作项目仍将进行必要的审查。在此背景下，部分西方媒体开始炒作两国关系出现问题，两国"一带一路"合作可能面临"脱轨"的情况。②

2018 年 7 月 4～5 日，在经过近两个月的准备之后，马新政府正式下令暂停由中国企业承建的价值 220 多亿美元的四个大型项目，包括东海岸铁路和位于东西马的三条油气管道③，但两国之间的联系并没有中断，双方仍处于积极的接触之中，马哈蒂尔本人也明确表达了希望尽早访华的意愿。④ 在此背景下，2018 年 8 月 17～21 日，受李克强总理邀请，马哈蒂尔开启了他自再次当选总理以来的首次对华访问。在历时 5 天的访问中，他明确表达了对"一带一路"倡议的支持，并表示马方新时期"向东看"愿借鉴中国发展经验，马欢迎中国企业赴马投资提升双方电子商务、创新合作水平，马新政府将继续奉行对华友好政策，期待通过此访进一步巩固深化两国关系，推

---

① 《纳吉布首次回应前总理指责 称将继续领导国家》，中国新闻网，http://www.chinanews.com/gj/2015/04－10/7196695.shtml。

② 《社评：马哈蒂尔不太可能做中马关系颠覆者》，环球网，http://opinion.huanqiu.com/editorial/2018－05/12008080.html。

③ 《马来西亚突然暂停四个在建中企承建项目，专家：或为谈判策略》，澎湃，https://www.thepaper.cn/newsDetail_forward_2240770。

④ 《王毅会见马来西亚总理特使达因》，外交部网站，https://www.fmprc.gov.cn/web/gjhdq_676201/gj_676203/yz_676205/1206_676716/xgxw_676722/t1578219.shtml。

动两国关系提质升级。① 在此访期间两国共同发布的联合声明中，双方也一致确认将从战略大局和长远出发，在相互尊重、平等互利的基础上进一步增进政治互信，深化务实合作，推动两国全面战略伙伴关系持续稳步发展；马方欢迎、支持并将继续积极参与"一带一路"合作，双方将加快落实两国政府《关于通过中方"一带一路"倡议推动双方经济发展的谅解备忘录》，探讨制定相关规划纲要；同意共同编制两国《经贸合作五年规划（2018—2022）》，继续加强基础设施、产能、农渔业等领域合作，积极拓展电子商务、互联网经济以及科技、创新等领域合作，并将启动商签双边跨境电子商务合作谅解备忘录，继续鼓励双向投资，并宣布将 2020 年确定为"中马文化旅游年"。② 对于此次访问的结果，双方都感到相当满意③，即便是对于马哈蒂尔在访华结束前的马方记者会上单方面宣布决定正式取消中国贷款支持的东海岸铁路和各油气管道项目，中方也表示了理解，并称双方需要共同努力以做好合同取消后的善后工作。④ 因此，可以说马哈蒂尔就任以来的此次首访，无疑是给近段时期以来被外界所普遍认为有所松动的两国关系注入了一剂强心剂，开辟了新的合作空间与领域，同时也奠定了新的友好合作基础。但无论如何，两国"一带一路"合作未来方向与重点的调整，包括相关项目的审核可能还会持续一段时间，而如果考虑到马当前复杂的国内政治生态的话，可能这种变革调整的时间还会持续得更久。

---

① 《习近平会见马来西亚总理马哈蒂尔》，外交部网站，https：//www. fmprc. gov. cn/web/gjhdq_676201/gj_676203/yz_676205/1206_676716/xgxw_676722/t1586605. shtml；《李克强同马来西亚总理马哈蒂尔举行会谈时强调在新的起点上推动中马关系长期健康稳定发展》，外交部网站，https：//www. fmprc. gov. cn/web/gjhdq_676201/gj_676203/yz_676205/1206_676716/xgxw_676722/t1586612. shtml；《李克强与马来西亚总理马哈蒂尔共同会见记者》，外交部网站，https：//www. fmprc. gov. cn/web/gjhdq_676201/gj_676203/yz_676205/1206_676716/xgxw_676722/t1586609. shtml。

② 《中华人民共和国政府和马来西亚政府联合声明》，外交部网站，https：//www. fmprc. gov. cn/web/gjhdq_676201/gj_676203/yz_676205/1206_676716/1207_676728/t1586776. shtml。

③ 《2018 年 8 月 21 日外交部发言人陆慷主持例行记者会》，外交部网站，https：//www. fmprc. gov. cn/web/fyrbt_673021/jzhsl_673025/t1586959. shtml。

④ 《社评：个别项目停，中马合作在总结中前行》，环球网，http：//opinion. huanqiu. com/editorial/2018-08/12788521. html。

（二）两国"一带一路"合作5年来"五通"成就的总体评估

以上简要介绍了"一带一路"倡议提出至今，两国合作所经历的大致阶段划分，总的来看，两国合作循序渐进、进展顺利，特别是自 2015 年以来，两国合作速度明显加快，各领域合作都有所推进，正如习近平主席所说，"一带一路"倡议提出 5 年来两国合作成果丰硕。根据《推动共建丝绸之路经济带和 21 世纪海上丝绸之路的愿景与行动》，"一带一路"合作的重点在于政策沟通、设施联通、贸易畅通、资金融通和民心相通。其中在政策沟通方面，"一带一路"倡议提出 5 年来，两国之间保持了密切的高层互访，并通过高层引领和各项合作机制的搭建、各种合作文件的签署保持了两国之间密切的政策沟通，为两国之间的其他合作奠定了坚实的政策基础。而在设施联通方面，这是当前两国合作中能见度最高同时也是最有成效的领域，可以被视为两国合作走向高潮的一个重要标志。5 年来，两国设施联通合作主要表现为大量投融资协议、基建协议和股权购买协议的签署及落地，由于所涉金额巨大，不但涉及贷款，而且涉及基建，同时还涉及土地开发和当地工人的就业问题等，因此也成为近段时期以来两国合作中最有争议的领域。贸易畅通是近年来两国合作一直稳步推进的坚实基础之一，自 2009 年以来中国已连续 9 年成为马第一大贸易伙伴，2016 年以来已连续 2 年成为马制造业最大的投资来源国，并连续多年成为马工程施工总承包的最主要合作方。当前，除了是马第一大贸易伙伴国之外，中国也连续多年是马第一大进口来源国和第二大出口目的地国[①]，但由于经济互补性较强，当前在产能合作方面两国之间仍有较大的提升空间。资金融通是"一带一路"建设的重要支撑，5 年来两国之间在加强金融合作，为两国创造良好的融资环境方面也做出了积极努力。当前两国都是亚投行的创始会员国，5 年里两国也两次续签本币互换协议[②]，当前两国在中国继续按照市场原则购买马国

[①] 商务部综合司、商务部国际贸易经济研究院：《国别贸易报告·马来西亚》2018 年第 1 期，https：//countryreport. mofcom. gov. cn/record/qikan110209. asp？id = 10001。

[②] 《中马两国央行续签双边本币互换协议》，新华网，http：//www. xinhuanet. com/world/2018 - 08/20/c_ 129936466. htm。

债，在马发行人民币债券和向马提供人民币合格境外机构投资者（RQFII）
额度，两国互设银行分行，中国进出口银行、中国国家开发银行和有关商业
银行向马融资支持各项大型基建工程等方面都有较大的合作力度。同时，随
着近年来网络支付和互联网金融的发展，两国之间在这些方面的合作也有了
较大的提升。① 而在民心相通方面，马是东盟中首个与中国建交的国家，同
时，600 多年前中国航海家郑和七次下西洋五次驻节马六甲人们耳熟能详，
而当前占马总人口约 1/4 的 700 多万华侨华人也是推动两国"一带一路"
合作的重要桥梁与纽带。当前中国已连续 6 年是马东盟之外外国游客的最大
来源国，每年两国共有约 1.6 万名学生到对方国家留学，民调显示，近年来
马民众对华好感度一直维持在 70% 左右，是亚洲国家中对华好感度最高的
国家之一。② 同时，自"一带一路"倡议提出以来，马当前已有 10 多个以
"一带一路"为名的民间社团致力于推动两国"一带一路"合作，已有社团
新设相关机构推动这方面合作的更是不胜枚举。事实上，不仅 5 年来两国相
互之间的合作取得了丰硕成果，而且相比于其他国家而言，两国之间的合作
还走在了其他国家的前列。目前，根据北京大学"一带一路"五通指数研
究组和国家信息中心"一带一路"大数据中心的相关统计，可以很清楚地
看到这一点。

北京大学"一带一路"五通指数研究组的研究结果表明，近年来中马
两国之间的"五通"合作水平无论是在东盟区域内还是在世界范围内来说
都是名列前茅的。其中在政策沟通方面，2016 年度中马两国之间的政策沟

---

① 《马来西亚 7 - 11 便利店接受 Alipay 支付宝》，商务部网站，http：//my. mofcom. gov. cn/
article/sqfb/201705/20170502583408. shtml；《中国银联"牵手"马来西亚 iPay88 进一步完
善电商支付体验》，商务部网站，http：//my. mofcom. gov. cn/article/sqfb/201712/
20171202690813. shtml；《微信获马来西亚支付牌照 拟支持当地货币支付》，商务部网站，
http：//my. mofcom. gov. cn/article/sqfb/201803/20180302721099. shtml；《蚂蚁金服联手马来
西亚第二大银行组建合资公司》，商务部网站，http：//my. mofcom. gov. cn/article/sqfb/
201805/20180502749578. shtml；《微信"马币钱包"6 月在马来西亚开通》，商务部网站，
http：//my. mofcom. gov. cn/article/sqfb/201806/20180602751868. shtml。
② 《携手友谊路，迈上新征程》，中国驻马来西亚大使馆网站，http：//my. china -
embassy. org/chn/sgxw/t1564162. htm。

通密切程度仅次于俄罗斯和巴基斯坦，在东盟区域内排名第1，在世界范围内排名第3；2017年度虽然在世界范围内被哈萨克斯坦超越，但在东盟区域内仍然排名第1。在设施联通方面，2016年度两国之间的设施联通程度仅次于俄罗斯、哈萨克斯坦、卡塔尔和沙特阿拉伯，在世界范围内排名第5，在东盟区域内排名第1；2017年度仅次于俄罗斯和阿拉伯联合酋长国，在东盟区域内蝉联第1，但在世界范围内排名上升两个名次达到第3位。在贸易畅通方面，2016年度两国之间的贸易畅通度仅次于新加坡和印尼，在东盟区域内排名第3，同时在世界范围内也排名第3；2017年度仅次于新加坡和阿联酋，在东盟区域内超越印尼排名第2，同时在世界范围内排名维持第3。在资金融通方面，2016年度两国之间的资金融通度仅次于新加坡、泰国和俄罗斯，在东盟区域内排名第3，在世界范围内排名第4；2017年度在世界范围内排名仅次于新加坡，位居第2，同时在东盟区域内也排名第2。在民心相通方面，2016年度两国之间的民心相通程度也是仅次于新加坡、泰国和俄罗斯，在东盟区域内排名第3，在世界范围内排名4；2017年度在世界范围内仅次于俄罗斯、泰国和白俄罗斯排名第4，在东盟区域内则上升一个名次排名第2（见表1）。由此来看，相比于2016年度，在2017年度内中

表1　东盟/世界范围内中马"一带一路""五通"合作情况对比（一）

年度/范围 指标/排名	2016年度		2017年度	
	东盟区域内	世界范围内	东盟区域内	世界范围内
政策沟通	1	3	1	4
设施联通	1	5	1	3
贸易畅通	3	3	2	3
资金融通	3	4	2	2
民心相通	3	4	2	4
"五通"总体合作度	第1位	第2位	第2位	第3位
备注	—	仅次于俄罗斯	仅次于新加坡	仅次于俄罗斯、新加坡

资料来源：北京大学"一带一路"五通指数研究课题组《"一带一路"沿线国家五通指数报告》，经济日报出版社，2017；翟崑、王继民主编《"一带一路"沿线国家五通指数报告（2017）》，商务印书馆，2018。

马两国之间各个领域的合作不但对接顺利，而且稳中有进，唯一的问题就是其邻国新加坡进步的速度更快，因此导致其在东盟和世界范围内都被新加坡赶超，从而整体掉落一个名次。不过，由于所使用的指标、指标赋值和所使用的数据来源的不同，国家信息中心"一带一路"大数据中心的排名评估和北京大学所做的排名有所不同，但这并不影响其结果同样具有重要的参考价值。

根据国家信息中心"一带一路"大数据中心的研究，目前无论是在"五通"的各个分领域，还是在中马"五通"合作的总体合作度方面，其总体排名都要落后于北京大学所做的测算，而且，不但是在世界范围内的排名较北京大学所作测算为低，同时在东盟区域内的排名方面，马来西亚也难以高居榜首或前两位，如在"五通"总体合作度方面，马来西亚在世界范围内连续三个年度就仅次于俄罗斯、哈萨克斯坦、泰国、巴基斯坦、印尼、越南或新加坡、韩国等而屈居第 7 位，同时在东盟区域内也较泰国、印尼、越南或新加坡等国为低，连续两年位居第四，2017 ~ 2018 年度才有所提升，居第 3 位（见表 2）。

表 2　东盟/世界范围内中马"一带一路""五通"合作情况对比（二）

年度/范围 指标/排名	2015 ~ 2016 年度排名		2016 ~ 2017 年度排名		2017 ~ 2018 年度排名	
	东盟区域内	世界范围内	东盟区域内	世界范围内	东盟区域内	世界范围内
政策沟通	6	12	7	15	7	12
设施联通	5	16	6	16	6	17
贸易畅通	5	10	2	3	2	4
资金融通	2	6	2	3	1	2
民心相通	5	8	—	—	—	—
"五通"总体合作度	第 4 位	第 7 位	第 4 位	第 7 位	第 3 位	第 7 位
备注	仅次于泰国、印尼、越南	仅次于俄罗斯、哈萨克斯坦、泰国、巴基斯坦、印尼、越南	仅次于泰国、越南、新加坡	仅次于俄罗斯、巴基斯坦、哈萨克斯坦、泰国、越南、新加坡	仅次于越南、泰国	仅次于俄罗斯、哈萨克斯坦、巴基斯坦、韩国、越南、泰国

资料来源：国家信息中心"一带一路"大数据中心《一带一路大数据报告》（2016、2017、2018），商务印书馆，2016、2017、2018。

同时，如果把"五通"各具体领域的排名情况与以上北京大学所做测算进行比较，还会发现另外一个问题，即在政策沟通和设施联通方面，北京大学所做研究认为马来西亚在东盟区域内与中国的合作属于较高水平，而在贸易畅通、资金融通和民心相通方面则稍显逊色。但在国家信息中心"一带一路"大数据中心的研究来看，两国之间的政策沟通和设施联通，放在东盟区域内来看似乎并不算太乐观，反而是在贸易畅通、资金融通和民心相通方面两国似乎做得更好。到底哪一种评估更有说服力，可能对于不同观察者来说只能见仁见智，但总体来看，两国"一带一路"合作无论是放在东盟区域内还是放在世界范围内来看，都属于中上水平，应该是毫无异议的，同时这也从事实上表明"一带一路"倡议提出 5 年来，中马两国之间的合作成果丰硕，马来西亚是获得重要前期收获的国家之一。

二 当前两国"一带一路"合作面临的部分困难与问题

当然，前期收获的取得并不意味着当前两国之间就没有任何问题。事实上如前所述，在经过前几个年头的艰难起步和稳步对接之后，当前两国"一带一路"合作正处于深刻的变革调整之中，至于这一过程还将持续多久，并将对未来两国合作产生多大的影响，则还需要进一步的观察。目前总的来看，两国"一带一路"合作所面临的困难与挑战主要体现在以下几个方面。

（一）当前马新政府对于多个中马合作项目的停工审查与质疑

这一问题其实也是当前两国"一带一路"合作所面临的首要问题，因为其中不但涉及"一带一路"倡议提出 5 年来，作为中外合作最大单体项目的马来西亚东海岸铁路，而且还包括了 3 条价值 20 多亿美元的油气管道项目，其总值 220 多亿美元，占到当前两国"一带一路"合作官方协议项目总值的一半以上。同时，受到审查和影响的还涉及多项重大民间资本项目，比如马六甲皇京港的开发、碧桂园森林城市建设、中国吉利汽车与马来

西亚国产宝腾汽车的合作等，另外还涉及中马两国政府层面合作的旗舰项目关丹产业园的发展等。

　　换个角度来看，这些项目不但涉及两国之间的工程承包、基建合作、商业贷款和投融资合作，同时也涉及两国之间的制造业合作、产能合作、能源合作、互联互通和房地产开发等，可以说是事关全局，牵一发而动全身。如果是具体到"五通"建设本身来说，也可以看出这些合作不但涉及政策沟通、设施联通、贸易畅通和资金融通，同时还暴露出在前期合作过程中两国在民心相通和舆论引导等方面存在的部分问题。因此，其最终的走势如何、处理方式如何等，在当前中美贸易战和"一带一路"倡议提出五周年，由"大写意"走向"工笔画"阶段的情况下，不但会对当前的两国关系和两国"一带一路"合作产生影响，同时还会对接下来中国与其他国家的"一带一路"合作的顺利推进产生直接的影响和示范效应。而在这一问题的背后，其实还隐藏着更深层次的另外一个问题，即马新政府在"5·9"大选中当选以来，其在内政外交方面与前政府所推行的内外政策和国家发展思路的不同。很显然，一旦这一不同于前政府的政策思路成为当前马新政府执政的主流并持续推进的话，必然会给未来两国"一带一路"合作带来长远影响。

（二）新政府发展思路的不同给未来两国合作所带来的不确定性

　　如上所述，当前马新政府对于多项中马合作项目的停工审查与非议，其背后深刻的思想根源就是现政府对于前政府时期所推行的多个发展思路的不满。根据其当选前的竞选宣言和长期以来的舆论发声可以知道，当前的希盟政府在经济发展思路上，对于国家债务问题的关注度较高，这就决定了它不可能再像前政府那样进行大规模的基础设施建设并将其作为激发国家未来经济增长潜力的动力源之一，特别是不可能再通过大量的对外贷款来进行基础设施建设，也不可能接受较高的贷款利息和较高的工程造价。而这一政策思路也同时决定了在未来两国合作中，要想通过双边协议来推动相关大型基建工程的落地实施可能性已大为降低，而公开招投标则可能会成为主要形式。另外，现政府的施政也表明，未来它们可能会主要关注于农业、制造业和数字经济等有利于本地就业和提高出口，有利于获得技术转移的高新技术、高附加值和绿色产业的发展，并将对大规模的房地产投资开发和外国人购房行为等进行限制，这就决定了未来两国合作的方向和重点必然会发生变化。

而在外交上希望保持更大程度的中立和在国际事务中获得更大发言权的政策思路，也决定了马现政府在外交上必然会寻求推行均势政策或在中美日等大国之间推行等距离外交。而这一思路的实施则意味着在当前情况下在今后一段时期内马在外交上可能会部分偏向于美日，从而希望对中国形成一定的制约，并在目前部分有争议的相关项目上与中国进行进一步的讨价还价。如果这种情况果真出现，那么它将会在一定时期内对我国的对马外交形成挑战。当然，这一政策思路是否可行还需要观察美日等国的回应情况，因此还需要做进一步的观察。

同时，马新政府发展思路的不同还涉及另外一个重要问题，即在当前两国之间旧有的合作框架已经被打破的情况下，新的合作框架何时才能建立起来的问题，这一问题同时也受到今后一段时期内马国内政党政治生态发展不确定性的影响。

（三）经济问题政治化和马国内当前的舆论风向问题对于两国合作的影响

"一带一路"建设，民心相通是其中的重要内容，在这一问题上主流传媒所关注的主要议题和主要领导人所发表的各项言论等对于两国之间合作的民意基础和整个社会舆论氛围的塑造显然具有重要影响。当前在两国"一带一路"合作中，在马来西亚国内仍然存有较大的杂音。虽然一方面，以马哈蒂尔为首的希盟领导人在"5·9"大选中当选以来就已明确表示支持"一带一路"倡议并愿继续参与其中；但是另一方面，其表态将继续对有关中马合作项目进行停工审查并将与中方进行谈判的立场也对两国之间的合作氛围产生了重要影响。

同时，另一个与此直接相关的问题就是近段时期以来欧美多个媒体大量炒作中国借助海外投资制造"债务陷阱"的问题，即指责中国假借"一带

一路"合作大量对外投资并大量向各参与国发放巨额贷款以资助它们进行大型基建工程，而这一行为将导致一些国家债务水平升高，一旦无法维持，并无法按时还款，就不得不将一些重要的国家资产交由中方管理或运营。对此，有关报道中还煞有介事地提到了斯里兰卡的汉班托塔港与我国同巴基斯坦、非洲和东南亚等国的合作。而近段时期以来，马国内多个领导人在发表有关中马合作的言论之时，除了批判相关中资项目的工程造价过高之外，也不断强调国家债务问题，这就无形中给人一种两国合作直接拉高了马国家债务水平的感觉，有一种与西方舆论一唱一和、隐约合流的意味。然而事实上该问题同上一个问题一样，都是在通过将经济问题政治化从而进行舆论包装，以求达到增加谈判筹码、压低协商价格或是将有关工程彻底废止的目的，当然，这其中还有很重要的一点就是其国内议程操作的需要。对此，作为关联方的中国，理应要求马国内各方及时解释与澄清，以达到维护我国国家形象的目的。

（四）当前形势下马广大华人政党、社团发挥作用的空间问题

在以上三点之外，当前两国合作中还面临的一个重要问题就是马来西亚华人政党、社团等当初对于两国"一带一路"合作起到重要推动与促进作用的民间力量的弱化问题。以上在文中已经梳理，在两国"一带一路"合作的艰难起步期，作为两国合作重要桥梁的广大华人政党和社团，由于对于两国国情和文化相对熟悉，了解两国之间重要的合作需求与渠道，因此对于两国之间"一带一路"合作的顺利启动和稳步推进直到走向高潮都起到了直接的推动与促进作用。但在"5·9"大选以后，一方面由于马华公会等华人政党的下野，另一方面也由于两国之间合作氛围的总体转换，同时还由于新上台的民主行动党等华基政党同我国之间的沟通联系还有待加强等，因此，当前通过马来华社积极发挥两国之间"一带一路"合作的桥梁与纽带作用的空间已经受到极大的压缩，如何解决这一问题，同样需要深入的研究与思考。以上这些一起构成了当前情势下两国"一带一路"合作的重要挑战。

三　推动新时期两国"一带一路"合作行稳
致远的相关建议

回顾以上所述可以发现两国"一带一路"合作 5 年来，不但经历过艰难起步，而且经历过从启动对接到走向高潮的全过程，虽然其间也遇到过各种问题，但是总体来看两国合作步履稳健、逐步推进。虽然当前正面临"5·9"大选以来的种种不利情况，但是鉴于两国合作基础深厚，民间合作意愿较强，因此只要两国领导层能够继续坚持和把握这一点，并做好高层引领和政策引导工作，相信两国之间的"一带一路"合作仍然能够稳步推进并取得更加丰硕的成果。在当前形势下，我国可以主要从以下几个方面来着力稳定两国关系，继续推动两国"一带一路"合作向前发展。

（一）坚持尊重马方意愿和底线思维继续推进两国合作并做好相关合作项目的审核、谈判和善后工作

一般来说，一个国家的国家利益到底为何，应该通过何种政策来具体予以实现，受到选民授权的当届政府应该是最有发言权的。因此，对于实现政党轮替和政府更迭的亚非欧各国，我国首先应该做的就是充分尊重它们的国家主权和国民意愿，这其实也是联合国宪章、各类国际法和我国一直所坚持倡导的和平共处五项原则的要求。在坚持尊重所在国国民意愿和维护我国自身利益的基础上，对由于对方原因而导致相关协议无法履行从而有损我国自身利益的，应该坚决按照合同约定和相关国际法准则来予以处理，该赔偿的应该要求对方予以赔偿。而除此之外，只要是有利于两国国家利益和两国国民福祉的，则双方都应该予以支持，并坚持通过友好协商来予以解决，本质上这是符合国际法的各项基本要求，同时也是符合"一带一路""共商、共建、共享"三原则的要求的。

具体到当前的中马关系，"一带一路"合作是当前两国推动构建全面战略伙伴关系的重要抓手，在政府层面，这是推动两国关系发展的一个大的框架，而在企业层面，这则是一项重要的商业活动。只要理解了这一点，对于当前两国之间存在较大争议的相关合作项目的问题就可以找到一个总的解决思路，即"一带一路"合作是两国政府之间的事，而"一带一路"已经落地的各个大型项目则是两国企业，或者是一方企业与一方政府之间的事。对于这些商业事务，应该通过商业的纠纷解决机制来予以解决，涉及违约的，应该通过违约解决机制来追究责任，涉及索赔的，应该坚持按照争端解决机制来予以赔偿，而至于涉及修改相关协议的，则应该按照事先约定和有关国际惯例来予以解决。政治上的合作与否是在两国政府之间，而经济上的纠纷问题则应该主要交由两国相关合作方来予以解决，只有这样才能做到经济的归经济、政治的归政治，从而避免将经济问题政治化而危及两国全面战略伙伴关系的构建。应该看到，该思路的确立将不仅有利于两国"一带一路"合作的持续推进，而且也将有利于两国全面战略伙伴关系的维持，同时还将有利于向外界澄清两国之间的相关问题，从而避免有关不必要的干扰与炒作。

对于这一问题解决思路和关系处理模式，应该看到无论是马方马哈蒂尔总理在当选后的首场记者会上就表明将继续支持"一带一路"倡议但同时也将对双方有关合作项目继续予以审查，还是在马哈蒂尔总理于 2018 年 8 月访华之后，在行程结束前的记者会上宣布两国有关合作项目的取消已经得到中方的理解，都可以看出这一解决思路的影子。即在总体上，两国将继续坚持合作，而至于合作什么、如何合作等则将由两国政府再来予以确认。由此来看，两国"一带一路"合作事实上在本次马哈蒂尔总理来访期间已经实现顺利落地，对此两国各界都应该有充分的信心，而至于之后将如何具体推进，一方面，两国将通过《经贸合作五年规划（2018—2022）》的制定来予以解决，另一方面，两国也将通过相关企业之间的谈判来解决当前尚有争议的项目问题。而回国之后马哈蒂尔总理仍倾向于通过高调的媒体操作来谈论各种议题则有其内部的政治议程考虑，对此中方已表现出一定的理解，但马方也应保证不超越相关底线，① 只有这样才是推动两国关系继续向前发展的双赢之道。

（二）密切关注马未来政党政治生态和内外政策走向，密切两国各方面的相互交流与联系

对于国际关系和两国合作，高层引领和政府决策是关键，而加强两国政策沟通则是"一带一路"合作的重要保障，因此在坚持和完善两国已有共识的基础上，加强对马来西亚未来政党政治生态和内外政策走向的密切关注，随时根据已经变化了的形势调整与马国内各政党、社团之间的相互交流与联系，倾听他们的立场与声音，收集他们的意见与建议，并随时在两国各层次的互动交往中具体予以落实则是极为必要的。这就需要继续加大我国对于马来西亚朝野各党派的政党外交、公共外交和民间外交，充分调动各方力量以有利于两国之间的友好交流。在这里，政党之间的相互交流与访问、共同主办各类商业对接和学术研讨活动应该是极为必要的。两国也可以在这一机制下具体探讨在变化了的形势下两国之间可以重点加强的合作领域与方向，并促进两国之间未来合作大框架的构建。

（三）坚持做好舆论宣传与引导工作，继续推动两国关系向前发展

本质而言，在继续推动对马友好合作方面我国并无任何异议。马来西亚国内已有学者认识到现执政联盟在选前选后大打中资课题主要是源于国内政治的需要，一方面是为了减轻公共财政压力，另一方面则是为了打击与各项目密切相关的既得利益集团，以削弱前执政联盟在来届大选中东山再起的资本。但除此之外我们也应看到，在当今网络传媒极为发达的情况下，马来西亚所发出的各种舆论声音同样也会实时传递到各西方主流媒体和中国国内，即使国内有意进行各种宣传与引导，但是对于各种实时言论，国内公众同样

---

① 《社评：中企在马来西亚的围墙不是中国长城》，环球网，http://opinion.huanqiu.com/editorial/2018-08/12856448.html。

会有各种不同的看法，如果再加上西方媒体的相关炒作，长此以往必然会影响到两国合作的民意基础。

对此，我们要有针对性地在马来西亚国内进行解释与澄清。目前马来西亚国内有大量的中、英和马来文报刊，国内新闻自由度较高，各类政商学界领袖和精英以及社团领导人和新闻专栏作者等都可以自由发表各类言论，同时也可以代表他们所在的党派、社团、智库和研究机构等发表相关看法。正是由于马来西亚一直处于这样的舆论环境之中，所以某些领袖人物才会倾向于发表一些言辞较为激烈或较有争议性的言论，以求引起各方关注。对此中国一方面应理解马来西亚国情，但另一方面，也应该通过与马来西亚国内各方多交流，传达中方的相关思考与建议，对于与中国国家利益和国家形象密切相关的问题则应该及时作出相关解释与澄清，如此方能推进两国之间的有效交流，促进两国民众之间的相互理解。另外，由于马来西亚国内对于各种政党、社团、学术和公益交流活动与讲座等的曝光度也较高，因此加强两国政商学界之间的相互交流与研讨，并通过这种方式把中方的各种关切与建议传达出去同样是一种极好的方式。

（四）应注意继续发挥华社的桥梁与纽带作用并同时避免相关敏感问题的出现

"一带一路"建设，民心相通是其重要的社会根基，对于东南亚的多个国家来说，由于大量华侨华人的存在，以及他们对于两国国情与文化的了解，因此自古以来就是沟通中国与其所在国之间相互交往与联系的纽带。这一身份地位使他们对于古代海上丝绸之路的建立居功至伟，对于当前两国"一带一路"合作的顺利推进同样具有重要的意义。

就马来西亚而言，目前马来西亚国内共有700多万华侨华人，约占其总人口的1/4，是马来西亚国内第二大族群，同时也是中马之间相互交流与联系的一种血缘纽带，目前两国之间众多的相互投资与合作以及商业与文化活动等都是通过他们来实现的。当然，当前马来西亚国内也有其独特的族群政治生态，对此中国应该充分予以尊重，但除此之外，两国之间应该充分利用这一桥梁与纽带来加强两国之间的相互交流与联系，并通过经贸、文化、旅游、科研、教育、学术交流与研讨和政党社团企业与传媒合作等各种形式推进两国之间的相互交流与联系，在推动广大华人各方面权益维护与提升的同时，也通过他们助力我国与当地马来、印裔和各土著群体之间的相互交流与联系，并以此推动马来西亚的长远发展和长治久安，推动中马两国全面战略伙伴关系的构建。

B.6
"一带一路"框架下中印贸易投资关系

黄梅波　陈凤兰*

摘　要：　中印同为新兴经济体，经济互补性强，合作潜力巨大。"一带一路"建设背景下深化中印经贸合作具有重要的战略意义。文章在分析当前中印经贸合作现状以及存在的问题的基础上，进一步探讨"一带一路"框架下加强中印经贸合作的重要性以及未来两国合作的重点领域，最后对深化两国经贸合作提出几点建议。

关键词：　中国　印度　一带一路　贸易　投资

中国和印度是全球最引人瞩目的两大新兴经济体，同为"金砖国家"成员，而且比邻而居。中印经济发展模式各有特色，被称为"龙"和"象"。从经贸关系的发展来看，在全球金融危机之前，中印两国的经贸关系处于快速发展阶段，经历了数次起落。总体而言，中印两国建交后到全球金融危机后的经贸合作可分为以下几个阶段：建交初期的互惠互助阶段（1951～1962年）；由于政治原因导致的经贸往来的中断期（1962～1976年）；双边关系缓和之后经贸合作逐渐升温的阶段（1976～1998年）；1998年印度人民党政府上台后，印度试爆核武器并大肆宣扬"中国威胁论"，使中印关系受挫，两国关系变冷，双边经贸关系进入受挫期（1998～2000

---

* 黄梅波，上海对外经贸大学国际经贸研究所教授；陈凤兰，厦门大学经济学院国际经济与贸易系硕士研究生。

年）；双边经贸合作的快速和飞跃发展期（2000 年之后）。①

全球金融危机之后，中印经贸关系进入了既合作又竞争的转折期。一方面，双方出现了新的利益融合点。在经济发展方面，两国均面临着抵御金融危机的外部冲击、加快本国经济体制改革和转变经济发展模式的任务。在全球治理方面，都谋求提高对全球经济事务的影响力。两国在二十国集团（G20）、"金砖国家"峰会等国际平台上扮演着重要角色，均为区域全面经济伙伴关系（RCEP）和亚太贸易协定（APTA）的成员，在世界贸易组织多哈回合谈判、联合国气候变化公约谈判，以及其他各种议题上有广泛而深入的合作。迄今为止，两国积极在区域、多边机制中加强合作，同时也建立多个不同层次的双边交流、合作机制。但另一方面，两国经贸关系中的失衡、摩擦和冲突也逐渐增加，缺乏互信以及两国合作机制的不健全等诸多问题给两国经贸利益深度融合带来阻碍。

"一带一路"倡议是中国政府统筹国际国内两个大局而作出的重大决策，既是中国深化对外开放的需要，也是加强和亚欧非及世界各国互利合作的需要。共建"一带一路"旨在促进经济要素有序自由流动、资源高效配置和市场深度融合，推动沿线各国实现经济政策协调，开展更大范围、更高水平和更深层次的区域合作。印度作为中国的重要邻邦，在南亚地理上处于中心位置，就南亚七国经济实力而言，印度无疑也是霸主，同时，印度也是"一带一路"沿线枢纽国家之一，是中国"一带一路"建设想要争取的合作对象。中印两国都拥有庞大的人口数量，同属发展中大国和新兴经济体，发展任务和目标具有较多契合点，在"一带一路"背景下深化两国的经贸合作，既有利于加强两国宏观政策的沟通和协调，扩大双方利益交汇点和实现互利共赢，也有利于把握时代发展趋势，共同维护世界经济金融秩序，是一项具有全局考量和远见卓识的战略谋划。

2018 年 4 月 27 日和 28 日，中国国家主席习近平同印度总理莫迪在武汉举行了具有里程碑意义的非正式会晤。两国领导人在轻松友好的气氛中就中印关系及共同关心的重大国际问题全面深入地交换了意见，达成了广泛共

---

① 田丰：《中印经贸合作前景展望及政策建议》，《国际经济合作》2014 年第 10 期，第 51 页。

识。此次会晤为未来中印关系和各领域的全面合作勾画了宏伟蓝图，还指示两国相关部门要根据领导人达成的共识，提出具体的工作规划和实施步骤，因而必将有力地推动中印关系，特别是经贸合作关系迈向新的高度。

一 中印经贸合作现状

（一）双方贸易规模扩大且增速较快

进入 21 世纪以来，中印双边贸易规模呈现快速上升态势。2000 年，两国的贸易额仅有 29.14 亿美元，到 2006 年已增加至 248.59 亿美元，年均增速高达 42.94%，明显高于中国外贸总额年均增速。从表 1 可看出，近 10 年来，中印双边贸易额缓慢波动性增长。UNCTAD 数据显示，2007 年，中印两国贸易额为 386.68 亿美元，而 2017 年双边贸易额首次达到 851.74 亿美元，2007～2017 年十年间两国的贸易总额实际仅增长 1.2 倍。鉴于中印两国经济规模庞大，故这 10 年来双边贸易从平均增长速度和总量来看均不理想，10 年间两国的贸易额还数次出现过负增长，如 2009 年、2012 年、2013 年和 2016 年的贸易总额都比上年少，说明中印两国的贸易不稳定，经常出常波动。值得注意的是，2017 年贸易规模扩大，首次突破 800 亿美元大关，中商产业研究院数据库显示，在 2017 年"一带一路"沿线国家与中国的贸易额排行榜中，印度位居第四位，仅次于韩国、越南和马来西亚；并且中印贸易额 2017 年增长较快，增速达到 21.4%，是近 7 年最大增幅，增速远远超过中国的绝大多数贸易合作伙伴。

根据商务部数据，2018 年 1～3 月，中国和印度之间进出口贸易总额 221.3 亿美元，同比增长 15.4%，其中对印度出口总额 175.5 亿美元，同比增长 17.2%，进口总额 45.8 亿美元，同比增长 9.1%。[①] 因此，可见 2017～2018 年，中印贸易增长态势较好。

---

① 驻孟买总领馆经商室：《2018 年 1～3 月中印经贸数据》，商务部网站，bombay. mofcom. gov. cn/article/zxhz/201805/20180502738920. shtml。

表1　2007~2017 年中印进出口商品贸易总额

单位：亿美元，%

年份	2007	2008	2009	2010	2011	2012	2013	2014	2015	2016	2017
中国出口至印度总额	240.51	315.85	296.67	409.14	505.36	476.77	484.32	542.17	582.28	583.98	674.49
中国自印度进口总额	146.17	202.59	137.14	208.46	233.72	187.97	169.70	163.59	133.69	117.64	177.25
中印贸易总额	386.68	518.44	433.81	617.60	739.09	664.75	654.03	705.76	715.97	701.62	851.74
总额增长率	55.55	34.07	-16.32	42.37	19.67	-10.06	-1.61	7.91	1.45	-2.00	21.40
中印贸易差额	94.34	113.26	159.53	200.68	271.64	288.8	314.62	378.58	448.59	466.34	497.24
差额增长率	119.19	20.06	40.85	25.79	35.36	6.32	8.94	20.33	18.49	3.96	6.63

资料来源：根据 UNCTAD 网站计算整理而得。

（二）双方贸易的互补性较强

表 2 是将中印进出口商品按 SITC Rev. 3 编码进行统计①，从表 2 中可知，中国出口印度的产品主要是机械及运输设备大类，金额高达 295.81 亿美元，占比达到 43.86%；其次是化学成分及制品大类，金额达到 137.43 亿美元，占比超过 20%。印度出口的主要是轻纺、橡胶及制品和非食用原料，但金额均低于 100 亿美元，其他产品金额更小，普遍在 20 亿美元以下。这说明中国出口印度的主要是技术密集型或资本密集型的工业制成品，而印度出口的主要是初级产品、资源或劳动密集型产品。由此可见，两国产品贸易具有较强的互补性。

---

① SITC 第三次修订版，将所有贸易商品分为 0~9 十大类。分别为：食品及食用活物（SITC0），饮料和烟草（SITC1），非食用原料（SITC2），矿物燃料、润滑油及原料（SITC3），动物油脂（SITC4），化学成分及制品（SITC5），轻纺、橡胶及制品（SITC6），机械及运输设备（SITC7），杂项制品（SITC8）和未分类的商品（SITC9）。

表2　中印双边商品贸易统计（2017年）

类别编号	产品类别	中国出口至印度		印度出口至中国	
		总值（亿美元）	占比（%）	总值（亿美元）	占比（%）
0	食品及食用活物	3.61	0.53	3.13	1.77
1	饮料和烟草	0.09	0.01	0.04	0.02
2	非食用原料	6.12	0.91	40.99	23.13
3	矿物燃料、润滑油及原料	11.25	1.67	3.01	1.70
4	动物油脂	0.04	0.01	4.11	2.32
5	化学成分及制品	137.43	20.38	23.07	13.01
6	轻纺、橡胶及制品	132.71	19.68	81.56	46.01
7	机械及运输设备	295.81	43.86	14.81	8.36
8	杂项制品	87.42	12.96	6.52	3.68
9	未分类的商品	—	—	0.00	0.00

注：根据 SITC Rev. 3 分类方法分类。
资料来源：根据 UNCTAD 网站计算整理而得。

（三）双边投资表现活跃，对印度承包工程合作成果丰硕

随着中印贸易合作的不断深入，中国对印度的投资也有所扩大。根据中国商务部公布的数据，尽管 2016 年中国对印度非金融类投资流量同比减少 86.8%，但非金融类投资存量仍达到 31 亿美元，为 2003 年的 3077 倍。印度承接中国对外投资存量占中国对外投资总存量的比重也从 2006 年的 0.03% 上升到 2016 年的 0.23%，2014 年曾达到 0.39% 的高位。与中国对外投资总额对比，中国对印度投资流量的同比波动较为剧烈。2018 年 1～3 月，中国对印度非金融类直接投资总流量为 4357 万美元，同比减少 40.2%；截至 2018 年 3 月底，中国对印度非金融类直接投资存量为 34.6 亿美元。中国企业累计对印实际投资超过 80 亿美元。虽然中国对印度投资规模不大，且波动较剧烈，但年均增速仍超过 125%。目前，中国对印度在电力、钢铁、能源等制造业和基础设施领域等方面的投资已逐步稳定。三一重工和广西柳工集团等重装制造企业、海尔与美的等白色家电企业，早已经在印度站稳了脚跟，获得了长足的发展。在新兴产业领域，中国手机品牌

2018 年第一季度占印度智能手机市场份额已经扩大至 57%，中国互联网企业也已投资 Hike、Zomato、Paytm 等印度互联网明星企业；此外，腾讯公司与阿里巴巴也通过入股方式涉足电商行业，复星集团并购格兰德制药等案例都显示中国对印投资已不再局限于直接投资。

虽然印度对中国投资起步较晚，但发展迅速。印度企业对华投资热情也日益高涨，2014～2017 年年均增幅达 18.5%。印度对华投资项目总数为 66 个，同比增加 32%；截至 2018 年 3 月底，印度对华投资累计项目数 1636 个，累计投资金额 8.61 亿美元。[①] 在制造业、基础设施建设以及共建产业园区项目等方面，双方均有加强合作的可能。2018 年 1～3 月，印度对华实际投资总额为 709 万美元，同比减少 18%。

经济合作方面，2018 年 1～3 月，中国对印度工程承包合同总额为 5.93 亿美元，同比增加 157.5%；营业总额为 5.35 亿美元，同比增加 14.3%；截至 2018 年 3 月底，中国对印度工程承包累计合同额为 711.8 亿美元，累计完成营业额为 488.4 亿美元。[②] 印度是中国在南亚的第一大承包工程市场、第二大投资目的地。

进入 2018 年，中印在加强经贸合作方面又迈出实质性步伐，3 月，中国商务部组织贸易促进团访问印度，两国企业共签署了 101 项经贸合作协议，合同金额近 24 亿美元。双方还表示要推进贸易投资合作，并提出了人力资源等多个新合作领域。

（四）合作机制走向纵深，经贸关系更加务实

作为中印两国重要的双边合作机制，中印战略经济对话始于 2011 年 9 月，到目前已召开五次，并已经成为探讨宏观经济形势、沟通改革思路、对接发展战略规划以及加强多领域合作的重要平台。除此之外，中印两国在上

① 驻孟买总领馆经商室：《2018 年 1～3 月中印经贸数据》，商务部网站，bombay. mofcom. gov. cn/article/zxhz/201805/20180502738920. shtml。
② 驻孟买总领馆经商室：《2018 年 1～3 月中印经贸数据》，商务部网站，bombay. mofcom. gov. cn/article/zxhz/201805/20180502738920. shtml。

海合作组织、"金砖国家"领导人会晤机制、二十国集团和中俄印三国外长会晤机制等多边合作机制中也拥有广阔的合作空间和全面的合作领域，并在国际关系民主化和全球格局多级化方面有一致诉求。未来，双边、多边合作机制的不断成熟，将会为中印两国带来更多更大的发展机遇。

二 中印经贸合作存在的问题

就双边贸易情况而言，中印的贸易前景看似光明，但是中印贸易之间存在结构性失衡、贸易保护主义和投资保护主义盛行、缺乏互信、经济合作机制覆盖范围窄以及机制运行持续性差、印度对中国在其经济发展中的双重性定位等问题，这些问题必将会制约中印贸易的持续发展。

（一）结构性失衡导致印度对中国外贸逆差不断扩大，双方贸易存在明显的非对称性

首先，随着中印之间贸易的快速发展，印度对中国的贸易逆差不断上升。从表1可以看出，虽然两国贸易差额的增长率呈现较大波动，但是长期为正。2007年，印度对中国的贸易差额仅为94.34亿美元，而2017年该值已达到497.24亿美元，10年间增长了4.27倍，远大于两国贸易总额的增长率。2018年1~3月，印度对中国的贸易逆差金额为129.7亿美元，2017年同期为106.4亿美元，同比增长21.90%。2018年1~3月数据显示，印度已成为中国第四大贸易顺差来源国。目前，中国已成为印度第一大贸易伙伴和第一大进口来源国，以及第四大商品出口国；而印度是中国第七大商品出口国和第二十七大商品进口国。印中贸易逆差既源于中国经济增速放缓和美元持续走强等外部因素，更与印度单一的出口结构等内部因素密切相关。贸易逆差虽是后发国家在赶超过程中时常出现的挑战，但其暴露的结构性失衡风险无疑会成为制约经贸伙伴关系深入发展的一大现实障碍。

其次，印度对中国市场的依存度高于中国对印度市场的依存度。对外贸易依存度是指一个国家或区域在一定时期进出口总额占其国内生产总值的比

重，是权衡一个国家或区域经济对外开放程度的重要指标之一，其公式为：
FTD = （IX + IM）/GDP，IX、IM、（IX + IM）分别代表某一国家的进口总额、出口总额和进出口总额，GDP 代表该国的国内生产总值。由表 3 可知，2009～2017 年中印双边贸易额占中国 GDP 的比重均值为 0.8%，而中印双边贸易额占印度 GDP 比重的均值为 3.4%，这说明印度对中国市场的依赖程度高于中国对印度市场的依赖程度。

表3　2009～2017 中印贸易依存度

单位：%

年份	中国对印度贸易依存度	印度对中国贸易依存度
2009	0.8	2.8
2010	0.9	3.2
2011	1.0	3.9
2012	0.8	3.7
2013	0.7	3.5
2014	0.7	3.5
2015	0.7	3.3
2016	0.8	3.4
2017	0.9	3.5
均值	0.8	3.4

资料来源：中国商务部国别贸易报告和世贸组织数据库。

（二）印度的贸易和投资保护主义短期内难以改变

贸易方面，由于长期的贸易逆差以及在电子、化工和钢铁等重点行业的发展水平明显落后于中国，为保护其国内企业相关产业的利益，印度政府单边采取强有力的贸易保护主义措施，所涉及的产品范围广泛，表现形式多样化，对两国经贸健康发展形成了严重的干扰。据中国商务部国别贸易数据整理可得表 4，1995～2016 年，印度针对中国企业的反倾销调查多达 199 起，占同期中国遭受的全部反倾销调查数量的比例为 16.35%；印度针对中国企业实施的反倾销措施数量为 152 起，占同期中国遭受的全部反倾销措施数量的比例为 17.55%。无论是反倾销调查案件还是措施案件，印度均列在第一位。印度在 1995～2016 年对中国反倾销的执行率（反倾销措施案件数量占反倾销调查案件数量之比）达到 76.38%，而全球反倾销措施 3405 起，调查 5286 起，执行率为 64%，故印度对中国的执行率与全球整体情况相比是很高的。随着两国贸易的发展，两国的形势也日益复杂，贸易摩擦加剧。据统计，印度市场有近 90% 的太阳能电池板来自进口，其中大部分来自中国，而在 2018 年 7 月 16 日，印度贸易部建议，对从中国和马来西亚进口的太阳能电池和模块征收 25% 为期一年的关税，以抵抗其认为的对印度本国太阳能设备行业构成的威胁。①

表 4 1995～2016 年中国出口产品遭受国外反倾销最多的 5 个来源国（地区）

国家（地区）	中国遭受各国反倾销调查数量(起)	占同期中国遭受的全部反倾销调查数量的比例(%)	中国遭受各国反倾销措施数量(起)	占同期中国遭受的全部反倾销措施数量的比例(%)	各国对中国反倾销执行例(%)
印度	199	16.35	152	17.55	76.38
美国	141	11.59	111	12.82	78.72
欧盟	129	10.60	91	10.51	70.54
阿根廷	106	8.71	76	8.78	71.70
巴西	96	7.89	67	7.74	69.79

投资方面，印度对中国的投资项目也存在明显的矛盾心态。一方面，印度期待中国政府和企业能够加大对其投资，以满足其现代化建设和经济发展的需要；另一方面，受美日等域外因素的干扰以及印度自身对中国发展的担忧，印度将中国部分投资项目视为潜在威胁，无形中降低了双方经贸合作的规模和效率。比如，印度电力设备市场 37% 依赖进口，而中国企业是其发电设备主要供应商。据英国《金融时报》2017 年 5 月 25 日报道，印度政府欲禁止中资企业投资印度电网，此举凸显了印度对中国在南亚的动机的怀疑态度。

---

① 《印度贸易部建议对中国太阳能产品加征 25% 关税》，新浪财经，finance. sina. com. cn/stock/usstock/c/2018－07－17/doc－ihfkffak9642535. shtml。

（三）缺乏互信阻碍两国经贸利益的深度融合

中印互信缺乏造成的"信任赤字"在较大程度上增加了中印双边合作的不确定性。中印关系有多种特性，一方面，印度和中国同为新兴经济体，又与中国有领土争端；另一方面，印度希望借助美日力量平衡中国优势，但又不甘心当对方的小伙伴。因此，中印关系变得日益复杂。[①] 在印度国内，目前"中国威胁论"在印度盛行，印度一直以南亚老大自居，但中国在南亚的影响力越来越大，让印度对中国心生防范。同时，两国之间的边境领土问题作为历史遗留问题长期没有得到解决，也使印度公众对中国的好感度普遍降低。美国皮尤研究中心的调查结果显示，2009 年以来印度民众对中国的好感度急剧下降。2012 年，印度民众对华态度总体上倾向于负面。印度被访者中对中国持好感的仅占 23%，而没有好感的占 31%，认为中印是合作关系的占 23%，是敌对关系的占 24%。24% 的印度被访者认为中国经济实力上升是好事情，而认为是坏事情的占 35%。在印度国内，疑华、惧华、妒华的心态普遍存在，部分人甚至认为中资企业的进入会取代印度本地企业的主体地位，并造成先进技术转移和核心技术输出，进而拉低印度民众的整体就业和收入水平。目前，因担心中国"打入"其势力范围，印度是中国周边国家中唯一对"一带一路"作出消极表态的国家，并且印度提出"季风计划"，被视为印度版的"一带一路"。印度学术界一般认为，将"季风计划"提升到战略高度是印度针对中国"一带一路"倡议的反制措施。[②] 2017 年洞朗对峙[③]期间，外交对话与军事演习穿插其间，地缘局势迅速升温。最终在金砖国家领导人会晤前，印方主动退出，对峙宣告结束。中印洞朗对峙导致经过多年快速发展的中印双边关系再次转冷。2018 年 4 月

---

① 雷建锋、范尧天：《"一带一路"倡议实施中的中印关系》，《辽宁大学学报》2018 年第 1 期，第 135 页。

② 陈菲：《"一带一路"与印度"季风计划"的战略对接研究》，和讯网，http://opinion. hexun. com/2015－12－01/180904703. html。

③ 中印洞朗对峙事件是指 2017 年 6 月 18 日，印度边防人员在中印边界锡金段越过边界线进入中方境内，阻挠中国边防部队在洞朗地区的正常活动。

27 日至 28 日，国家主席习近平和印度总理莫迪在湖北省武汉市举行非正式会晤，在这之后中印关系出现好转迹象，但历史遗留的两国边界问题仍悬而未决。

（四）中印现有经济合作机制运行持续性差，覆盖领域不广

经济合作机制是一种优势互补的经济发展形式，是行为人双方或多方通过经济行为获取最大经济效益而形成的相互合作、参与分配的行为运作机制。[①] 建立合作机制可使国家之间的合作具有法理性和制度性的约束，而不只是流于形式。但是现有中印经济合作机制存在持续性差以及覆盖范围不广的问题。

首先，中印双边合作机制运行不积极且时不时地间断运行。以中印战略经济对话[②]为例，2011 年、2012 年、2014 年、2016 年和 2018 年共举办五次会议，而 2013 年、2015 年和 2017 年则因故中断，缺乏持续性。而中印企业首席执行官论坛[③]分别于 2013 年 5 月 20 日和 2013 年 10 月 23 日在印度新德里和北京举行之后就终止了。

其次，中印经济合作机制目前大多是关于在新形势下的双边宏观经济政策的协调，大多是为双边贸易服务的，关于双边金融合作、产业经济合作以及投资方面的发展很少。比如，中印两国都分别与亚洲的部分国家签署了货币互换协议，但是截至 2018 年，中印之间的货币互换协议仍未签署，金砖国家合作机制中的金融合作和财金对话机制多次提到加强金融合作、金融改革，但中印两国因关于金融合作方面的交流很少，效率低下，没有实质性地推进金融改革。同时，现有中印之间的经济合作机制只有几次提及技术合作

---

① 阮永活：《关于现代经济合作机制的思考》，《南方经济》2002 年第 10 期，第 61 页。

② 2010 年 12 月，温家宝总理访问印度期间与印度总理辛格达成共识，同意建立中印战略经济对话机制。对话的宗旨是加强宏观经济政策协调，促进交流互动，共同应对经济发展中出现的问题和挑战，加强经济合作。

③ "中印（度）企业首席执行官论坛机制"基于 2010 年 12 月 16 日中印两国政府共同发表的《中华人民共和国和印度共和国联合公报》而建立，由中国商务部和印度商工部联合主办。该论坛是两国重点合作领域大型企业间常设的对话交流平台。

和投资环境的改善，并且两国的信息技术产业的合作要受到印度的安全审查，现有机制对这种经济合作的阻碍没有更进一步的探讨。虽然中印财金对话机制①涉及宏观经济和金融政策对接，但是也存在持续性较差的问题，中印财金对话机制迄今为止总共召开了八次会议，间隔时间短则 13 个月，长则 22 个月，最近一次是 2016 年 8 月 19 日，将近两年没有再召开该会议，低频率的对话机制使会议讨论问题以及解决问题存在严重的滞后性。

（五）印度对中国在其经济发展中的双重性定位

当下全球经济发展进一步深化，全球经济发展的产业分工进一步细化，国家之间的竞争更加显著地表现在产业分工和产业链条转移上面。作为经济发展增速显著的两个国家，中国和印度在全球经济发展中的作用日益重要，但是中印在亚洲区域性发展中的作用却不一样。近年来，印度因其丰富且廉价的劳动力、资源丰富等优势条件使韩国、日本、东盟将产业更多地向印度转移，以降低成本；而中国在产业发展链条中处于末端位置。这导致了中印两国在与亚洲主要国家之间的经济合作中呈现出一种替代和被替代关系，即中国作为产业分工链条的末端这一位置会被印度所替代。正是因为中印在产业合作方面存在这样的问题，印度政府才认为在中印之间做出有关经济合作的制度性安排是没有意义的，在一定程度上导致了中印经济合作机制建设滞后。

通过市场机制和全球化的带动，中印市场实现了产品的互补性交易，这主要表现在前文提到的中印市场出口的产品不一样，中国出口印度的主要是技术密集型或资本密集型的工业制成品，而印度出口的主要是初级产品、资源或劳动密集型产品。这种互补性的经济关系，无须通过双边经济合作机制的建立就可以通过市场机制来实现，这就使双方在交换领域的机制构建失去

---

① 中印财金对话机制是根据 2005 年 4 月温家宝总理访印期间中印两国政府签署的《中华人民共和国政府和印度共和国政府关于启动中印财金对话机制的谅解备忘录》建立的。该机制旨在通过沟通和对话，推动双方在财政金融领域的政策交流和实质性合作。中印财金对话迄今为止举办了八次，时间分别是 2006 年 4 月 7 日、2007 年 12 月 4 日、2009 年 1 月 16 日、2010 年 9 月 2 日、2011 年 11 月 8 日、2013 年 9 月 26 日、2014 年 12 月 30 日和 2016 年 8 月 19 日。

了动力。在中印现有的以贸易为主的经济合作中，印度认为自身就处于劣势，担心中国发展对其发展不利，故又存在戒备心理。在这样的背景下，印度既存在与中国强烈竞争的意识，又不想失去与中国经济合作的机会，结果就出现了中印多边经济合作机制比较多，而中印双边的经济合作机制数量少和质量不高的现象。

三 "一带一路"建设背景下深化与印度经贸合作的重要性

"一带一路"倡议大大加快了亚欧大陆诸多国家和地区间的区域经济合作。印度作为与中国相邻的人口大国，经济发展速度和经济潜力在"一带一路"沿线都引人瞩目。中印两国的经济贸易往来不仅会影响两个国家本身，更深刻关系到整个"一带一路"的长远发展。

（一）有利于突破现有"安全困境"，并有效增强地区秩序话语权

周边关系在中国外交的总体布局中处于首要地位，是中国国家利益对外而言的主要所在，处理好与周边的关系也有助于为一国的发展提供良好的外部环境，提升一国的综合实力。中国周边外交战略中大力弘扬"亲、诚、惠、容"的外交理念，致力于促进区域合作和经济繁荣。印度是"一带一路"沿线重要的枢纽国家之一，同时也是南亚最具影响力的国家，与印度建立良好的合作伙伴关系有利于"一带一路"倡议的顺利推进，也有利于发挥两国政企间各领域的合作机制，深化两国的经贸合作，提高各自的综合国力和国际竞争力。对于中国完善外交方略和布局，在复杂多变的国际形势下保持对外工作的主动性具有重要的现实意义。

（二）有利于弱化印度对"一带一路"倡议的偏见，推动双边合作关系升级优化

"一带一路"倡议建设的总体框架涉及"六廊六路多国多港"。"六

廊"即"中蒙俄""中国—中南半岛""新亚欧大陆桥""中国—中亚—西亚""中巴"和"孟中印缅"等六大经济走廊,"六路"指的是"铁路、公路、水路、空路、管路、信息高速路"等六大路网,以及若干支点国家和重要港口。印度直接参与的是"孟中印缅"经济走廊的建设。近年来,印度推行"东进行动"政策,寻求建立与东盟的伙伴关系,同时还提出与"一带一路"倡议针锋相对的"季风计划"以对抗中国地缘政治的影响力,因此在东盟推进"中国—中南半岛"经济走廊的建设与印度利益交汇点多,需妥善处理两国的利益关系。"一带一路"倡导国家间的互联互通,在"孟中印缅"和"中巴"经济走廊建设中布局路网系统,都无法绕过印度。

从印度在南亚的地位而言,一是印度在南亚处于地理上的中心位置,印度和南亚其他7国都接壤或相邻,这一地缘优势使印度一直是南亚的政治、文化和经济的中心,提升了印度在南亚的战略地位。同时,2014年5月,莫迪政府提出"邻国第一"政策,通过与南亚其他国家签署交通协议来实现南亚地区的互联互通。推进中印两国平等协商,争取印方加入"一带一路"倡议,以深化两国经贸合作是当前中国推进"一带一路"建设的重中之重。

(三)有利于保障中国贸易和能源通道安全,营造安全可靠的外部环境

中国既是石油消费大国,也是产油大国。根据国家统计局发布的数据,2017年,中国石油消费量达到了6.1亿吨,国内原油产量为1.951亿吨,原油进口量4.196亿吨,出口量486.34万吨。在中国经济增速企稳回升的背景下,中国的石油消费可能仍将继续提高。但中国的石油产量在2010年以后就一直维持在2亿吨左右,甚至在2016年和2017年,中国的石油产量已经连续两年下降,2018年很可能会继续下降,双重压力下必将导致中国石油对外依存度持续上升。2004年,中国石油对外依存度为46.17%,2009年为51.88%,2015年为61.8%,2016年升至

65.4%。有专家认为，2017 年中国石油对外依存度已升至72.3%。① 就石油运输通道而言，中国 80% 以上的原油进口需要经过马六甲海峡。马六甲海峡是沟通太平洋和印度洋的咽喉要道，也是连接印度洋和南海的水道，而印度占据着印度洋战略要冲位置，因此深化与印度的经贸合作，可降低中国能源资源运输通道的不确定性，为"一带一路"倡议的推进创造良好的外部条件。

四 "一带一路"框架下中印合作的重点领域和方向

由前文分析可知，深化中印经贸合作具有必要性和重要性。因此，在参考近年来两国签署的合作备忘录、双向投资意向协议以及相关行动计划等基础上，本文梳理了今后两国合作的重点领域和方向，为建立新型大国关系奠定扎实的经贸基础。

（一）推进基础设施的互联互通，加强能源领域合作

1. 基础设施建设对接

随着人口的迅猛增长、经济的高速发展，基础设施建设的缓慢增速严重阻碍了印度的社会经济发展。印度政府意识到了该问题的严重性，采取了包括给予投资基础设施的外资优惠、大力投资基础设施建设等措施，但实际上，从人均用电量上看，2015 年中国为 4040 千瓦时，印度仅为 667 千瓦时，不到中国的 1/6；从国道和高速公路总里程来看，2015 年，中国为 30.8 万千米，印度仅为 8 万千米，不及中国的 1/3；从省道来看，中国为 33 万千米，是印度的 2 倍有余；就高速铁路总里程而言，2016 年，中国高速铁路总里程突破 2 万千米，而印度高铁仍在计划中。良好的基础设施不但能够在短期内直接拉动社会总需求、迅速增加就业，而且能有效降

---

① 王能全：《石油对外依存度70%引焦虑，真的那么可怕吗》，财经网，http：//finance. ifeng. com/a/20180503/16233277_0. shtml。

低企业的生产成本、运输成本和交易成本，提高私人资本的生产力，在长期内扩大社会总供给。中国提出的"一带一路"倡议指出，国家间应加强基础设施建设规划合作，实现国际运输的便利化。并且在基础设施建设领域，中国的工程承包公司培养了专业高效的基础设施建设队伍，积累了丰富的基础设施建设和海外工程承包经验，具备了在印度承揽项目和参与竞争的条件和资质。印度庞大的基础设施建设需求和相对开放的建设政策为中国工程承包企业进一步拓展印度市场、扩大工程承包业务提供了良好的机遇。双方可在基础设施规划设计、管理咨询、工程建设、运营、设备供应等领域开展合作，这必将提升两国间运输水平，进一步促进两国其他行业的双向贸易。

2. 能源领域的合作

中印两国均为世界人口大国，且随着经济的快速发展，两国已成为世界重要的能源消费中心。BP 公司曾于 2012 年在《2030 世界能源展望》中预测，未来 20 年全球能源增长主要集中在中国、印度、俄罗斯等新兴经济体。但由于国内油气资源相对匮乏，中印能源对外依存度不断上升。目前，中国天然气和石油的对外依存度分别约为 33% 和 63%，而印度约 40% 的天然气、80% 的石油消费依赖于进口。[①] 能源需求的日渐增长与自身能源约束的挑战，促使中印两国积极寻求与中东、中亚和非洲等进行长期稳定的能源合作，因此两国在能源领域有竞争关系。但近年来，两国经贸合作的不断深化以及所面临能源难题的相似性，扩大了两国在能源领域合作的可能性，两国也在积极寻求能源合作机会。比如 2016 年 10 月在印度新德里举行的第四次中印战略经济对话中，双方对联合开展能源规划、可再生能源项目建设、煤炭开发以及电站运维中心等话题都进行了深入交流。

（二）推进制造业和软件信息业的深度合作，共同培育产业园区

2014 年 5 月，莫迪当选印度总理后，便提出"印度制造"和"数字印

---

① 林伯强：《中印需要加强能源领域的合作》，第一财经日报网站，https：//www. yicai. com/
news/5236890. html。

度"，致力于从制造业和信息化两个角度大规模带动经济社会的发展。进入 21 世纪以来，全球制造业面临着产业结构调整带来的机遇和挑战，制造业的重要性重新被各国所重视，美德英法相继提出"再工业化"发展战略；与此同时，颠覆性技术已成为引领全球制造业变革的重要力量，也是制造业强国新一轮博弈的制高点。为此，中印两国也应加强这两个方面的合作。

1. 制造业领域的合作

"一带一路"建设的不断推进会为工程机械、航空航天、通信交通和能源装备等中国的优势制造企业开拓海外市场，寻找与沿线国家和地区的合作机会。印度同样相当重视制造业的发展。2014 年，印度新总理莫迪上台执政，致力于利用制造业和信息化带动经济社会的发展，宣布了"印度制造"蓝图和战略，将汽车制造、生物技术、机械设备等 25 个产业作为发展的重中之重。中国和印度重点发展的产业有很大重合度，因此有广阔的合作空间。同时两国地理上毗连，最具产业互补性和经验互鉴性。一方面，随着中国劳动力成本的上升，印度巨大的人口红利和国内市场成为中国传统制造业转移发展的重要基地，中国和印度可利用在印度建立"中国工业园"的模式为中国企业在印度发展提供便利；另一方面，印度制造业虽然总体落后于中国，但在智能化、个性化的设计和制作方面有优势，中国应在这些方面向印度学习并开展合作。

2. 软件与信息服务业合作

印度的信息技术产业在世界享有盛名，已成为仅次于美国的世界第二大软件大国。有 170 家印度软件制造业公司获得 ISO9000 质量标准认证，在获得美国 CMM5 级认证的全球 50 多家软件企业中，印度企业数目独占鳌头。全球软件外包市场中，印度承接的软件外包业务占比达 2/3，被誉为"世界办公室"，印度的班加罗尔被誉为"印度的硅谷"。而且，IT 行业的增速在印度达到 12% ~ 14%，高出全球 IT 业增速大约 3 个百分点。中国是巨大的信息技术消费市场，印度软件巨头塔塔集团为中国的八大商业银行提供核心系统，为上海外汇交易中心提供交易系统，并在中国"智能城市"的发展中提供信息技术服务。目前，中国的硬件技术公司如中兴、TCL 等也致力于在印度兴建研发基地，不断扩大业务范围和销售市场。中印未来信息技术合作的方向是优势互补，两国政府应出台相应政策，鼓励两国大型跨国企业通过信息技术合资公司发展的方式相互借鉴学习，推动两国各自弱势产业的发展。

3. 产业园区建设与运营

"一带一路"倡议倡导投资合作的新模式，共同建设境外经贸合作区、跨境经济合作区等各类产业园区①，促进产业集群的发展。通过共建产业园区，两国企业可共享配套基础设施和各类标准化服务，依靠配套企业和合作企业的地理位置邻近而降低物流等交易成本，共享两国政府的创新创业制度安排。2011 年 11 月，印商工部发布《国家制造业政策》，制定了 2025 年前着力推进制造业发展的中长期规划，建立一批国家投资与制造园区是其中的重大举措。因此，两国可共建各类产业园区。中国 2016 年 6 月宣布在印度开建两个产业园区——特变电工集团开展的古吉拉特邦电力产业园与北汽福田牵头开展的马哈拉施特拉邦汽车产业园；2017 年 11 月，海尔集团位于印度马哈拉施塔拉邦浦那市的工业园举行了投建扩产仪式，该工业园扩建投产将为当地新增直接就业岗位约 2000 个，间接就业岗位约 1 万个。② 推进中印合作型产业园区建设必将成为两国未来合作的一大亮点。

（三）国际治理舞台上的战略合作

全球化和地区一体化的发展态势下，地理位置相近、发展阶段相近、人口总量相当且同为金砖国家成员的中印两国在全球性问题上有着越来越多的共同利益。例如，两国在国际金融体系改革、国际能源安全协作、维护发展中国家权益等问题上都有着高度类似的立场。作为金砖国家成员，两国在推动金砖国家合作机制深入发展、维护金砖国家切实利益、提升金砖国家在世界舞台的话语权上有着共同的诉求。在地区上，印度的"向东行动"和中

---

① 产业园区指的是一大片土地细分进行开发，供一些企业同时使用，以利于企业的地理邻近和共享基础设施。

② 廖继勇：《海尔集团印度工业园举行扩建投产仪式》，网易新闻，news. 163. com/17/1117/19/D3FGL6C800018AOQ. html。

国的向西开放都是为了突破地缘藩篱，扩展发展空间，两国又都是"孟中印缅"经济走廊的建设者和"区域全面经济伙伴关系"（RCEP）的参与者，因此两国可通过这些平台以开放性的心态，平等地开展包括在削减贸易与投资壁垒、加快区域经济一体化进程等多领域的合作。

五　政策建议

作为两个新兴的发展中大国，中国和印度市场潜力巨大，两国贸易规模较大，产业结构具有较强的互补性，双边投资表现活跃，两国的经贸联系越发紧密。但是，两国经贸合作之中也存在诸多问题，比如结构性失衡、贸易保护主义和投资保护主义盛行、缺乏互信、经济合作机制覆盖范围窄以及机制运行持续性差，等等，这些问题势必会严重影响两国的经贸往来。在"一带一路"倡议持续推进的背景下，国别合作成为"一带一路"建设的核心议题，印度在"一带一路"沿线地位突出，加之地理位置的优越性、海陆交通的便利性、国家发展战略的一致性等优势，使得加强与印度的经贸合作具有必要性和重要性，应借助"一带一路"倡议契机，克服问题，加强两国的深度合作，提升两国经济实力和国际影响力。

（一）加强战略对接与政策沟通，不断扩大利益交汇点

重点挖掘"一带一路"倡议和"季风计划"①（Project Mausam）的利益汇合点，将两国最关心的议题和最迫切的任务作为重中之重，将各自的合作需求转化为切实可行的合作项目，加快推动孟中印缅四国签署政府间合作协议，并着力实施能源、交通与通信等三大网络建设。其次，进一步加强顶层设计和政治投入，用好中印战略经济对话等已有平台，在妥善处理和积极管

---

① 这是莫迪政府的一种外交新构想，"季风计划"以深受印度文化影响的环印度洋地区以及该地区国家间悠久的贸易往来为依托，以印度为主力，推进环印度洋地区国家间的合作，共同开发海洋资源，促进经贸往来。

控分歧的基础上，逐步扩大合作共识，打造互利共赢合作新格局，携手推进"孟中印缅"经济走廊合作建设。

（二）加快基础设施及能源领域的合作

1. 推进基础设施战略合作

在尊重印度安全关切和国家主权的基础上，中国应通过政策引导鼓励企业在印度多领域开展基础设施建设。同时，着力将高铁领域合作培育成两国深度合作的新亮点。在印度铁道部允许外资参与铁路系统建设的背景下，中国可发挥其在高铁建设上拥有出色的技术以及较低的成本优势，借鉴中非、中英之间的铁路建设运营模式，积极探索中印高铁建设的合作模式，既可促进印度铁路基础设施建设，进而满足其经济发展的需要，又可以提升中国高铁的国际市场占有率。

2. 打造能源合作共同体

首先，继续推进中印两国企业对第三国油气资源的联合勘探和联合收购，减少两国企业间不必要的竞争；其次，通过在国际能源上的谈判、加强合作，以合理的价格获得能源。如中印与韩国、日本等亚洲国家通过合作聚力共同抵制国际石油市场的"亚洲溢价"；此外，加强两国在能源技术和产品上的优势互补。在燃煤火电、核能及太阳能等新能源技术和设备制造领域以及技术、资金方面，中国具有比较优势。而在能源信息化管理、风能领域，印度优势更为明显。这促使双方可发挥各自优势，取长补短，加快各自的发展步伐。最后，进一步做实亚洲基础设施投资银行和金砖国家新开发银行的支撑作用，为两国经贸合作提供新的结算平台和融资保障。

（三）推进贸易便利化，加快自由贸易区谈判进程

目前，中印的自贸区协定尚在研究之中。中国应加快推动与印度开展双边自贸协定等制度层面合作，放宽外资准入限制，推进两国在制造业领域的全面开放和在金融、医疗、教育等服务业领域的相互开放，并尽快在技术性

贸易壁垒、原产地规则、通关便利化、检验检疫、服务贸易、知识产权、电子商务和机制条款等方面取得早期收获，制定出符合两国具体国情和发展需要的制度安排，为两国投资者营造更加便利、开放、透明、公平和安全的合作环境。

（四）努力消除双边投资合作壁垒、大力创新经济合作方式

1. 努力消除双边投资合作壁垒，营造良好的投资环境

目前，两国工商界对扩大相互投资有较高期待，两国政府要因势利导，认真落实双方已经签署的投资促进和保护协定，放宽审批、资本流动、人员出入境等方面限制，为双向投资创造更加便利的条件；同时，印度应取消歧视性外资政策，包括制定更加明确的外资政策和更规范的法律及管理程序，提高政策透明度，减少项目审批期限和程序等，以促进中印相互投资更加便利化和自由化，中国也应采取积极的应对措施，抓住印度放宽特定行业和地区的优惠政策的机遇，规避投资合作壁垒；最后，要鼓励两国工商界建立首席执行官论坛机制，发挥企业家的智慧和影响，为推动中印经贸合作献言献策。两国行业商会和协会要充分发挥桥梁中介作用，帮助企业了解和开拓对方市场，积极宣传两国经贸合作成果。

2. 创新经济合作方式

第一，要因邦因地因业施策。在充分发挥中国资本、技术、装备和经验优势的基础上，积极在印度推广"工程承包＋融资＋运营""工程承包＋融资"等不同合作业态。第二，针对与印度政府和企业不同的合作需求，可灵活采取技术输出、有偿贷款和工程建设等多种方式来开展深度合作。第三，鼓励中资企业通过共建、合资、委托运营等方式，在印度境内合作建立产业园区、IT产业集聚区等多种产业合作区，同时支持两国企业在对方国家设立研发机构、制造基地、分支机构等，交流传授各自经营管理上的经验，做到优势互补。第四，加快推进智慧城市合作。随着信息化网络的发展，全球兴起建设智慧城市的热潮，越来越多的国家展开了政企携手、跨国合作等智慧城市的建设模式。在此国际化机遇下，两国可携手打造智慧城

市，并将该领域的合作培育成两国深度合作的新引擎。

3. 推动制造业合作

由前文可知，中印产业具有很强的互补性。印度劳动力市场充裕且廉价，是劳动密集型产品出口地，而中国在资金和技术方面具有优势，故中印可以通过劳动与资金优势的互补实现在制造业领域的合作，对接"一带一路"倡议与"印度制造"计划。中国可与印度开展制成品和杂项制品方面的合作，探索建立产能合作领域的合作机制。同时随着中国经济发展进入新常态，需要进行制造业供给侧结构性改革，中国可将纺织服装、钢铁金属、塑料与非金属制品、电力电信、电器电子、高铁装备等制造业向印度转移，提升印度制造业发展水平，还可凭借中国的资金和技术优势，依托投资协定，弥补印度制造业发展的资金和外汇缺口；印度具有优势的产业如软件技术和制药业等也可输出中国。另外，中印应注重高端智能和信息制造业的合作。21世纪以来，随着移动互联网、大数据、云计算、3D打印、新材料等领域技术突破，新一代信息技术与制造业深度融合，形成了新的产业形态、生产方式和商业模式。"中国制造2025"和"印度制造"战略都明示，推进信息业和制造业深度融合，聚焦智能化制造。近年来，中国制造业突飞猛进且实力雄厚，印度软件产业技术发展迅速且技术雄厚，两国携手互补，有助于提升中印在全球制造业产业价值链上的地位。

4. 加强信息技术合作

印度的软件与信息技术闻名于世，中国应该加强与印度在软件领域的交流合作和贸易往来。一方面，积极推进两国科技人才的交流和相互学习，为中国软件和信息产业的发展培养出色的科技人才；另一方面，应鼓励印度大型软件企业来华设立研发机构和分支机构，落户相关产业园区，通过集聚效应，促进中国相关产业的发展。

（五）促进多领域多层次经济合作机制建设

多边合作机制和中印在区域性集团或组织中的经济合作机制是目前中印

主要的经济合作机制，进一步深化两国的合作机制，需要建立不同层次的经济合作机制。一是中央政府牵头，指导地方政府、企业、民间组织、非政府组织和个人根据实际情况开展不同层面的经济合作，建立企业之间交流合作的平台，鼓励民间商业组织、商会之间加强沟通，形成"政、企、民互动三位一体"的经济合作互动模式。二是借助丝路基金和金砖国家银行、亚投行等平台，建立和完善两国重点领域的金融合作。三是在借鉴其他国家之间经济合作机制的基础上，立足于中印两国实际情况，因邦施策，建立中印之间的特别关税优惠协调机制、商品自由流动机制、双边货币互换协调机制以及中印之间的生产要素自由流动监管机制等。

（六）加强政治、文化等领域的交流，增进双方民间互信和政治互信

尽管中印两国比邻而居，但双方相互猜疑导致心理距离遥远，短期内要极大程度地改善这种局面是不可能的，应从战略的高度审视和处理两国关系，真正做到民心相通。一方面，推进两国政府、地方、智库、新闻媒体、商业团体、民间组织等之间的沟通交流，慢慢消除两国民众间的不信任；另一方面，不断加强两国在文化方面的交流合作，继续推动办好"中印友好合作年""中国—印度文化交流计划"等活动，并开创更多能够促进双方了解、融入彼此文化的活动，以弥补认知鸿沟。

参考文献

蔡松锋：《中印经贸合作的前景与对策》，《宏观经济管理》2014年第6期。

金钢、黎鹏：《"一带一路"背景下深化中印经贸合作的动力基础与障碍分析》，《对外经贸实务》2018年第6期。

金瑞庭：《当前印度经济形势及推进中印经贸合作的政策建议》，《中国物价》2018年第3期。

金瑞庭：《"一带一路"背景下深化中印经贸合作重要性、策略构想与政策建议》，

《全球化》2017 年第 5 期。

申现杰:《中印经贸合作：新一轮经济开放下面临的机遇》,《国际经济合作》2014 年第 10 期。

彭蕙，亢升:《"一带一路"建设与中印制造业共赢合作》,《宏观经济研究》2017 年第 7 期。

谢向伟:《"一带一路"背景下完善中印经济合作机制探析》,《东南亚南亚研究》2017 年第 4 期。

杨文武、蒲诗璐:《后金融危机时代中印贸易合作研究》,《西南民族大学学报》(人文社科版) 2017 年第 2 期。

张文倩:《浅析中印经贸合作》,《商》2015 年第 13 期。

B.7
"一带一路"框架下中国与印尼
经济关系的发展及前景分析

吴崇伯*

摘　要：　2013 年习近平主席在访问印尼时提出建设"21 世纪海上丝绸
之路"的倡议，此后不久上任的印尼总统佐科·维多多则提
出建设"全球海洋支点"战略。5 年来，双方积极对接发展
战略，全面深化合作，取得丰硕成果，双边贸易连创新高，
相互投资不断增长，其他方面的经济技术合作富有成效。尽
管"一带一路"框架下的中印尼合作还面临诸多挑战与问
题，但鉴于两国政府和企业都在积极努力，为两大战略对接
以及两国经济合作缔造良好的氛围，因此，中印尼经济合作
展现了良好的前景。

关键词：　"一带一路"倡议　"全球海洋支点"战略　基础设施建设
产能合作　海洋经济

印尼作为东盟最大的经济体和二十国集团重要成员国，其人口、资源、
地理位置、经济发展表现等在全球都拥有重要地位。当前，佐科政府致力于
发展经济，加强政府规划建设，大力完善基础设施，积极营造商业氛围，高
度重视外商投资，为外企创造了巨大商机。印尼地处"一带一路"沿线，

---

* 吴崇伯（1962~），男，江西赣州人，厦门大学国际关系学院/南洋研究院教授、博导、副院
长。

地缘优势极为明显。印尼也是 2013 年习近平主席提出"21 世纪海上丝绸之路"的首倡之地。近年来，习近平主席和佐科总统多次举行会谈，一致同意加强战略对接和"一带一路"倡议合作。在双方共同努力下，中印尼以对接"21 世纪海上丝绸之路"和"全球海洋支点"战略为主线，全面深化拓展各领域友好交流和务实合作，推动两国关系继续迈上新水平。[①] 2018 年是中印尼建立全面战略伙伴关系 5 周年，双边经济关系面临新的发展契机。

一 双边贸易连创新高，中国成印尼最大出口目的地和进口来源国

1990 年中印尼复交以来，两国经贸关系实现快速发展。2018 年，中国是印尼最大的贸易伙伴，印尼也是中国在东南亚地区的主要贸易伙伴之一。2010 年中印尼贸易额同比增长 50.6%，达到 427.5 亿美元。[②] 2011 年两国贸易总量同比增加 41.7%，已达 605.79 亿美元，[③] 但这也仅占中国贸易总量的 1.66%。2012 年两国贸易额同比增长 9.3%，达到了 662 亿美元，是 2005 年贸易额的 4 倍，1990 年的 56 倍。[④] 早在 2013 年中印尼一周的贸易额就达到了 1990 年中印尼全年贸易额水平。根据中方统计，2013 年中印尼贸易额为 680 亿美元。[⑤] 根据印尼中央统计局贸易数据，2013 年印尼对外贸易总额 3692 亿美元，同比下降 3.28%，其中，出口和进口总额分别为 1825.7 亿美元和 1866.3 亿美元，同比分别下降 3.92% 和 2.64%；按 2013 年非油气类产品贸易统计，中国为印尼最大出口国和最大进口国，分别占印尼非油

---

① 本报驻雅加达记者田原：《让海上丝绸之路更畅通》，《经济日报》2018 年 6 月 25 日。

② 《中国 – 东盟自贸区明显促进中国和印尼贸易》，中国新闻网，http：//www.chinanews.com/cj/cj – gncj/news/2010/04 – 02/2206366.shtml.

③ 《我驻华大使馆办贸易投资论坛》，印尼《国际日报》2012 年 4 月 23 日。

④ 《习近平访东南亚，中国印尼要提升为"全面战略伙伴关系"》，新加坡《联合早报》2013 年 10 月 3 日。

⑤ 陈正祥：《我国驻华大使苏庚拉哈惹指出：重新塑造丝绸之路，亚洲势将受益》，《印尼商报》2014 年 5 月 28 日。

气类商品出口和进口总额的 14.19% 和 20.92%，同比增加 0.56% 和 1.49%，其中，印尼对中国出口和进口分别为 212.8 亿美元和 295.7 亿美元，日本、泰国分别为印尼第二大、第三大非油气类产品出口国，日本、美国为印尼第二大、第三大非油气类产品进口国。① 2014 年印尼与中国贸易总额 469.21 亿美元，同比下降 7.73%。其中对中国出口和进口分别为 164.59 亿美元和 304.62 亿美元，分别占印尼非油气类产品出口总额和进口总额的 11.28% 和 22.61%，出口同比下降 22.66%，进口同比增长 3.02%；印尼对中国贸易逆差同比增加 68.91%，从 2013 年的 82.9 美元猛增到 140.03 亿美元，中、日、美三国继续为印尼非油气产品前三大贸易伙伴。② 中国已成为印尼第二大贸易伙伴和第一大非油气产品出口市场，据印尼统计数据，2016 年印尼与中国进出口总额 457.83 亿美元，同比增加 7.79%，对中国出口总额和进口分别为 150.97 亿美元和 306.86 亿美元，同比增加 13.85% 和 5.0%，分别占印尼非油气类产品出口总额和进口总额的 11.49% 和 26.24%，按出口额计算，中国为印尼第二大出口国，美、日分列第一位、第三位。③ 根据中方统计，2016 年，中印尼双边贸易额达 540.84 亿美元，中国是印尼第二大出口国和第一大进口国，继续保持着印尼第一大贸易伙伴的地位。④ 印尼中央统计局统计显示，2017 年印尼与中国进出口总额 585.7 亿美元，同比增加 27.9%，其中，印尼对中国出口和进口分别为 228.1 亿美元和 357.6 亿美元，同比分别增长 51.1% 和 16.5%，分别占其出口和进口总额的 13.6% 和 22.8%。⑤ 而根据中方统计，2017 年中印尼双边贸易额达 633.2 亿美元，创近 4 年来的新高，同比增长 18.4%，印尼对中国出口额

① 《2013 年中国与印尼贸易保持增长占比增加》，《印尼商报》2014 年 2 月 6 日。
② 《2014 年印尼对外贸易及与中国贸易情况》，《印尼商报》2015 年 2 月 3 日。
③ 《印尼 2016 年进口贸易及与中国贸易情况》，中华人民共和国商务部网站，http://www.mofcom.gov.cn/article/i/jyjl/j/201701/20170102502564.shtml。
④ 《为中印尼企业合作搭建沟通平台，中资企业与东爪哇省对接洽谈会举行》，《千岛日报》2017 年 3 月 17 日。
⑤ 《一带一路与东盟国家教育合作论坛：印尼面对的挑战与机遇》，《印尼商报》2018 年 4 月 30 日。

285.5亿美元，同比增长33.3%，中国连续7年保持印尼最大贸易伙伴地位，同时是印尼最大出口目的地。①

在中印尼贸易快速发展期间，印尼外汇储备量也大幅增长。2008年印尼外汇储备不到500亿美元，2011年增长到1036亿美元，2012年为1059亿美元，2013年有所下降，减少到934亿美元。根据印尼央行报告，截至2017年6月底，印尼外汇储备达1230.9亿美元，② 外汇储备额足以支付全国8.7个月的进口所需外汇，或者足以支持8.4个月进口及政府偿付外债的需求，这已大大超过国际通行的须支付3个月进口所需外汇的标准。到2017年6月底，中国市场占印尼出口总额的10%，相当于印尼GDP的2%。③ 印尼政府正在采取更为弹性的措施，来促进对外出口，推动双边贸易的纵深发展。

二 中国对印尼投资不断增长，中国成为印尼主要外资来源国

中印尼在双向投资、工程承包和劳务合作等领域也获得长足发展。印尼是中国在东南亚投资最多的国家之一，来印尼寻求投资机会的中企数量不断增多，涉及领域日益广泛，大型投资项目不断涌现，充分反映了中国与印尼投资的勃勃生机。中国政府鼓励企业加大对印尼基础设施投资力度，并促使有关银行为印尼基建提供融资支持。目前，中国银行（BOC）和中国工商银行（ICBC）在印尼设有分行，国家开发银行（CDB）等银行也积极申请在印尼设立分支机构，为印尼基建提供所需资金。2011年中国在印尼投资额为10亿美元，2012年中国对印尼非金融类直接投资较上年增长90.6%。2014年印

① 《中国驻泗水总领事顾景奇：中国经济新时代，中印尼合作新机遇》，《千岛日报》2018年2月9日。
② 《外汇储备增加到1230.9亿美元》，《国际日报》2017年7月10日。
③ 《全球9大最依赖中国的国家，日本第四、韩国第二，第一有点意外》，百家号，https：// baijiahao. baidu. com/s？ id = 1581164557554520063&wfr = spider&for = pc。

尼实际吸引外国直接投资 307.0 万亿盾（约合 285.3 亿美元），同比增长 13.5%，按投资国别统计，新加坡投资额 58 亿美元，占外资总额的 20.3%，为最大投资国，日本（9.5%）和马来西亚（6.2%）分列第二位和第三位，中国投资额 8 亿美元，列第八位。① 印尼官方统计显示，2005～2009 年，中国对印尼投资 5.68 亿美元，在东盟国家中居第三位。② 截至 2010 年末，1000 多家中资企业在印尼总投资额达到 60 亿美元，投资领域主要在基建和能源方面。1000 多家中资企业的大规模投资，拉动了印尼经济增长步伐，为印尼创造 3 万个工作机会，解决了大批劳动力的就业问题。2015 年以后中国对印尼投资规模大幅飙升，已成为两国经贸合作中的最大亮点，印尼也成为中企在海外投资的十大目的地之一。据统计，2016 年中国企业对印尼直接投资达 26.7 亿美元，同比增长 350%，投资金额仅次于新加坡和日本。③ 印度尼西亚投资协调委员会最新公布的数据显示，2017 年中国（不含港澳台地区）对印尼直接投资达 33.6 亿美元，继续保持印尼第三大投资来源国地位④，中国对印尼投资存量已超过 100 亿美元。⑤ 印尼投资协调委员会主席汤连旺（Thomas Lembong）表示，中国 2017 年对印尼落实投资总额同比增长显著，此外，中国对印尼投资的质量也有了大幅提高。⑥ 中国对印尼投资已从冶炼、基建等资本密集型行业向制造业、旅游业等劳动密集型产业转变，这一趋势与印尼长期发展战略相吻合。印尼政府已将中国视为主要的投资来源国，希望通过不断发掘投资潜力，维持中国投资的增长

---

① 《印尼 2014 年吸引外资继续保持增长》，商务部网站，http：//www. mofcom. gov. cn/article/i/jyjl/j/201501/20150100882552. shtml。

② 《印尼媒体：中国为印尼经济建设做出五大贡献》，印尼《国际日报》2011 年 5 月 26 日。

③ 《为中印尼企业合作搭建沟通平台中资企业与东爪哇省对接洽谈会举行》，印尼《千岛日报》2017 年 3 月 17 日。

④ 《中国驻泗水总领事顾景奇：中国经济新时代，中印尼合作新机遇》，《千岛日报》2018 年 2 月 9 日。

⑤ 《李克强在中国—印尼工商峰会上的主旨演讲》，新华网，http：//www. gov. cn/guowuyuan/2018 - 05/08/content_5288968. htm。

⑥ 《中国对印尼第二季投资同期增 146.7% 成第三投资来源地》，东博社，http：//www. toutiao. com/a6448681823341560078/? tt _ from = android _ share&utm _ campaign = client _ share&app = news_ article&utm _ source = email&iid = 6255229081&utm _ medium = toutiao_ android。

势头。

印度尼西亚近 5 年一直是中国在全球前十大、东南亚第一大工程承包市场。2016 年中企在印尼工程承包的新签合同额和营业额分别达 107 亿美元和 41 亿美元，印尼继续成为中企十大海外承包工程市场之一。① 印尼电力供应高度紧张，全国电力装机容量不到 6000 万千瓦。目前印尼人均年生活用电量不到 189 千瓦时，远远低于中国的人均 1300 千瓦时。因此，印尼政府大力支持电力发展，电力成为中国在印尼投资的第二大领域，中国企业建设的电站发电量占印尼总发电量 1/4。② 印尼政府还大力发展基础设施，尤其是高速公路、机场、港口、铁路、污水处理、电站、宽带、炼油、天然气等 12 个领域的大型基础设施项目建设，乐观地估计，印尼未来基建市场将会保持良好的发展势头，有利于拉动其国内工程机械市场向好发展。中国工程机械产品在印尼市场优势明显：一是中国工程机械产品业务领域广，专业领域齐全，尤其在各类通信、房建、水利电力、交通运输等方面拥有特别的专业优势；二是承揽和实施项目的能力增强，主要表现在工程施工能力和配套能力上③，上亿美元的特大项目如巨港电站、泗水—马都拉大桥，标志着承揽大型项目的能力有了大幅度提高；三是承包方式多样化，如对巨港电站的承包方式采用 BOOT 方式，对阿萨汉水电站的承包主要采用 EPC 方式，标志着承包方式逐步转向 BOOT、EPC、BOT 等总承包方式。目前东南亚最长的跨海大桥东爪哇泗水—马都拉大桥，由中印尼两国于 2009 年合作建成，是两国在基建合作方面的结晶，也是两国人民友谊的象征。同时，印尼第二大水电站阿萨汉于 2010 年 8 月 30 日举行竣工仪式并正式投入运营，由中国华电集团公司投资兴建，建设期间，工程所有建设材料、部分辅助设备均从印尼当地采购，总金额约 7000 万美元，并带动当地就

① 《中国驻泗水总领事馆成功举办中资企业—东爪哇省对接会》，中国青年网，http://news.youth.cn/gj/201703/t20170318_9311036.htm。
② 《王立平：印尼总统访华将为两国合作注入新动力》，新华网，http://www.toutiao.com/a6421376521881846017/? tt_from = android_share&utm_campaign = client_share&app = news_article&utm_source = email&iid = 6255229081&utm_medium = toutiao_android。
③ 吴崇伯：《中国与印尼经济关系的发展与对策》，《江南社会学院学报》2014 年第 1 期。

业机会 1100 多个。此外，中国华电集团公司还进行了道路、村庄生活用水设施等公益工程建设，受到了当地政府和民众的广泛好评。由两国合作完成的加蒂格迪大坝一期工程 2015 年 8 月正式投入使用，灌溉面积达 9 万公顷，给当地民众的生活带来了极大便利。除了发挥灌溉、防洪作用外，还带来了观光、渔业等经济效益；二期配套电站将于 2019 年底投入生产，建成后将解决当地供电紧张的局面，加蒂格迪大坝已成为西爪哇地区的名片和著名地标。① 中国港湾长期致力于提供海事工程及相关建筑领域的一体化服务，在世界 30 多个国家和地区设立了分支机构，已成为国际工程界知名品牌。中国港湾在印尼先后承揽了疏浚河道、集装箱码头、电站水工结构、桥梁等工程，累计合同额超过 4 亿美元。中国港湾参与实施的印尼泗水—马都拉跨海大桥工程已经成为印尼的标志性工程和中国与印尼友好合作的典范。

三 多领域交流齐头并进，文化旅游合作进展顺利

中印尼政府在教育领域的合作进一步加强。两国政府在高教合作和高教学历互认两个层面已签署重要合作协议，联合建立 6 所孔子学院、2 所孔子课堂，每年向市场输出人才约 15000 人；印尼参加"汉考"人数逐年增加，2015 年达到 11000 人，2016 年实现了历史新突破，印尼参加 HSK（汉语水平考试）的人数较上年增长 9.52%，达 13914 人；近几年，印尼赴华留学生逐步增长，2011 年到 2015 年累计 63976 名，其中，2015 年就有 12694人。② 2016 年，有 14000 多名印尼学生前往中国进行各层次、各学术领域的学习交流，其中有 7000 余人取得了中国的本科、硕士和博士学位。同时，大约有 1000 名中国学生在印度尼西亚学习。2017 年底约 1.4 万名印

---

① 《通讯：中国企业让印尼百姓的梦想照进现实——记中企承建加蒂格迪大坝》，新华网，http://www.gov.cn/xinwen/2018－05/06/content_5288538.htm。
② 《印尼赴华留学生稳步增长，中印尼人文交流活跃》，环球网，http://world.huanqiu.com/hot/2016－11/9695389.html。

尼学生在华留学，也有越来越多的中国教师和留学生到印尼任教求学。可以期待，随着两国政府和社会各界人士的共同努力，中印尼的教育交流与合作一定会再上一个新水平。

旅游业对经济发展具有巨大的带动作用，从 2014 年起，旅游业已成为印尼政府优先发展的五大支柱产业之一。2016 年，印尼共吸引国际游客 1151.9 万人次，比上一年增长 10.69%。近年来，由于中印尼双边关系持续升温，赴印尼旅游的中国游客逐年增加，2016 年到印尼旅游的中国游客同比增长 13.96%，达 142.9 万人次，中国已成为印尼最大境外旅游市场客源地。2016 年，中国游客在印尼人均消费突破 1100 美元大关，停留期多于 6 天，与前些年相比均有较大提高。[①] 2017 年印尼给予中国游客免签的友好待遇，中国再次成为印尼最大国际游客来源地，到印尼旅游的中国内地游客人数占其国际游客总数的 14.95%，约为 205.9 万人次。[②] 根据印尼方面的统计，平均每个中国游客在印尼的旅游消费已超过 1000 美元，仅此一项，就能给印尼的旅游收入增加 20 多亿美元。[③] 目前，越来越多的中国大陆游客奔赴巴厘岛旅游，并将其视为最受欢迎的旅游目的地。数据显示，2017 年，从巴厘岛入境的中国游客人数为 135.5 万人次，占去印尼的中国游客总数的 68.81%，中国也是巴厘岛最大的外国游客来源地。[④] 2017 年中国的海外游客数量达到 1.3 亿，而赴印尼旅游的只占 1.6%，中国市场仍有非常大的潜力。印尼旅游部希望在 2018 年

① 《中国跃升为印尼最大旅游客源地》，新华网，http：//www. xinhuanet. com/2017 - 02/16/c _1120480511. htm。

② 《中国连续两年成为印尼最大国际游客来源地》，新华网，http：//www. xinhuanet. com/ world/2018 - 02/01/c_1122356171. htm。

③ 《王立平：加速奔跑的中印尼经贸合作》，东博社，https：//www. toutiao. com/a6551910339888 284174/？ tt_from = android_share&utm_campaign = client_share&article_ category = stock&timestamp = 1525510309&app = news_article&utm_ source = email&iid = 6255229081&utm_ medium = toutiao_android。

④ 《2017 年赴印尼旅游中国内地游客 205.9 万次》，中国产业信息研究网，http：// www. china1 baogao. com/data/20180322/143125. html。

和 2019 年能分别吸引 350 万人次和 500 万人次中国游客。① 可以预见，到 2019 年一定能实现佐科总统设定的目标，即从 2014 年到 2019 年五年中国来印尼游客总量将超过 1000 万人次。② 为了开拓中国旅游市场，印尼未来将会从开通更多两地直飞航班、扩大宣传推广及加大与中国旅游业界合作力度三个方面努力。③ 目前旅游业也成为印尼政府投资重点，已建立除巴厘岛以外 10 个新的旅游目的地，并鼓励中国企业在旅游交通、旅游饭店、旅行社相关服务、旅游区的开发建设、主题公园、时尚和购物中心等领域投资。④

四 面对的主要挑战与存在的主要问题

"一带一路"框架下中国与印尼经贸关系取得很大进展，但不可否认，双边经济关系仍面临诸多挑战，存在许多困难与问题。

第一，贸易不平衡问题。在中印尼双边贸易中，2000～2006 年印尼一直是顺差，顺差额从 2000 年的 7.45 亿美元上升到 2006 年的 17 亿美元，但 2007 年中国首次出现 2.1 亿美元的顺差，2008 年中方顺差达到 28.6 亿美元。中国海关数据显示，2010 年中印尼贸易总额 427.5 亿美元，其中，中国对印尼出口 219.7 亿美元，增长 49.3%，自印尼进口 207.8 亿美元，增长 52%，中国对印尼小额顺差 11.9 亿美元，基本实现贸易平衡。⑤ 根据印尼方面的统计，2011 年中印尼贸易总额 489 亿美元，其中印尼出口 229 亿美

① 《中国连续两年成为印尼最大游客来源地》，中国驻泗水总领馆经商室，http：//surabaya. mofcom. gov. cn/article/jmxw/201802/20180202710739. shtml。
② 《谢锋大使在离任招待会上的讲话》，外交部网站，http：//www. fmprc. gov. cn/ce/ceindo/chn/gdxw/t1468588. htm。
③ 《中国跃升为印尼最大旅游客源地》，搜狐，http：//www. sohu. com/a/126469472_ 162522。
④ 《印尼高度重视中国投资，中国对印尼投资增长迅速》，凤凰财经，http：//finance. ifeng. com/a/20160810/14714170_0. shtml。
⑤ 2010 年驻亚洲国家经商处（室）调研汇编《印尼经济现状及中印尼双边贸易情况》，商务部网站，http：//template1. mofcom. gov. cn/article/bv/ae/201110/20111007781843. shtml。

元，进口 260 亿美元，印尼贸易逆差 31 亿美元。① 2012 年中国成为印尼第二大贸易伙伴，但 2012 年印尼对华贸易赤字达 57 亿美元。据印尼中央统计局数据，2013 年印尼对中国出口和进口分别为 212.8 亿美元和 295.7 亿美元，同比各增长 2.0% 和 2.10%，2013 年印尼非油气产品贸易额对中国贸易赤字达 82.9 美元，中方已成为其最大贸易赤字来源国。② 2014 年印尼对中国出口 164.59 亿美元，自中国进口 304.62 亿美元，各占印尼非油气类产品出口、进口总额的 11.28% 和 22.61%，出口同比下降 22.66%，进口同比增加 3.02%，印尼贸易逆差 140.03 亿美元，同比增加 68.91%③，对华贸易逆差呈现与年俱增的趋势，印尼希望中方进一步开放市场。2015 年印尼与中国贸易总额 424.76 亿美元，同比减少 9.47%。其中，对中国出口 132.59 亿美元，自中国进口 292.17 亿美元，出口同比减少 19.44%，进口同比减少 4.08%，印尼方贸易逆差 159.58 亿美元，同比增加 13.96%。④ 中国海关数据显示，2016 年中印尼双边贸易总额 540.84 亿美元，其中，中国向印尼出口 328.30 亿美元，中国从印尼进口 212.54 亿美元，印尼贸易逆差 115.76 亿美元。⑤ 根据印尼方面的统计，2017 年印尼对中国出口 228.1 亿美元，从中国非油气产品进口 357.6 亿美元，印尼对华贸易逆差 129.5 亿美元。⑥ 相比之下，过去几年印尼与美国贸易中，印尼持续享有顺差，2016 年印尼顺差额为 84.7 亿美元，2017 年顺差额为 94.4 亿美元。⑦ 由于对华贸易呈持续逆差，印尼方面一直希望扭转这种失衡状态。

---

① Sarah Mishkin, "Indonesia – China: Trade Grows Despite Commercial Tensions," *The Jakarta Post*, March 23, 2012.
② 《2013 年中国与印尼贸易保持增长，占比增加》，《印尼商报》2014 年 2 月 6 日。
③ 《2014 年印尼对外贸易及与中国贸易情况》，《印尼商报》2015 年 2 月 3 日。
④ 《2015 年印尼与中国贸易情况》，商务部网站，http://www.mofcom.gov.cn/article/i/jyjl/j/201601/20160101235929.shtml。
⑤ 《中国印尼双边贸易概况》，http://www.weixinnu.com/article/59718d1a7b0b2d8c4c1f83b1。
⑥ 《印尼中央统计局：2017 年印尼外贸顺差达 118.4 亿美元》，《印尼商报》2018 年 1 月 16 日。
⑦ 《荷兰成为我国商品进入欧洲门户》，商务部网站，http://www.mofcom.gov.cn/article/i/jyjl/j/201502/20150200894250.shtml。

第二，贸易摩擦时有发生，印尼成为中国出口产品遭受反倾销的"重灾区"。中印尼双边贸易一直笼罩在反倾销的阴霾下，从 2004 年印尼对中国小麦面粉发起反倾销调查，到后来的武钢胜诉印尼热轧产品反倾销案，印尼已成为中国出口产品遭受反倾销的"重灾区"。① 近年来中国与东盟贸易迅速发展，印尼担心失去自身在劳动密集型产品领域的国际市场份额，在加大力度保护国内产业的同时，对中国产品不断发起反倾销调查。从 2008 年到 2014 年第一季度，印尼对华反倾销调查有 10 起。印尼对华反倾销调查涉案行业比较集中，涉及钢铁、纺织、轻工和化工行业。其中，涉及钢铁行业的案件 5 起，占印尼对华反倾销调查总数的 50%；纺织业案件有 3 起，占 30%；化工和陶瓷制品各 1 起。近几年，随着印尼建筑钢材进口猛增，对本土相关产业造成实质性损害，自 2015 年 1 月 21 日至 2018 年 1 月 20 日，印尼政府分三年对 H 型钢材和进口钢材阶段性征收保护关税，2015 年 1 月 21 日至 2016 年 1 月 20 日保护关税税率为 26%，随后两年分别为 22% 和 18%，上述保护措施主要针对中国，这两类钢材对印尼出口占印尼同类产品进出口总额的 96.62%。② 印尼贸易保障委员会主席爱娜瓦蒂表示，2014 年 2 月的相关调查表明，印尼 2010 年至 2013 年对工字型和 H 型钢材进口从 20331 吨猛增到 395814 吨，进口的大量增加使本国产品市场份额减少，库存增加，与产业遭到的实质性损害存在因果关系。此外，2014 年 12 月 5 日，印尼反倾销委员会决定对从中国进口的聚酯短纤提起反倾销复审调查。③ 中国聚酯切片品质不断提高，受印尼用户青睐，对印尼本土生产企业造成一定冲击。2016 年 10 月 22 日印尼反倾销委员会称，对原产于马来西亚、韩国和中国的聚对苯二甲酸乙二醇酯（PET）进行反倾销立案调查。④ 从 2017 年 3 月 1 日起，印尼对从中国进口的聚酯瓶片和部分聚酯切片征收

① 栾鹤：《印尼欲制定贸易法主动倾听"中国声音"》，《中国贸易报》2013 年 5 月 7 日。
② 《印尼征收建筑钢材进口保护关税》，商务部网站，http://www.mofcom.gov.cn/article/i/jyjl/j/201502/20150200894250.shtml。
③ 姚宗：《印尼对中国聚酯短纤发起反倾销复审调查》，《国际商报》2014 年 12 月 17 日。
④ 《印尼对华 PET 发起反倾销立案调查》，产业在线，2016 年 10 月 25 日。

5%的进口关税。① 另一方面，2017 年 8 月，印尼不锈钢开始输入中国，一直到 2018 年 2 月达到顶峰，当月输入中国的不锈钢量为 17.3 万吨，2018 年 1～3 月中国进口不锈钢 61.8 万吨，同比增长 216%，其中来自印尼的不锈钢占比 72%，增量几乎全部由印尼贡献。鉴于印尼对中国的不锈钢产品出口大幅增加，2015 年印尼尚未对中国出口钢产品，2016 年印尼对中国的钢产品出口额达 1420 万美元，2017 年出口额剧增至 6.89 亿美元。② 中国商务部决定自 2018 年 7 月 23 日起对原产于欧盟、日本、韩国和印度尼西亚的进口不锈钢钢坯和不锈钢热轧板/卷进行反倾销立案调查③，如果中国对来自印尼的不锈钢征收高额反倾销关税，无疑将阻止印尼货源进入中国，重塑国内不锈钢甚至镍原料端产业格局。

第三，中国对印尼投资规模不大，两国经济关系主要为贸易交往，印尼期待中国增加对印尼的直接投资。根据印尼投资协调局数据，目前中国在印尼的投资仅居第 12 位，中国在印尼投资计划庞大，但落实率较低。2005 年至 2014 年，中国在印尼计划投资 242.7 亿美元，但实际投资仅约 7%④，与日本在印尼的投资落实率高达 62% 以及新加坡的投资落实率 40% 相比有比较大的差距，这也说明中国在印尼的投资还有巨大的潜力。2012 年，中国在印尼投资额达 1.41 亿美元，共 190 项工程，比 2011 年的 1.28 亿美元投资额有所增加。⑤ 2014 年中国对印尼非金融类直接投资达 10.5 亿美元，在东盟 10 国中居首位，同比增长 37.6%，截至 2015 年 5 月底，中国对印尼投

① 《中国和印尼再起贸易摩擦：印尼将额外征收中国聚酯切片进口关税》，卓创资讯化工，http://www.chem99.com/news/24204321.html。
② 《中国对包括印尼进口不锈钢产品进行反倾销调查》，《青岛日报》2018 年 8 月 6 日。
③ 《商务部公告 2018 年第 62 号关于对原产于欧盟、日本、韩国和印度尼西亚的进口不锈钢钢坯和不锈钢热轧板/卷进行反倾销立案调查的公告》，商务部网站，http://www.mofcom.gov.cn/article/b/c/201807/20180702768487.shtml。
④ 《印尼政府将设立中国投资特别推介组》，东南亚南亚研究网，http://www.seasas.cn/article－1664－1.html。
⑤ 《印尼工业部长：印尼与中国新合作时代已到来》，中国新闻网，http://www.chinanews.com/gj/2013/10－02/5343393.shtml。

资累计金额 41.4 亿美元。① 根据印尼方面的统计，2014 年中国在印尼落实 501 个项目，投资金额 8 亿美元，名列外国投资的第八位。2015 年第一季度，中国的投资额 7510 万美元，仅占外国投资总额 65.6 亿美元的 1.14%。② 2016 年中国对印尼的直接投资额增至 27 亿美元，达到 2013 年的 9 倍。2017 年到印尼投资的前五大来源地依次为：新加坡（84.4 亿美元/占比 26.2%）、日本（50.0 亿美元/占比 15.5%）、中国内地（33.6 亿美元/占比 10.4%）、中国香港（21.2 亿美元/占比 6.6%）和韩国（20.2 亿美元/占比 6.3%），中国投资居第三位。但与第一位和第二位的新加坡和日本相比，仍有较大差距。另据印尼投资协调局（BKPM）负责人托马斯（Thomas Lembong）最近公布的研究数据，过去 10 年里"一带一路"项目的总资金达到 3000 亿美元至 5000 亿美元，其中，巴基斯坦获得最多，达 620 亿美元，在东盟地区，马来西亚和菲律宾也获得了非常大的中国投资，菲律宾吸收的资金高达 240 亿美元，马来西亚更是达到 300 亿美元，而中国在印尼总投资额只有 50 亿～60 亿美元。尽管印尼也从中获得了许多好处，但其投资数额仍远远落后于其他国家。③ 印尼期待中国增加对其直接投资，参与印尼扩大与加速经济建设主体计划，介入印尼的基建项目，深化两国经济合作层次和规模。

五　两国正在采取进一步措施落实两大战略的对接，中印尼合作展现良好前景

尽管存在许多障碍，但两国经济贸易各具优势，互补性强，具有较强的互利合作发展潜力，合作前景乐观。作为世界上第四大人口国和东盟最大的成员国，印尼在地区政治事务和经济发展方面有着重要的影响力。印尼的国土面积、人口及 GDP 均占东盟 10 国的 40% 以上，加之中产阶级庞大、内需

---

① 《谢锋大使祝贺中国商会成立 10 周年》，《印华日报》2015 年 6 月 10 日。

② 《总统要招徕中日韩等 6 国增资》，《国际日报》2015 年 7 月 13 日。

③ 《把握李克强总理到访的机遇》，《印尼商报》2018 年 5 月 6 日。

旺盛，以及人口红利优越，使印尼拥有广阔的发展前景。① 中国经济进一步向世界开放，积极实施"一带一路"倡议，印尼工商会馆认为，"一带一路"将带给两国新的商机，形成互利双赢局面。②

1. 两国高层交往不断，政治互信加强，并成为战略对接的重要推动力

近年来，中印尼高层交往密切，佐科总统三年时间里 5 次访问中国，与习近平主席 6 次会晤，贯穿始终的主题就是对接中方"21 世纪海上丝绸之路"建设和印尼"全球海洋支点"战略，深化和拓展各领域务实合作。③ 两国元首就全面对接发展战略和推进务实合作达成重要共识。2018 年 5 月李克强总理出访印尼，与印尼政府和工商界就共同推进"一带一路"建设进行深入沟通和广泛交流，并签署一系列经贸合作项目，李克强总理此访保持了高层密切交往的态势，为中印尼关系发展与共建"一带一路"注入强劲动力。④ 中印尼两国就政治安全、经贸投资、人文交流领域分别建立了三个副总理级对话机制，双边关系呈现出"三驾马车"并驾齐驱的新格局;⑤ 2017 年 8 月，印尼经济统筹部长达尔敏和政治法律安全统筹部长维兰托一同访华，并分别同国务委员杨洁篪主持中印尼高层经济对话第三次会议和中印尼副总理级对话机制第六次会议，会议期间，双方就两国关系、政治安全、经济合作以及共同关心的国际与地区问题深入交换意见⑥，取得丰硕成果。中印尼将共同努力，建立贸易工作小组，进一步拓展两国优势产品的市场准入，努力实现 2020 年贸易额目标;在北京建立印尼投资促进中心，进一步促进双向投资;

① 顾时宏:《印尼侨领张锦雄:携手合作共赢共享印尼发展新机遇》，中国新闻网，http://www.chinanews.com/hr/2016/11-23/8072787.shtml。
② 《香港及上海投资代表团访印尼，举办"印尼香港一带一路投资论坛"》，《印度尼西亚商报》2018 年 4 月 25 日。
③ 《中国高铁驶向千岛之国，示范效应助推合作升级》，中国台湾网，http://www.taiwan.cn/plzhx/wyrt/201510/t20151026_10909455.htm。
④ 《中国驻印度尼西亚大使撰文高度评价中印尼关系》，新华网，http://www.xinhuanet.com/2018-05/04/c_1122785575.htm。
⑤ 田原:《重温历史佳话，传承友好事业》，《经济日报》2016 年 12 月 1 日。
⑥ 《中国和印尼副总理级对话机制和高层经济对话相关会议将于 21 日举行》，人民网，http://world.people.com.cn/n1/2017/0817/c1002-29478029.html。

扩大中印尼电子商务合作，构建有利于电子商务发展的生态体系。①

2. 放松管制，锐意改革，吸引更多外来投资进入印尼

近年来，为吸引外商投资，印尼在投资审批程序、服务提供、政府基金担保、金融部门支持等方面进行了改革。②

为吸引更多外资、提振陷入病态的经济，印尼政府采取了系列经济"松绑"措施。③ 2016 年 6 月，佐科签署总统令，修改"负面投资清单"，放宽了包括交通、旅游、电影等在内的近 50 个行业的外商投资限制，以进一步吸引外资提振经济。根据新规，外企全资可以进入大型电子商务、高速公路、餐饮、冷藏、电影等全面"松绑"的行业；在通信、机场、卫生保健、会展等服务行业，外企占股上限从 49% 上调到 67%，若外企在购物中心开设超 400 平方米的百货商店，也能持有 67% 的股份；这次改革不少行业是首次允许外资进入，对于投资者而言不失为良机。④ 分析认为，这是印尼近 10 年来最大的经济开放动作。此外，佐科担任总统以来，对外招商力度明显加强，在市场准入、投资便利化和财政税收等政策方面进行了显著调整。⑤ 佐科内阁自 2015 年 9 月以来陆续公布 16 套经济刺激政策，开放 8 个经济特区、13 个工业园，给予税务优惠和简化投资手续等，吸引包括中国资本在内的更多外资。⑥ 2018 年印尼在全球的竞争力由第 41 名上升至第 36 名，4 月穆迪提升印尼投资等级从 Baa3 至 Baa2。世界银行提升印尼的营商环境从第 91 名至第 19 名。这一切对增强印尼对中国投资者的吸引力都很有益。国际著名评级机构标准普尔公司（S&P）2018 年 5 月底再次评定印尼长期主权信用为投资级别的"BBB－/A－3"，评级展望为"稳定"，标准普尔继续看好印尼经济发展前景，对印尼国家税收和非税收入都有好评，这将

---

① 《中印尼高层经济对话第三次会议在北京举行》，《印华日报》2017 年 8 月 23 日。

② 晏澜菲：《中国－东盟迎更广阔合作空间》，《国际商报》2018 年 6 月 7 日。

③ 庄雪雅：《提振经济，印尼推出系列"松绑"措施》，《人民日报》2016 年 2 月 25 日。

④ 庄雪雅：《印尼放宽近 50 个行业外资限制》，《人民日报》2016 年 6 月 6 日。

⑤ 夏磊：《印尼"量身"对华招商，中企"走出去"方式升级》，《21 世纪经济报道》2016 年 3 月 14 日。

⑥ 吴崇伯：《印尼如何应对东盟经济共同体的挑战》，《人民论坛·学术前沿》2016 年第 19 期。

加强投资者对印尼市场的信心。[①] 基于印尼经济发展平稳、负债比率仍很低及外债负担风险不大，标准普尔公司把印尼长期主权信用再次评定为"投资级别"。印尼国家收入持续增加，包括税收稳定增加，而且国家非税收入方面，由于世界油价上涨提高了国家在原油方面的收入，加上全球市场对印尼某些商品需求量一直在增加，而且商品价格也上涨，印尼经常项目赤字逐年下降，在未来几年还会继续下降，最近 6 年外国直接投资（FDI）年平均约 250 亿美元，其中，2012 年至 2014 年平均为 230 亿美元，而 2014 年至 2017 年升至 270 亿美元。[②]

3. 营造更好的投资环境，加大对华招商力度

2016 年 7 月，印尼投资协调委员会在广州启动了旨在吸引中资的一系列宣介活动，委员会主席弗兰基·斯巴拉尼与近百位中国企业家积极对接，充分阐述了印尼政府希望中方加大投资的意愿和配套推出的"经济刺激政策包"，"这些投资利好政策包括劳动力密集型项目的税收优惠、投资审批期限缩短、负面清单修订、投资服务便利化等，这些政策旨在改善印尼的整体投资环境，更多地吸引中资，以帮助印尼实现各岛屿的跨越式发展"[③]。印尼投资协调委员会在全国推行一站式投资服务、对工业发展提供财税支持、就重大投资项目采取三小时服务、对私人投资者放宽准入、修订投资负面清单等系列措施，为中国企业进入印尼创造了良好的环境。[④] 2017 年 5 月，由佐科带领的印尼代表团访问中国，重点推介了基建等领域的投资良机，随后，印尼海洋统筹部长鲁胡特于 6 月访问中国，进一步落实强化双边经贸关系的各项部署，欢迎中资在北苏拉威西省旅游业升级、北加里曼丹省核工业发展及北苏门答腊省港口建设中加大投资力度。[⑤] 为解决中国工商界在投资过程中遇到

---

① 《印尼再获标普投资级信评》，《国际日报》2018 年 6 月 2 日。

② 《印大商业与经济系社会和经济研究机构称我国宏观经济状况继续好转至 2019 年》，《印尼商报》2018 年 5 月 7 日。

③ 《印尼投资协调委在华招商》，《经济日报》2016 年 7 月 25 日。

④ 夏磊：《印尼"量身"对华招商，中企"走出去"方式升级》，《21 世纪经济报道》2016 年 3 月 14 日。

⑤ 田原：《中国在印尼投资率显著提高》，《经济日报》2017 年 8 月 2 日。

的各种难题，印尼投资协调委员会特设立投资服务小组，以吸引更多的中国企业赴印尼投资，此外，还与中国驻印尼使馆、中国商会和中国银行界加强沟通协调，为中国投资商和印尼政府搭建一个较好的沟通协调平台。

4. 中印尼两国政府和企业都在积极努力，为两大战略对接以及两国经济合作缔造良好的氛围

首先是印尼方面，政府尽量淡化对中印尼合作不利的负面新闻，如印尼媒体盛传中国公司将大量中国工人带入印尼，剥夺了本地工人的就业机会，对此，印尼政府主动辟谣，佐科总统、卡拉副总统出面进行澄清。2016年12月23日，卡拉副总统对媒体表示，在印尼的中国籍雇员主要被聘于印尼急需的基础设施项目，原因是印尼本地工人暂未掌握相关技术，据印尼劳工部数据统计，在印尼工作的中国人仅21271人，仅占印尼就业总人口1.29亿的0.0165%，这与中方统计的数字基本相符。[1] 据统计，2016年印尼外来务工人员总数约7.42万，主要从事服务业和制造业，其中来自中国有2.13万，其次日本为1.25万。[2] 印尼劳工部长哈尼夫（Hanif Dhakiri）2018年4月23日也表示，在中国打工的印尼外劳人数占印尼在全球各地打工人数的10%，仅24800人，而且他们都是具有专业技术或负责转移技术的人士。[3] 另一方面，在持续提高产品质量和服务水平的条件下，中企遵守当地法律法规和宗教习俗，主动融入印尼社会，积极履行社会职责，热心公益，做优秀企业公民，为两大战略对接和中印尼互利合作传递正能量。如中国投资的青山工业园区在短短3年内招聘了1.1万多名当地工人，不仅为当地创造大量就业岗位，还采用师傅带徒弟的方式为本地员工提供技能培训，企业本地化程度越来越高；华为公司在印尼经营16年以来，不仅积极推动印尼ICT（Information and Communication Technology）行业发展和通信基础设施建

---

① 《驻泗水总领馆经商室：中国经济发展为印尼提供更宝贵合作契机》，商务部网站，http：//surabaya. mofcom. gov. cn/article/jmxw/201702/20170202519547. shtml。

② 《印尼拟修订投资负面清单：进一步减少投资障碍》，《雅加达邮报》2017年6月22日。

③ 《劳长：印尼外劳人数900万10%在中国打工而在印尼的中国外劳仅24800人》，《国际日报》2018年4月25日。

设，还直接或间接地创造了大量就业机会，目前本地员工占公司总员工的近
90%，带动印尼通信行业相关就业岗位 2 万个。华为公司也非常重视当地人
才的培养，在印尼大学、ITS、ITB、UNDIP、Telkom 大学、卡查玛达大学等
设立奖学金、提供培训和实习机会、捐赠教学实验室，迄今已累计为印尼培
养通信领域人才约 2 万名。聚龙集团与当地民众已开展近 1 万公顷的"合作
种植"事业，覆盖周边村庄 40 多个，受益家庭 5000 多个、受益人群 20000
多人；① 等等。

结束语

作为东盟人口最多、面积最大，经济总量也最大的国家，印尼发展空间
和市场潜力巨大，其"全球海洋支点"计划与中国"一带一路"倡议高度
契合，为深化中印尼双边关系、拓展经贸合作注入了新动力，提供了新平
台。② 2017 年印尼 GDP 首超 1 万亿美元，以 5% 以上增速增长。随着其经济
体量的增长，中印尼的经贸合作也不断提速，在两国政府和企业界的共同努
力下，中国对印尼投资起步晚但发展快，已成最大亮点。印尼已成为中企投
资海外十大目的地之一，中国企业对印尼直接投资 2016 年仅次于新加坡和
日本，在印尼外资来源国排名中已从 2015 年的第 10 位跃居第 3 位。2017 年
中国保持印尼第三大投资来源国和第一大游客来源国地位。③ 在 2016 年新
确认的 7 个国家级境外经贸合作区中，印尼就有青山集团、广西农垦和天津
聚龙 3 家。④ 中企投资了印尼首家生产氧化铝产品最大的公司，投产的水泥
产量约占印尼的 1/4，大多数镍铁加工企业也由中国投资。电站、农业、房

---

① 《中印尼应同舟共济，续写互利双赢的成功故事》，外交部网站，http：//www. fmprc.
gov. cn/web/zwbd_673032/gzhd_673042/t1437672. shtml。

② 《侨交会海外展将登陆印尼》，搜狐，http：//www. sohu. com/a/191409330_119562。

③ 《印中贸易合作关系我国应利用"一带一路"所带来的机遇》，《千岛日报》2017 年 11 月
13 日。

④ 《一带一路为中印尼经贸合作提供新动能》，搜狐，http：//www. sohu. com/a/143780633_
157514。

地产、旅游业、信息技术产业、制造业等正成为中企扩大对印尼投资新的增长点。电商、互联网金融是双方合作的机遇点，成为亚洲第三大电商市场是印尼一个重要的发展目标，印尼方也热切希望中方在此方面加大投资。2016年阿里巴巴通过收购东南亚电商平台 Lazada 进入印尼电商市场，2017 年印尼政府邀请阿里巴巴董事局主席马云担任印尼电商顾问，也被视为中印尼电商合作的有益尝试。中印尼贸易前景广阔，中国是印尼的第二大出口国和最大进口国，继续保持着印尼第一大贸易伙伴的地位。2018 年中国已经举办了首届中国国际进口博览会，通过这个博览会，境外客商不仅可以在线上、线下将商品销售到中国乃至其他国家，还可以推广有形与无形的产品，该博览会很可能成为推动中印尼贸易平衡的新平台。中印尼分别是世界第一大和第四大人口国，市场潜力巨大，产品互补性强，在跨境电商、贸易便利化推动下，两国贸易必将获得更大的增长空间。

专 题 篇
Special Topic

B.8

21世纪海上丝绸之路与海外利益保护

孙 璐 许利平*

摘　要： 21世纪海上丝绸之路是"一带一路"倡议的重要组成部分，在取得重大进展的同时，我国企业和机构等也在"走出去"的过程中遭遇诸多风险。为了更有效地保障我国企业和人员的海外利益，2017年，政府出台了一系列文件，包括：切实推动我国各项标准与"一带一路"沿线国家和地区标准的对接，增强国际合作与交流，打击金融犯罪，优化相关部门功能，构建各种监防体系等；各部委分别就防控海外金融风险、发展海外信保服务、加强对外项目管理信用体系、构建全球人力资源服务网络、提供涉外法律服务、组建海外风险数据库等方面做出了具体部署。与此同时，2017年我国也在海外

---

* 孙璐，中国社会科学院亚太与全球战略研究院博士后；许利平，中国社会科学院亚太与全球战略研究院研究员。

利益保护方面取得了许多成果，包括：与 21 世纪海上丝绸之路沿线的多国政府、各相关行业领域乃至具体项目都签署了多项合作谅解备忘录和切实保障我方利益的合作协定，各有关部门强化实施外部监督取得显著成效，信用评估和保险行业也获得了很大发展。此外，2018 年 1 月，为了更好地防控海外风险，中央和各相关部门决定建立"一带一路"争端解决机制和机构，国别风险数据库和重点区域风险预警机制即将面世。各领域专家也分别从顶层设计、税务、法律和网络安全方面为我国海外利益保护提出了非常有价值的意见。

关键词： 海外利益保护　一带一路　海上丝绸之路　风险

2013 年 9 月 7 日，国家主席习近平在哈萨克斯坦纳扎尔巴耶夫大学发表演讲，提出了共同建设"丝绸之路经济带"的畅想。同年 10 月 3 日，习近平在印度尼西亚国会发表演讲，提出共同建设"21 世纪海上丝绸之路"，这二者共同构成了"一带一路"倡议。5 年多以来，中国对沿线国家投资累计超过 700 亿美元，进出口贸易规模超过 5 万亿美元，并为各东道国贡献了 20 多万个就业机会……这些事实有力地证明，中国提出的"一带一路"倡议是让世界变得更美好的公共产品，积极高效，让沿线国家拥有了共享发展成果的机遇，为发展中国家经济增长创造了良好的外部条件，切实提高了沿线区域人民的生产生活水平，成为中国推动构建人类命运共同体的生动实践。[①]

特别是 21 世纪海上丝绸之路，集中了更多的国家和地区，各国合作发展意向不同，使我国海外投资更加多元化，合作能够具有更多可能性，也更

---

① 杨洁篪：《携手建设持久和平、普遍安全的世界推动构建人类命运共同体——杨洁篪在第七届世界和平论坛开幕式上的致辞》，外交部网站，http：//www. fmprc. gov. cn/web/ziliao_674904/zyjh_674906/t1577241. shtml。

好地体现出"共商、共享、共建"原则。

21世纪海上丝绸之路穿越太平洋、印度洋和大西洋，涉及我国南海、孟加拉湾、波斯湾、地中海、比斯开湾、非洲沿岸等三大洋三大洲。沿线各国社会和政治环境迥异，发展阶段不同，又兼有语言和法律制度的差别，在"一带一路"倡议下"走出去"的中国企业，难免会在海外遇到一些困难和挫折。近来，有报道引述总部位于美国华盛顿的咨询公司 RWR Advisory Group 研究显示，2013年以来，中国在66个"一带一路"沿线国家宣布投资的1674个基础设施项目中，迄今有234个遇到阻力，并认为其中大部分问题可能源于管理不善。① 而2017年4月，在北京召开的首届系统性风险国际研讨会上，东方金诚国际信用评估有限公司发布的《"一带一路"沿线国家主权信用分析报告》称，2016年"一带一路"50个国家主权信用等级呈现整体主权信用风险偏高、各国主权信用风险差异性大等特点。②

众所周知，"一带一路"倡议是具有历史开创性的举措，对于中国和参与其中的各国来说，都是既面临机遇，但也将克服很多从未遇到过的困难。对此，我国各有关部门和相关企业，一直在不懈努力进行完善。尤其是2017年，密集出台了不少措施，旨在维护我在海外华企及公民利益免受风险，并取得了显著成效。

一　政府出台的有关防范风险的相关政策

（一）国务院出台的政策

1. 增强中国标准国际影响力，构建多重保护机制

2017年2月28日，国发〔2017〕11号文件《国务院印发"十三五"

---

① 《华泰财险：承保"一带一路"项目39个涉及金额1100亿元》，新浪网，http：//finance. sina. com. cn/roll/2017 – 11 – 13/doc – ifynsait7721337. shtml。

② 《报告称"一带一路"沿线国家主权信用风险差异性大》，中国交建网，http：// www. ccccltd. cn/news/hyzx/201704/t20170424_ 88374. html。

现代综合交通运输体系发展规划的通知》里指出："要依托区域性国际网络平台，加强与'一带一路'沿线国家和地区在技术标准、数据交换、信息安全等方面的交流合作。积极参与国际和区域运输规则制定及修订，全面提升话语权与影响力。加强与'一带一路'沿线国家和地区的知识产权保护交流合作，优化贸易和投资环境。建立综合性对外投资促进机构和境外投资公共信息服务平台，在法律查明和律师服务、商事纠纷调解和仲裁、财务会计和审计服务等方面开展业务合作。增强'一带一路'金融服务功能。大力发展海外投资保险、出口信用保险、货物运输保险、工程建设保险等业务，为企业海外投资、产品技术输出、承接'一带一路'重大工程提供综合保险服务。"① 该文件针对以往与"一带一路"沿线国家合作过程中遇到的一些问题，给出了明确的指导意见。例如，这份文件在知识产权、金融安全和法律风险方面给出了指导意见。此外，在合作之前和之初，与合作的国家就相关领域广泛地沟通与交流，一方面尽可能多地达成合作共识，另一方面积累相关经验，创建和完善合作机制。

在此指导之下，2017 年 3 月 31 日，国务院发布〔2017〕15、17、19、20、21 号文件，对此均有进一步体现，即国务院印发了关于辽宁、河南、重庆、四川和陕西等省的自由贸易试验区总体方案的通知，这些通知中均有提出："构建对外投资合作服务平台。"② 并且，支持自贸试验区与"一带一路"沿线国家在海关、检验检疫、认证认可、标准计量等方面开展合作与交流，与沿线各国积极开展和探索提高贸易供应链安全性与便利的合作。③

2017 年 4 月 1 日，国务院办公厅发布国办发〔2017〕27 号文件，《关

---

① 国务院：《国务院印发"十三五"现代综合交通运输体系发展规划的通知》，国发〔2017〕11 号，索引号：000014349/2017 - 00042，中华人民共和国中央人民政府网站，http：//www. gov. cn/zhengce/content/2017 - 02/28/content_5171345. htm。

② 国务院：《国务院关于印发中国（河南）自由贸易试验区总体方案的通知》，国发〔2017〕17 号，索引号：000014349/2017 - 00062，中华人民共和国中央人民政府网站，http：//www. gov. cn/zhengce/content/2017 - 03/31/content_5182296. htm。

③ 国务院：《国务院关于印发中国（四川）自由贸易试验区总体方案的通知》，国发〔2017〕20 号，索引号：000014349/2017 - 00065，中华人民共和国中央人民政府网站，http：//www. gov. cn/zhengce/content/2017 - 03/31/content_ 5182304. htm。

于印发贯彻实施〈深化标准化工作改革方案〉重点任务分工（2017—2018年）的通知》。文件提出更多领域更深层次的标准工作改革意见，"深度参与国际标准化治理，增强标准国际话语权。建立中外标准化专家合作交流机制，鼓励中国专家积极参与国际标准化组织工作。并且，将标准联通'一带一路'行动计划纳入实施，在国际标准制定、标准化合作示范项目建设等方面与沿线重点国家开展务实合作。"① 带动企业和城市参与国际联通标准工作，并重点集中于消费品、国际产能、装备制造和经贸合作等领域。

2. 国际合作重点打击金融和恐怖主义等犯罪，维护国家利益和安全

2017 年 5 月 15 日，"一带一路"国际合作高峰论坛圆桌峰会在北京雁栖湖国际会议中心举行，国家主席习近平主持会议。会上发布的《"一带一路"国际合作高峰论坛圆桌峰会联合公报》指出，我国将为构建稳定、公平的国际金融体系作贡献；鼓励通过对话加强金融合作，规避金融风险。②

2017 年 9 月 13 日，国务院办公厅发布了《国务院办公厅关于完善反洗钱、反恐怖融资、反逃税监管体制机制的意见》。该文件指出，配合"一带一路"倡议，做好与周边国家（地区）的反洗钱交流与合作。加强沟通协调，稳步推进加入埃格蒙特集团相关工作。利用国际金融情报交流平台，拓展反洗钱情报渠道，③ 旨在打击不法分子利用"一带一路"倡议，在国际经济贸易等合作中隐匿洗钱、逃税甚至为恐怖主义活动融资等侵害我国与各国经济利益和安全的犯罪行为。

同时，为了更好地实现这一目标，该文件充分考虑到借助"一带一路"的跨国洗钱、逃税和恐怖主义融资等犯罪活动往往借用合法的国际经贸活

---

① 国务院办公厅：《国务院办公厅关于印发贯彻实施〈深化标准化工作改革方案〉重点任务分工（2017 - 2018 年）的通知》，国办发〔2017〕27 号，索引号：000014349/2017 - 00068，中华人民共和国中央人民政府网站，http：//www. gov. cn/zhengce/content/2017 - 04/01/content_5182637. htm。

② 《"一带一路"国际合作高峰论坛圆桌峰会联合公报（全文）》，外交部网站，http：// www. fmprc. gov. cn/web/ziliao_674904/1179_674909/t1461817. shtml。

③ 国办函〔2017〕84 号，《国务院办公厅关于完善反洗钱、反恐怖融资、反逃税监管体制机制的意见》，中华人民共和国中央人民政府网站，http：//www. gov. cn/zhengce/content/2017 - 09/13/content_5224805. htm。

动，利用各国政治、经济、社会和法治状况的不同来掩盖犯罪的行为，为提升打击相关犯罪的国际交流与合作给出了具体的指导意见。未来我国将在反洗钱国际标准研究、制定和监督执行等国际合作领域不断深入开展工作，积极参与到反洗钱国际组织和区域组织的内部治理改革和重大决策进程中，努力提升我国在国际反洗钱领域的话语权和影响力。继续推进与各国的反洗钱工作沟通与合作，加强中美在反洗钱和反恐怖融资监管方面的合作。将与部分重点国家和地区围绕反洗钱建立监管合作机制，为中资金融机构及其海外分支机构未来有效提升反洗钱工作意识和能力提供督促和指导，同时切实保护其在海外的相关合法权益。①

3. 建设境外投资监管体系，严控规划流程，保障央企海外投资项目利益

2017 年 11 月 23 日，国务院国有资产监督管理委员会主任办公会审议通过并公布《中央企业境外投资监督管理办法》，针对当前及未来一段时间内中央企业境外投资行为该如何管理和规范给出了详细办法，包括：国资委将对中央企业境外投资的方向、布局、决策、监管、风险防控、评估追责等相关体系建设等进行全方位的指导和引领。具体来说，国资委和中央企业将对投资信息实现数字动态化实时监管，并不断提升软硬件水平，建立发布中央企业境外投资项目负面清单，实施严格的分级分类管理。此外，该文件还对中央企业境外投资流程提出了分阶段管理意见，要求分别就投资的事前、事中、事后各阶段进展情况形成完整的报送、评价和监管体系，并加强审计，科学规范境外投资风险的评估、防控和应对工作。②

4. 严控进出口标准，优化海关监管功能，强化风险监防体系

2017 年 9 月 27 日，国务院发布了《国务院关于完善进出口商品质量安全风险预警和快速反应监管体系切实保护消费者权益的意见》。该《意见》

---

① 国办函〔2017〕84 号，《国务院办公厅关于完善反洗钱、反恐怖融资、反逃税监管体制机制的意见》，中华人民共和国中央人民政府网站，http：//www. gov. cn/zhengce/content/2017
–09/13/content_5224805. htm。

② 国务院国有资产监督管理委员会令第 35 号，《中央企业境外投资监督管理办法》，中国一带一路网，https：//www. yidaiyilu. gov. cn/zchj/zcfg/36112. htm。

要求，应着重搜集进出口贸易中的假冒伪劣商品信息，其中，内外贸结合的商品市场、电子商务和边境贸易等，是重点的搜集领域，"一带一路"沿线国家以及新兴市场等，则是重点搜集区域。搜集工作具体将由质检总局牵头，由农业部、商务部、国家卫生计生委、工商总局、食品药品监管总局、国家认监委按各部委具体职责内容合作分工负责。同时，加强国际交流，开展双边、多边质量安全信息通报、调查合作。[①] 全面加强质量安全风险监测，拓宽风险信息采集渠道。建立质量安全伤害信息和食源性疾病信息收集调查制度。该要求一方面，旨在切实保护我国和"一带一路"沿线国家广大消费者权益；另一方面，也通过强化质量风险监控防范的国际合作体系，有效维护"一带一路"倡议经贸合作的良好声誉和国际形象。此外，2017年3月16日，国务院办公厅发布了《加快海关特殊监管区域整合优化方案》，也提出了具体要求，服务"一带一路"发展战略，推进跨国产业联动发展，对海关特殊监管区域及功能进行综合优化升级，建立与沿线国家海关特殊区域的常态化和务实性合作机制，共商未来合作，开展海关制度、建设标准和数据监管等各领域的务实合作。[②]

（二）各部委出台举措

1. 银监会：规范银行业金融机构海外业务，强化风险防控管理

截至2017年1月，中资银行在境外设立了200多家一级分支机构，据统计，目前在"一带一路"沿线国家中设立一级分支机构的中资银行有9家，遍布其中26个国家，累计已有62家一级分支机构。[③] 为了让我

[①] 国发〔2017〕43号，《国务院关于完善进出口商品质量安全风险预警和快速反应监管体系切实保护消费者权益的意见》，中华人民共和国中央人民政府网站，http：//www.gov.cn/zhengce/content/2017-09/27/content_5227963.htm。

[②] 国务院办公厅：《加快海关特殊监管区域整合优化方案》，国办发〔2015〕66号，该文件发布于2015年8月28日，一带一路网，https：//www.yidaiyilu.gov.cn/zchj/zcfg/2394.htm。

[③] 新华社：《银监会发文要求商业银行"走出去"加强风险防控》，中华人民共和国中央人民政府网站，http：//www.gov.cn/xinwen/2017-01/25/content_5163506.htm。

国银行金融机构在境外更好地规避风险，银监会于 2017 年 1 月 25 日发布《中国银监会关于规范银行业服务企业走出去加强风险防控的指导意见》，要求驻外银行机构建立服务"一带一路"建设长期、稳定、可持续、风险可控的金融保障体系。具体而言，该文件提出，"走出去"的银行业金融机构应结合自身优势，根据所处国家和地区的具体现实情况和相关业务需求走出特色发展之路。同时，对于各个合作国家、机构、项目，建立并完善从宏观到微观一整套重点防范风险的政策、数据、评估和管理体系，并加强针对洗钱和恐怖主义融资行为的审查，加强与国内外监管部门的交流与合作。①

2. 保监会：构建"一带一路"保险服务网络，创新保险产品服务

自我国提出"一带一路"重大倡议以来，我国企业不断"走出去"，越来越多地需要符合海外经营环境的保险服务和产品，这对我国保险行业提出了新要求。为了把握好这一历史机遇，2017 年 4 月 27 日，中国保险监督委员会发布了《中国保监会关于保险业服务"一带一路"建设的指导意见》。这一《意见》指出，"一带一路"为保险业融入国家战略提供了巨大契机，要统筹顶层设计，围绕"一带一路"构建全方位服务保障体系和覆盖网络。大力发展出口信用和海外投资保险，根据沿线各个国家和地区的特点，量身打造有针对性的保险产品和服务，创新保险资金运用方式，加快保险业国际化速度，加强互联互通，推动我国保险监管标准和技术输出。同时，完善机制，加强风险意识及风险防控管理。②

3. 商务部：做好对外承包项目管理，建立对外领域信用体系

据商务部统计，2017 年 1 月至 11 月，我国与"一带一路"沿线国家和地区已累计新签对外承包工程合同额为 1135.2 亿美元，达到同期总额的

① 政策研究局：《中国银监会关于规范银行业服务企业走出去加强风险防控的指导意见》，银监发〔2017〕1 号，银监会网站，http：//www.cbrc.gov.cn/chinese/home/docDOC_ReadView/E2D221D7C7BB463A85D8D3F8059947AE.html。

② 中国保监会：《中国保监会关于保险业服务"一带一路"建设的指导意见》，保监发〔2017〕38 号，保监会网站，http：//bxjg.circ.gov.cn//web/site0/tab5225/info4066793.htm。

54.1%，这一数据同比增长了13.1%，此外，这期间完成的营业额为653.9亿美元，达到同期总额的48.7%，这一数据同比也增长了6.1%。① 2017年11月23日，商务部发布《关于做好对外承包工程项目备案管理的通知》（商办合函〔2017〕455号），国务院要求对外承包工程项目投（议）标核准取消后，应做好备案报告和事中事后监管。具体来说，对于项目备案实行分级分类管理，并在商务部对外承包工程数据库系统中进行备案并报告项目进展情况，由备案机关进行监查，商务主管部门依法规整改或处理。②

2017年，我国企业对"一带一路"沿线国家的投资实现稳步增长，行业结构持续优化。据商务部统计，2017年1月至11月，有59个"一带一路"沿线国家获得了新增的投资，投资总额累计为123.7亿美元，达到了同期总额的11.5%，这一数据比上年同期显著增加了3.2%。同时，我国的非金融类对外直接投资幅度进一步收窄，据统计，比前10个月缩减了7.4%。其中，2017年11月的非金融类对外直接投资额为212.4亿美元，同比增长34.9%，在年度内首次实现了月度的同比正增长。此外，租赁和商务服务业、批发和零售业、制造业，以及信息传输、软件和信息技术服务业，分别占我国对外投资的28.4%、21.5%、14.5%和9.2%，成为对外投资的主要流向。③ 为保持我国对外投资的良好势头，有效提示风险和规范发展，商务部根据《中华人民共和国贸易法》等法律，于2017年12月15日发布了《对外投资合作和对外贸易领域不良信用记录试行办法》，指出将进一步强化政府服务，对我国各类企业、机构和个人在境外的各种投资和贸易行为进行规范，并对相关违规违法行为信息进行

---

① 商务部新闻办公室：《商务部召开例行新闻发布会（2017年12月14日）》，商务部网站，http://www.mofcom.gov.cn/article/ae/ah/diaocd/201712/20171202684974.shtml。

② 商务部办公厅：《关于做好对外承包工程项目备案管理的通知》，商办合函〔2017〕455号，2017年11月23日，商务部网站，https://www.yidaiyilu.gov.cn/zchj/zcfg/36174.htm。

③ 商务部新闻办公室：《商务部召开例行新闻发布会（2017年12月14日）》，商务部网站，http://www.mofcom.gov.cn/article/ae/ah/diaocd/201712/20171202684974.shtml。

收集、整理、发布和维护等。①

4. 人力资源和社会保障部: 对等开放, 构建全球人力资源服务网络

据商务部统计, 2017 年 1 月至 11 月, 我国在与各国的交流与合作中, 总共对外派出了各类劳务人员 46.1 万人。其中, 2017 年 11 月末, 我国派往海外的各行业劳务人员人数为 97.3 万人。② 2017 年 9 月 29 日, 人力资源和社会保障部发布了《人力资源社会保障部关于印发人力资源服务业发展行动计划的通知》, 提出为"一带一路"倡议提供增强人力资源支撑保障的能力。具体包括, 要围绕"一带一路"推进人力资源市场与国际接轨, 积极为国内人力资源服务企业"走出去"和海外人力资源服务机构"引进来"提供有利条件, 注重特色化和精细化, 构建全球服务网络和国际交流合作平台。③

5. 司法部: 提供涉外法律服务, 增进国际合作与交流

为满足我国"一带一路"建设带来的日益增长的涉外法律服务需求, 2017 年 1 月 9 日, 司法部发布了《关于发展涉外法律服务业的意见》。该文件提出, 为更好地推进"一带一路"、自贸区建设等国家重大发展战略布局和全面提升开放型经济水平, 要为之提供相应的法律服务。因此, 我国在积极参与海外各国交通、能源、通信等基础设施重大工程、重大项目的立项、招投标等活动的同时, 应为这些涉外经贸活动配套相应的法律服务, 达到防范和降低投资风险的目的。我国应与"一带一路"沿线各个国家和地区一道, 在司法领域开展积极务实的交流与合作, 努力为传统的国际货物贸易、服务贸易、跨境电子商务、市场采购贸易和各种新型商业形式, 以及新一代

---

① 商务部合作司:《对外投资合作和对外贸易领域不良信用记录试行办法》, 商合发〔2013〕248 号, 商务部网站, http://big5. mofcom. gov. cn/gate/big5/file. mofcom. gov. cn/article/gkml/201709/20170902652464. shtml。

② 商务部新闻办公室:《商务部召开例行新闻发布会 (2017 年 12 月 14 日)》, 商务部网站, http://www. mofcom. gov. cn/article/ae/ah/diaocd/201712/20171202684974. shtml。

③ 人力资源市场司:《人力资源社会保障部关于印发人力资源服务业发展行动计划的通知》, 人社部发〔2017〕74 号, 索引号: 717823004/2017 - 00231, 人力资源和社会保障部网站, http://www. mohrss. gov. cn/gkml/zcfg/gfxwj/201710/t20171011_278956. html? keywords = 。

信息技术、新能源和新材料等新兴产业的发展提供相关的法律服务工作。在法律业界活动中积极开展面向海外的法治宣传工作，将我国法律制度向有关国家和地区进行宣传，特别是我国有关投资、贸易、金融和环保等方面的各项法律法规，提升世界各国对我国法律制度的了解度和认知度。此外，未来更要为我国企业和公民走向世界提供相关法律服务工作，积极打击跨国犯罪，切实保护我国公民和企业法人在海外各国，以及外国公民和企业法人在我国的各项合法正当权益，努力扩大我国在国际法律事务中的话语权和影响力。[①]

（三）其他部委

1. 国务院国资委组织中央企业编写"一带一路沿线国家法律风险防范指引"

为进一步加强企业国际化经营中的法律风险防范，增强国别风险防控和管理，支持企业参与"一带一路"建设，自 2015 年开始，国务院国资委组织中央企业编写"一带一路沿线国家法律风险防范指引"系列丛书。该丛书内容涵盖"一带一路"沿线国家投资、贸易、工程承包、劳务合作、财税金融、知识产权、争议解决等领域的法律制度、法律风险和典型案例，具有较强的实践性和参考价值。第一批沙特阿拉伯、印度尼西亚、白俄罗斯、埃及、缅甸、泰国、蒙古国、巴基斯坦 8 个国家分册已由经济科学出版社出版发行。目前，正在组织中国石油、国家电网、中铝公司、中国化工、中国建材、中国有色集团、中国中铁、中交集团、中国能建等 9 家中央企业编写第二批分册，包括伊朗、菲律宾、几内亚、新加坡、南非、塔吉克斯坦、波兰、马来西亚、尼日利亚 9 个国家，为企业参与"一带一路"建设提供法律支撑服务。[②]

---

① 司法部：《关于发展涉外法律服务业的意见》，中华人民共和国中央人民政府网站，http：//www.gov.cn/xinwen/2017 - 01/09/content_5158080.htm。
② 政策法规局：《国务院国资委组织编写"一带一路沿线国家法律风险防范指引"系列丛书》，国务院国有资产监督管理委员会网站，http：//www.sasac.gov.cn//n2588020/n2588072/n2590860/n2590862/c4451281/content.html。

2. 中国外交部和中国法学会联合举办"一带一路"法治合作国际论坛

2018 年 7 月 2 日，"一带一路"法治合作国际论坛在北京开幕，该会议由我国外交部和中国法学会联合举办，旨在使我国企业、机构和个人在"一带一路"沿线国家和地区的海外利益得到更好的保护。与会专家和学者一致认为，规则和法治不仅仅是"一带一路"倡议走向世界的通行证，也可以在面对风险挑战时发挥安全阀的重要作用。因此，一方面，中国需要推进"一带一路"基础设施的"硬联通"；另一方面，也不该忽视"软联通"——"一带一路"规则、标准需要不断进行加强，与"一带一路"相关的法治保障体系也需要不断得到完善，与"一带一路"沿线各国应持续深化法治领域的国际交流与合作。具体来说，为了促进"一带一路"沿线各国法治能力建设和国际法律人才培养，我国将围绕"一带一路"出资实施与之密切相关的法治合作研修项目。①

二 目前维护海外利益所取得的成果

（一）外交领域取得的国际合作

1. "一带一路"国际合作高峰论坛成果

2017 年 5 月 16 日，"一带一路"国际合作高峰论坛在北京召开，会议期间，我国与"一带一路"沿线各国达成多项旨在保护我国企业、机构和公民海外利益的成果。具体来说，我国政府与新加坡、东帝汶、克罗地亚等11 国政府签署政府间"一带一路"合作谅解备忘录，与菲律宾、伊拉克等30 个国家的政府签署经贸合作协议；我国国家发改委、商务部、工业和信息化部等多部委和中国铁路总公司等央企，分别与巴基斯坦、柬埔寨、阿富汗等国家就相关合作领域签署多项合作谅解备忘录和合作协议；我国海关总

---

① 伍岳、温馨:《"一带一路"法治合作国际论坛在京开幕》，中华人民共和国中央人民政府网站，http://www.gov.cn/guowuyuan/2018-07/02/content_5302965.htm。

署、国家质量监督检验检疫总局、中国进出口银行和国家开发银行分别与塞尔维亚、印尼等多国相关部门或企业签署投资合作重点项目备忘录、谅解备忘录以及多领域合作文件和协议。①

2. 第十九次中国—欧盟领导人会晤成果

2017年6月1日至2日，中国和欧盟领导人在比利时首都布鲁塞尔举行第十九次中欧首脑会晤，设立中欧共同投资基金并签署了相关的框架谅解备忘录。中欧都同意加强"一带一路"倡议与欧洲投资计划的对接，并且为了促进相关合作，将通过亚投行、欧洲投资银行、欧洲复兴开发银行等多边开发机构进行推进。同时，为了提升中欧贸易的安全性与便利性，使中欧贸易投资合作能够更加良好和顺畅地进行，双方还就中欧海关自2018年直至2020年合作签署了战略框架协议。这一文件的签署，意味着双方海关的监管和互联互通将进一步增强，整治非法贸易、保护合法贸易获得更多便利。此外，中欧领导人均对过去五年间（即2012年至2017年）双方在应急管理合作项目中所收获的成绩感到满意，愿意积极推进中欧应急管理学院的未来建设与发展工作，并且在应急管理合作领域努力拓展出新的工作方向。2017年作为"中国—欧盟蓝色年"受到重视，双方就海洋管理等领域展开主要合作，积极构建"中欧蓝色伙伴关系"。② 这些积极的成果在21世纪海上丝绸之路建设过程中，不仅对实现我国企业、机构和个人海外利益的保护具有非常积极的意义，还为国际跨区域合作提供了良好的示范。

（二）政府举措取得的成果

2017年，为更有效地实现海外利益保护，国务院及各部委发布了各项相关政策进行指导，与此同时也在不断强化实施外部监督。2017年12月15日国务院举行政策例行吹风会，通报国有重点大型企业监事会自党的十八大

① 外交部：《"一带一路"国际合作高峰论坛成果清单（全文）》，外交部网站，https：//www.fmprc.gov.cn/web/ziliao_674904/1179_674909/t1461873.shtml。
② 外交部：《第十九次中国—欧盟领导人会晤成果清单》，外交部网站，https：//www.fmprc.gov.cn/web/ziliao_674904/1179_674909/t1467598.shtml。

以来，先后对 67 家央企的 793 个境外项目开展了监督和检查，其中包括"一带一路"沿线国家 26 个。经过检查，这 67 家央企的境外项目资产总额累计达到 2.55 万亿元，"一带一路"沿线各国签署的合同总额为 4900 多亿元，有 2600 多项各类问题和风险被及时发现或解决，① 卓有成效地维护了央企的海外利益，并积累了丰富的风险防控经验。

（三）相关行业取得的成果

1. 海外信用评估领域取得突破性进展

2017 年 4 月 20 日至 21 日，首届亚洲信用评级机构 CEO 峰会暨系统性风险国际研讨会在北京召开。4 月 20 日的 CEO 峰会闭门会议倡议亚洲各国在信用评级领域的互联互通与合作创新，提升中国在亚洲信用评级领域的影响力，增强中国评级机构跨国作业能力，深化亚洲各国在贸易、投资、资金融通等领域的跨国合作。4 月 21 日的系统性风险国际研讨会就中国和亚洲其他国家、涉及"一带一路"海外业务的金融机构和非金融企业如何应对系统性风险进行高端对话。旨在帮助"一带一路"相关国家和亚洲各国通过中国资本市场的国际化融入"一带一路"倡议，帮助涉及"一带一路"海外业务的金融机构和非金融企业提升应对系统性风险的能力。

东方金诚国际信用评估有限公司发布《"一带一路"沿线国家主权信用分析报告》称，2016 年"一带一路"50 个国家主权信用等级呈现整体主权信用风险偏高、各国主权信用风险差异性大等特点。② 例如，就"一带一路"的平均水平而言，（"一带一路"沿线）有四个区域的主权信用风险，相对偏高，主要是中东北非、南亚、独联体、中亚，东南亚、

---

① 王希：《强化外部监督监事会一年提示央企各类风险超 5000 项》，中华人民共和国中央人民政府网站，http://www.gov.cn/xinwen/2017-12/15/content_5247522.htm。
② 《报告称"一带一路"沿线国家主权信用风险差异性大》，中国交建网站，http://www.ccccltd.cn/news/hyzx/201704/t20170424_88374.html。

中东产油国和中东欧地区的主权信用质量则高于"一带一路"的平均水平。①

2. 出口信用保险行业取得重大进展

2017年，国家级信用平台"新华信用"正式上线。该网络平台围绕守信激励失信惩戒信用案例归集、行业信用体系建设、"双公示"第三方评估等深入推进社会信用体系建设，着眼于"一带一路"信用合作、亚洲信用体系建设等重点领域，推动国际和区域信用合作。②

2018年6月，"一带一路"建设工作推进会在青岛召开，这项会议由中国出口信用保险公司（以下简称"中国信保"）举办，国内160多家中央企业及地方骨干企业参会，参会企业有中电技术装备、葛洲坝国际工程、中冶国际工程、中国电建国际工程、中国路桥工程等。企业在"一带一路"建设中面临的机遇与风险防范等问题是与会各方重点探讨的问题。例如，国资委专家就认为，当前的国际政治经济格局存在许多风险，比如宏观经济的不确定性、大国博弈加剧、部分区域和国家的贸易保护主义以及恐怖主义等，都对中国构成挑战。因此，出口信用保险功能应得到涉外企业的充分利用，监管体系需要不断完善，应依法合规经营，增强对于安全风险的防范。中国信保是唯一的政策性保险公司，2013~2017年，我国企业面向"一带一路"沿线国家和地区的5483.5亿美元的投资都得到了中国信保的支持，并且承保了各类近1500个涉外项目，范围覆盖交通运输、能源装备、电力通信、工程设备和冶金农业等重点领域和非重点领域多达数十个，其中包括中亚天然气管道项目、巴基斯坦燃煤电站项目、马来西亚钢铁厂项目等。风险发生后，向各企业和银行累计支付了赔款20.3亿美元。③ 据最新统计，2017年的前10个月，中国信保在涉及海外的投资承保金额数接近370亿美元，并

① 王青：《"一带一路"沿线区域主权信用状况分析》，新华网，http：//news. xinhua08. com/zt/2017/xinyongpingji/？from = singlemessage#g1700630 = 1。
② 《"新华信用"简介》，中国金融信息网，http：//credit. xinhua08. com/a/20170704/1713808. shtml。
③ 《中国信保举办"一带一路"建设工作推进会》，中国一带一路网，https：//www. yidaiyilu. gov. cn/xwzx/gnxw/58908. htm。

且不断拓展新的承保领域和承保项目，例如，白俄罗斯中白工业园区、越南太阳能电池工厂、巴基斯坦风力发电等。①

根据中国信保给出的统计数据，2018 年前 6 个月，该公司共支持我国海外出口和投资约 742.9 亿美元，涉及 4000 多家企业与"一带一路"沿线国家和地区，同比增长 18.3%。并且，2018 年前 6 个月，我国政策性出口信用保险承保金额数量显著提升，并且承保领域的覆盖面也得到进一步扩大，尤其是涉及"一带一路"相关国家和地区的承保金额，数量增长非常明显，目前约为该公司承保总金额的 25%。业内人士认为，未来，在防范和减少"一带一路"项目风险和为企业拓展海外市场提供帮助方面，政策性出口保险将继续发挥重要作用。当前，众多央企都在积极运用出口信用保险的相关业务模式，包括中国电建、中国石油等。②

3. 保险企业积极参与

2017 年 11 月 28 日，中国太保集团举行了 2017 "一带一路"海外业务对接会。会议披露的数据显示，2017 年前 6 个月，我国在涉外业务领域的保费数量同比增长 50%。为了继续拓展海外业务的战略资源布局和投入，让中国企业和"一带一路"建设发展能够获得全方位、一体化的风险保障和保险服务，中国太保集团积极组建了专业的海外业务团队，该公司提供的产险已服务超过 500 家海外客户，涉及"一带一路"沿线的 40 多个国家和地区。③

华泰财险等民营保险企业也积极响应国家"一带一路"倡议，不断开拓海外市场，积极为中国企业"走出去"提供保险服务。截至 2017 年 10 月，华泰财险共承保"一带一路"项目 39 个，涉及 21 个国家和地区，主

① 王皓然：《"一带一路"市场投资潜力显现　报告称中企海外投资须有效管控风险》，中国一带一路网，https://www.yidaiyilu.gov.cn/xwzx/gnxw/33703.htm。
② 雷敏、吉宁：《政策性出口信用保险覆盖面扩大"一带一路"承保额增长明显》，中华人民共和国中央人民政府网站，http://www.gov.cn/xinwen/2018-07/30/content_5310459.htm。
③ 上海市国资委：《中国太保海外承保额超 5000 亿　服务超 500 家"一带一路"客户》，国务院国有资产监督管理委员会网站，http://www.sasac.gov.cn/n2588025/n2588129/c8304710/content.html。

要是巴基斯坦、俄罗斯、老挝、沙特、印尼、越南、孟加拉国、安哥拉和文莱等国，承保额达 1100 多亿元。[①]

三　海外利益保护的未来规划与专家意见

（一）未来规划

1. "一带一路"争端解决机制和机构即将建立

2018 年初，《关于建立"一带一路"争端解决机制和机构的意见》在 1 月 23 日中央全面深化改革领导小组第二次会议上审议通过。据文件，该会议重点强调了建立"一带一路"争端解决机制和机构的原则和办法，在解决"一带一路"争端和问题时，我们应该坚持共商共建共享的原则，但必须要依托于我国现有的司法、仲裁和调解机构，同时，还应及时地吸收和整合国内外法律服务的资源，建立起多元化的纠纷解决机制，使诉讼、调解、仲裁能够有效衔接，使"一带一路"倡议下的各项商贸和投资争端都能够得到依法、妥善的化解，让中方和外方的争端当事人的合法权益都能够受到平等的保护，为"一带一路"倡议下的海外贸易和投资活动营造出一个稳定、公平、透明的法治化环境。[②]

2. 国别风险数据即将公开发布

2017 年 7 月 27 日，中国国际贸易促进委员会新闻发布会召开。中国国际贸易促进委员会表示，"一带一路"倡议下的沿线 64 个国家和地区的国别法律风险研究项目正在积极推进。该项目的工作思路是，着手分析研究这些国家的整体情况，再归纳整理各国在经贸领域的法律法规。该项目所涉及的内容不仅包括这 64 个国家和地区的基本国情和基本法律制度，还包括外

---

① 程竹：《华泰财险：承保"一带一路"项目 39 个涉及金额 1100 亿元》，新浪财经网，http：//finance. sina. com. cn/roll/2017 – 11 – 13/doc – ifynsait7721337. shtml。

② 《〈关于建立"一带一路"争端解决机制和机构的意见〉审议通过》，中国一带一路网，https：//www. yidaiyilu. gov. cn/xwzx/gnxw/45761. htm。

国投资者必须了解的各东道国的相关制度政策和法律法规情况，这些情况包括各个国家市场准入、外国投资、贸易管理、公司设立、外汇、土地、税收、劳动就业、环境、知识产权、争议解决等。

据统计，已有 57 个国家的法律风险被纳入中国国际贸易促进委员会的研究工作，例如俄罗斯、印度等，待研究取得阶段性进展之后，公众就可以直接在贸促会官网上浏览和下载这些研究成果。①

3. 中国信保将建立重点区域风险预警机制

在"一带一路"倡议下，国内越来越多的企业"走出去"，但风险在所难免。例如，2015 年至 2016 年，拉美国家巴西的经济形势出现震荡，导致该国的经济增长下跌，巴西货币雷亚尔贬值较为严重。这些波动导致巴西一些与我国合作的法人濒临破产，开始申请破产保护，无法按时支付账款，我国志高空调就在巴西遭遇了这种情况。当时，志高空调及时向中国信保提出了申请，使数千万元人民币的损失得到了迅速赔付，避免了巴西大客户的破产对我方企业的现金流和正常的生产经营造成冲击。

中国信保表示，未来会更加努力地参与到国家风险管理顶层设计中，积极发挥好"一带一路"进出口贸易信用风险管控"总闸门"的作用。接下来，对外投融资体系合力将得到继续加强，海外重点区域金融体系风险预警机制将建立起来，更多的政策性资源也将被陆续投入服务"一带一路"建设中。②

（二）专家意见

1. "一带一路"由项目导向向制度导向转变

国际关系学院公共管理系教授储殷提出，虽然"一带一路"倡议提出以来，我国不仅在相关领域取得了不少突出成果，还在参与区域和全球治

---

① 《贸促会：将发布"一带一路"沿线国家风险研究》，中国一带一路网，https：// www. yidaiyilu. gov. cn/xwzx/gnxw/21341. htm。

② 王俊岭：《中国信保将建立重点区域风险预警机制　政策性保险护航中企"走出去"》，中国一带一路网，https：//www. yidaiyilu. gov. cn/xwzx/gnxw/34926. htm。

理方式上体现出重大转变，这些转变显著地体现在"一带一路"各项决策贯彻落实的过程中，正在逐步从项目导向向制度导向转变。所谓制度导向，指的是在推进合作倡议的过程中，创设新的制度机制或改造已有的合作机制，使国际合作进程纳入制度框架，从而实现在顶层设计之下的有序推动。①

2. 当前"一带一路"项目面临税务风险

法律和会计领域的专家提醒，中国企业在"走出去"的过程中，还应警惕"一带一路"沿线税制争议。例如，我国的涉外企业法人和公民难免会遇到一些税务方面的困境，包括遭遇重复征税、无法按规定享受税收优惠待遇、特别纳税调整等，往往面临陷入困境却难以伸张诉求和保护应有合法权益的现象。在越来越多的中国企业投入"一带一路"建设中的时候，这些涉及海外税务纠纷和权益损害的风险越来越显著，给很多企业带来不小的损失。德勤此前曾开展一次问卷调查，调查对象是54家参与"一带一路"建设的国企中高层人员。据统计，在回答参与"一带一路"建设时所面临的最大的涉税挑战时，九成的受访者认为，相关项目涉税的风险较为突出，对东道国的相关管理制度和现实情况却并不熟悉。

此外，国家税务总局2017年年末的资料显示，我国目前已与相关国家和地区合作产生了102个协定和安排，包括内地与香港、澳门特别行政区签署的税收安排和99个国家之间关于避免双重征税的协定。然而，根据最新的统计数据，虽然目前这些"走出去"的企业在海外获得的九成收益来自已与我国签署过相关税收协定的国家和地区，但是，这些企业中仅有一成真正地享受了所签署的税收协定的"待遇"，其中缘由值得深思。面对如此不容乐观的现实情况，我国的涉外企业首先应自己加强保护合法合规纳税权益的意识。但是，专家赵卫刚表示，企业在海外凭一己之力保障

---

① 储殷：《"一带一路"倡议从项目推进到制度构建》，中国一带一路网，https://www.yidaiyilu.gov.cn/ghsl/gnzjgd/8666.htm。

海外合理权益是非常困难的，因此，我国税务机关应做好关键的顶层设计，与各贸易投资目的国的税务部门努力强化沟通与合作，积极发挥应有力量，持续推动国内和国际税收制度的完善。学者葛玉御认为，面对"一带一路"倡议下越来越多的企业拓展海外业务这种现实情况，目前我国一些涉外税收协定是陈旧和过时的，尽快完成修订非常关键，相关制度亟待完善。①

3. 企业海外利益的法律保障酝酿新政

2017年7月14日，企业参与"一带一路"建设法律保障研讨会召开，该研讨会由国资委政策法规局、新华社《经济参考报》、对外经济贸易大学共同主办，会上透露，一系列围绕"一带一路"法律保障问题的新政正在积极酝酿之中。例如，央企合规管理工作指引将由国务院国有资产监督管理委员会研究起草，面向公众的条约数据库正在由外交部进行建设，"一带一路"争端解决机制正由最高人民法院重点研究和完善，多个区域贸易规则谈判也正在由商务部推动进行。此外，尽职调查和风险预判是多位与会专家重点关注和讨论的问题。例如，苏黎世财产保险中国有限公司CEO于璐巍认为，应从"人、财、物"这三个维度开展企业风险防范工作。叶军提出，对投资贸易东道国的前期调研非常重要，应当做好。具体调研工作应包括全面分析当地的营商环境尤其是法治状况，针对当地的实际情况制定商业发展规划。同时，对东道国营商法治状况下有可能出现的问题和风险要进行研究和预判，根据这些前期调研和预判创设有效的争端解决模式。王淑梅认为，投资决策应慎重进行，尤其是那些风险较大的国家和地区。并且，在投资签约之前应加强对合作方资质信用的考察，合同条款也应认真仔细地进行核对。为了在纠纷解决时确保符合自身利益需求，必须对纠纷解决的方式和利弊深入研究，争取在涉外合同中占据纠纷解决条款的主动权。杜江波表示，中国企业拓展海外业务，境外法律法规尤其是经济法律环节的防范机制需要

---

① 钱颜：《中企"走出去"面临税务问题 专家提醒警惕"一带一路"沿线税制争议》，中国一带一路网，https://www.yidaiyilu.gov.cn/xwzx/gnxw/24872.htm。

相应地得到建立和健全，主要包括经济合同审查、规章制度审查和重要决策审查。此外，多位与会人士还积极建议，我们"应当少一些中国惯例，多一些国际思维"①。这是因为如果我们的观念没有及时转变，那么在实际工作中就会带来一些法律方面的风险。

4. 网络安全对我国企业海外利益保护愈发重要

2017年5月26日，中国国际大数据产业博览会在贵州省贵阳市开幕，360威胁情报站中心提供的《"一带一路"企业安全研究报告》在会上发布。这份报告是第一份围绕参与"一带一路"建设的央企的网络安全状况所作的专题报告，报告主要内容为网络安全与信息化建设状况。根据该报告，调研结果显示，目前绝大多数开展海外业务的央企认为，给经营业务带来较大制约的是企业在海外的安全问题，例如，在东道国的通信、项目管理、远程数据传输、IT系统"云化"等。这些风险大多与当地的经济发展状况、信息基础设施建设水平，以及央企所开展的业务特点有关。具体而言，央企是"一带一路"建设的先行者，因此，其网络通信的业务系统中经常涉及商业秘密甚至是国家机密。举例来说，某些边境项目所包含的部分地理水文数据等就属于国家机密数据。这些机密使央企的海外通信系统成为境外APT组织攻击的重灾区。

此外，《"一带一路"企业安全研究报告》还建议国家相关主管和监督部门应出台相应的政策，支持国内专门从事网络安全的IT企业参与到"一带一路"海外建设中去，与央企并肩作战，为央企的海外网络通信安全提供全方位的保护。并且，可以建立境外的安全信息共享机制，吸纳积极性较高的央企和有意愿、有实力的网络安全厂商，实现海外发展与海外安全同步推进，保护好21世纪的海上丝绸之路。②

---

① 王璐、黄可欣：《"一带一路"法律保障系列新政酝酿 专家建议企业做好尽职调查和风险预判》，中国一带一路网，https：//www.yidaiyilu.gov.cn/xwzx/gnxw/19977.htm。

② 《数博会聚焦："一带一路"数字丝绸之路急需网络保镖》，中国一带一路网，https：//www.yidaiyilu.gov.cn/xwzx/gnxw/14745.htm。

四　结论

我国众多走向海外的企业在 21 世纪海上丝绸之路的建设中面对着前所未有的挑战乃至风险。但也正因有如此生动的实践，我们才得以积累更多新经验，收获更多新成果，并在碰撞与交流中不断完善和强大自身。2017 年是我国海外利益保护卓有成效的一年，我国政府和各有关部门、行业、企业都在积极探索的过程中迈出了坚实的步伐。未来，中国将与"海丝"各国一道，继续增进彼此间的合作与交流，开拓出一条比古代丝绸之路更加繁荣，具有新时代意义的利益共赢之路。

B.9

21世纪海上丝绸之路贸易自由化
便利化及其经济效应研究[*]

许培源 乔 丹[**]

摘 要: 贸易自由化便利化是促进"贸易畅通",构建"海丝"自由贸易区网络的重要内容。当前沿线各国贸易自由化便利化水平差异显著,南亚的贸易自由化、便利化水平均很低,是推进 FTA 谈判的优先领域;中国的贸易自由化水平较低,应着力扩大市场准入、减少贸易限制;东非、南部非洲的贸易便利化程度低,应着力建设基础设施、提高通关效率等。进一步量化评估贸易自由化便利化的国际经济效应,结果表明:贸易自由化、便利化均对沿线各区域的实际GDP、社会福利、进出口等产生正向激励,但贸易便利化的作用更显著;从区域看,贸易自由化对南亚、东非、南部非洲的进出口影响较大,贸易便利化对"海丝"各次区域进出口影响均十分显著,而二者均显著改善中国的贸易条件和社会福利水平;从产业角度看,贸易自由化便利化推动沿线各国朝着各自比较优势的方向发展,中国的纺织及制衣业、东盟的加工食品业、南亚的粮食作物、西亚北非的重工业、东非和南部非洲的畜牧和肉制品将获得加速发展;由于一些国家在贸易自由化、贸易便利化中呈正负相反的收益,因此两者同步推进是

---

[*] 本文获得华侨大学"海上丝绸之路"研究专项课题"推动中国与海丝沿线国家贸易投资自由化研究"(HSZD2014-02)的资助。

[**] 许培源,华侨大学海上丝绸之路研究院常务副院长,主要从事国际经济、亚太经贸合作、"一带一路"的教学与研究;乔丹,华侨大学经济与金融学院研究生。

构建"海丝"自由贸易区网络的最优模式。

关键词： 21世纪海上丝绸之路　贸易自由化　贸易便利化　经济效应
　　　　　评估

一　引言

《推动共建丝绸之路经济带和21世纪海上丝绸之路的愿景与行动》中明确指出，"投资贸易合作是'一带一路'建设的重点内容。宜着力研究解决投资贸易便利化问题，消除投资和贸易壁垒，积极同沿线国家和地区共同商建自由贸易区，激发释放合作潜力，做大合作'蛋糕'"①。

21世纪海上丝绸之路是一条由沿线节点港口互联互通构成的、辐射港口城市及其腹地的贸易网络和经济带。② 打造"海上丝绸之路"沿线国家"命运共同体"，"贸易畅通"是重点内容。扩大市场准入、降低关税、减少政府干预等贸易自由化，以及提高口岸效率、改善海关环境、规范监管政策和信息等贸易便利化是实现"贸易畅通"的内在要求，是促进要素自由流动、资源高效配置、产业链高度融合，形成"立足周边、辐射'一带一路'、最终面向全球的高标准自由贸易区网络"的基础条件。

当前，海上丝绸之路沿线国家贸易自由化水平并不高。中国以及东盟的越南、缅甸均属于中高关税水平国家；南亚国家处于工业化起步阶段，为了保护国内幼稚产业免受冲击，对进口产品设置了较高关税；西亚北非除海湾合作委员会以外的其他成员、东非的绝大多数国家的关税水平均不低（见表4）。相较于发达国家，"海丝"沿线国家贸易自由化整体水平不高，但其

---

① http：//www.mofcom.gov.cn/article/resume/n/201504/20150400929655.shtml.
② 陈万灵、何传添：《海上丝绸之路的各方博弈及其经贸定位》，《改革》2014年第3期，第74~83页。

贸易结构存在明显的优势互补，因此推动贸易自由化可以为各国发挥比较优势、优化产业结构、促进贸易增长提供机遇。① 另外，沿线国家的贸易便利化仍处于较低水平。多数国家口岸报关程序复杂、通关时间长，加上大量隐性的贸易壁垒，商品和服务的跨境流动受到限制。据《2017～2018年全球竞争力报告》，除新加坡、马来西亚和海合会的主要成员国以外，沿线大部分国家的海关基础设施都未达到相关的标准，存在巨大的提升空间。相关基础设施、设备、信息的完善，海关程序的改进，机构之间的协调和效率，以及立法政策的透明与理顺等贸易便利化措施，是贯彻落实自由贸易政策，实现"贸易畅通"的必要条件。②

本文构建贸易自由化、便利化测度指标，依据各国参与自由贸易区建设情况、贸易自由化指数得分、贸易便利化指数得分等分析"海丝"沿线各国的贸易自由化便利化水平，进而运用全球贸易分析（GTAP）模型③模拟贸易自由化便利化对"海丝"沿线各次区域及其他地区的宏观经济指标和产业发展的影响，提出构建"海丝"自由贸易区网络的策略和举措。

二 贸易自由化、便利化测度指标

贸易自由化通过放宽市场准入、从进口量控制转向关税控制、降低关税、统一多重汇率、消除贸易壁垒等，推动自由贸易，使一国的贸易体制朝"中性化"、"公正化"和"开放性"方向发展，其测度包括贸易体制的开放度指标和政府干预度指标；贸易便利化从降低贸易交易成本的角度探讨自

---

① 周岩、陈淑梅：《21世纪海上丝绸之路贸易自由化和便利化的经济效应分析》，《亚太经济》2016年第1期，第50～56页。
② 佟家栋、李连庆：《贸易政策透明度与贸易便利化影响——基于可计算一般均衡模型的分析》，《南开经济研究》2014年第4期，第3～16页；马莉莉、协天紫光、张亚斌：《新海上丝绸之路贸易便利化测度及对中国贸易潜力影响研究》，《人文杂志》2016年第9期，第40～49页。
③ GTAP模型是一个多国多产业可计算一般均衡模型，模型关注世界各国各产业之间的互动关系，常用于国际区域经济一体化影响的事前预测。本文采用的GTAP9.0内含140个国家57个行业的历史真实数据。

由贸易，侧重贸易参与方的"边境措施"，包括口岸设施、海关程序、政策透明度、电子商务等的完善，是贸易自由化的深化和发展。

（一）贸易自由化测度指标

为了综合体现贸易开放度和政府干预度等多层次的贸易自由化内涵，本文采用 Heritage 基金会发布的贸易自由度指数（TL）衡量贸易自由化水平。TL 以一国商品进口额加权的关税计算基本贸易自由度，并对该国存在的数量限制、监管限制、出口补贴等非关税壁垒（NTB）赋予罚分，即：

$$TL_j = \frac{(Tariff_{max} - Tariff_j) \times 100}{Tariff_{max} - Tariff_{min}} - NTB_j$$

式中，右边第一项为基本贸易自由度，其中 $Tariff_{max} = 50\%$、$Tariff_{min} = 0$ 为关税税率的上限和下限，$Tariff_j$ 为国家 j 的加权关税率（%）；第二项 NTB_j 为国家 j 的非关税壁垒罚分，依据国家 j 对商品和服务进出口"没有限制、很少限制、某些限制、许多限制、广泛限制"分别赋予"0、5、10、15、20"分[1]。

（二）贸易便利化测度指标

借鉴 Wilson 的研究方法，构建包括口岸效率、海关环境、规制环境、电子商务等 4 个二级指标及公路基础设施质量、港口设施质量、航空运输设施质量、非常规支付与行贿等 10 个三级指标的贸易便利化指标体系[2]，测

---

[1] NTB 罚分包括：（1）数量限制－进口配额；出口限制；自愿出口限制；进出口禁运和禁令；对销贸易；价格限制－反倾销税；反补贴税边境税调整；可变征税/关税配额；（2）监管限制－许可；国内含量和混合要求；卫生和植物检疫标准；安全和行业标准规定；包装，标签和商标法规；广告和媒体规定；（3）海关限制－提前存款要求；海关估价手续；海关分类程序；清关手续；（4）直接政府干预补贴和其他援助；政府产业政策；政府资助研究等技术政策；竞争政策；政府采购政策；国营贸易，政府垄断和独家专营权。例如，一国"保护某些商品和服务，并阻碍一些国际贸易"，则 NTB = 10。

[2] Portugal－Perez and Wilson（2012）拓展了 Wilson 等人（2003）的思想，将贸易便利化指标分成硬件和软件基础设施两大类，具体细分为港口效率、海关环境、制度环境、信息技术四大贸易便利化指标。汪洁和全毅（2015）采用口岸效率、海关环境、规制环境和电子商务 4 个指标对贸易便利化的内涵进行界定与量化。张亚斌等（2016）及马莉莉等（2016）也采用了类似的指标。经分析比较，本文采用表 1 的指标体系。

度"海丝"沿线国家贸易便利化水平（见表1）。

表1中，各三级指标的数据来源于世界经济论坛发布的《全球竞争力报告》以及透明国际组织发布的清廉指数。各指标得分越高表示贸易便利化水平越高。各三级指标数据取值范围和度量单位差异较大，可能导致评价结果不合理，需要对数据进行标准化处理，从而将指标数据控制在 0~1 范围内。具体为：

表1 贸易便利化水平测度指标

二级指标	三级指标（字符编码）	取值范围	数据来源
口岸效率	公路基础设施质量（ka_1）	1~7	全球竞争力报告
	港口设施质量（ka_2）	1~7	全球竞争力报告
	航空运输设施质量（ka_3）	1~7	全球竞争力报告
海关环境	腐败程度（hg_1）	1~100	透明国际组织
	非常规支付与行贿（hg_2）	1~7	全球竞争力报告
	海关程序负担（hg_3）	1~7	全球竞争力报告
规制环境	司法独立性（gz_1）	1~7	全球竞争力报告
	政府解决法规冲突效率（gz_2）	1~7	全球竞争力报告
	政府政策透明度（gz_3）	1~7	全球竞争力报告
电子商务	使用互联网人数（dz）	1~100	全球竞争力报告

$$Y_{ij} = \frac{X_{ij} - min(x_{ij})}{max(x_{ij}) - min(x_{ij})} \tag{1}$$

计算一国贸易便利化指数需要确定标准化处理后的各三级指标的权重。为了克服既往研究对指标权重赋值的主观性和随意性，本文利用SPSS19.0软件，对2017年各标准化指标值进行主成分分析，使方差最大化旋转，最终得到主因子得分和每个主因子的方程贡献率。表达如下：

$$F_1 = 0.333ka_1 + 0.311ka_2 + 0.304ka_3 + 0.329hg_1 + 0.292hg_2 + 0.336hg_3 \\ + 0.319gz_1 + 0.332gz_2 + 0.32gz_3 + 0.282dz \tag{2}$$

主成分 F_1 中各三级指标的系数即为权重。二级指标权重为其包含的三级指标权重总和与所有三级指标权重总和的比值。得到各二级指标的权重

后，再结合各二级指标的标准化值，加权计算贸易便利化综合评价指数，即：

$$TF_j = \sum_{i=1}^{4} u_i y_i \qquad (3)$$

其中，TF_j 为国家 j 的贸易便利化指数，u_i 为二级指标权重，y_i 为二级指标的标准化值，i 为二级指标（i = 1，2，3，4）。

三 "海丝"沿线各国及各次区域贸易自由化状况分析

本文以"21世纪海上丝绸之路"沿线 34 个国家为研究对象，并划分为 6 个次区域，具体为：①中国；②东盟 9 国（新加坡、越南、马来西亚、文莱、印尼、菲律宾、泰国、柬埔寨、缅甸）；③南亚 4 国（印度、巴基斯坦、孟加拉国、斯里兰卡）；④西亚北非 9 国（沙特阿拉伯、阿联酋、阿曼、科威特、巴林、卡塔尔、伊朗、也门、埃及）；⑤东非 7 国（埃塞俄比亚、肯尼亚、坦桑尼亚、莫桑比克、毛里求斯、塞舌尔、马达加斯加）；⑥南非 4 国（南非、博茨瓦纳、斯威士兰、莱索托）。

（一）"海丝"沿线各国签署 FTA 情况

与其他国家签署 FTA，建设自由贸易区是推动贸易自由化便利化的核心手段，一国与其他国家签署的 FTA 数量越多，贸易自由化便利化水平越高。"海丝"沿线国家签署的 FTA 包括两类——中国和沿线国家签署的 FTA 以及沿线国家之间签署的（不包括中国的）FTA，它们都是推动"海丝"贸易自由化便利化的重要内容。21 世纪海上丝绸之路建设旨在以沿线国家和地区的发展为依托，把沿线国家作为区域经济一体化的重点方向，推进一系列自由贸易区谈判，逐步形成"海丝"自由贸易区网络。

1. 中国与"海丝"沿线国家签署的 FTA

表 2 显示，中国仅与"海丝"沿线 34 个国家中的少数经济体签订 FTA，FTA 签订数量少且地区分布不均衡，仍需大力推进 FTA 谈判以实现贸易自由化。

表 2　中国与"海丝"沿线国家签署的 FTA（截至 2018 年底）

FTA 名称	签署和谈判情况
中国－东盟 FTA	双方于 2002 年 11 月签署《中国－东盟全面经济合作框架协议》,同年开始实施早期计划,2010 年全面建成
中国－东盟 FTA 升级版	双方于 2015 年 11 结束谈判并签订《关于修订〈中国－东盟全面经济合作框架协议〉及项下部分协议的议定书》
中国－新加坡 FTA	双方于 2006 年启动 FTA 谈判,于 2008 年签署《中国和新加坡自由贸易协定》,2009 年 1 月正式实施
中国－新加坡 FTA 升级谈判	2015 年 11 月启动谈判,截至 2019 年 1 月双方已举行 6 轮谈判
中国－巴基斯坦 FTA	双方于 2005 年 8 月启动 FTA 谈判,于 2006 年 11 月签订《中国－巴基斯坦自由贸易协定》
中国－巴基斯坦 FTA 第二阶段	双方已举行 10 轮谈判
中国－斯里兰卡 FTA 谈判	双方已举行 6 轮谈判
中国－海合会 FTA 谈判	双方已进行 9 轮谈判
中国－南部非洲关税同盟 FTA 谈判	2004 年 6 月启动谈判

资料来源：中国商务部网站，http：//fta. mofcom. gov. cn/。

其中，中国－东盟自贸区（CAFTA）相对比较成熟，该区域内贸易自由化程度较高；中国与南亚除巴基斯坦、斯里兰卡以外的其他国家没有达成自由贸易区协定；中国－海合会 FTA 处于谈判中，双方在货物贸易、服务贸易、投资领域和贸易便利化等领域已达成共识[①]；中国与非洲地区未签署任何 FTA，虽然 2004 年启动了中国－南部非洲关税同盟 FTA 谈判，但迄今未有实质性进展。

2. "海丝"沿线其他国家签署的 FTA

截至 2018 年，"海丝"沿线国家间签订的次区域的自由贸易协定，主要包括东盟自贸区、南盟自贸区以及海合会自贸区等。此外，沿线各国还分别与其他国家或地区签订一些双边或多边自贸协定（见表 3）。

表 3 显示，21 世纪海上丝绸之路沿线国家中，东盟各国签订的 FTA 数量最多，对外开放程度最高，其中新加坡已签订 21 个 FTA，马来西亚签订

---

① 如果中国－海合会 FTA 达成，将为双边经贸合作创造更加优惠、便利、稳定的政策环境和制度保障，提高双方的贸易便利化水平，甚至将带动中国与西亚北非其他国家的经贸合作。

海丝蓝皮书

表3 "海丝"沿线其他国家签署的FTA数量（截至2018年底）

国家/地区	签署FTA数量	国家/地区	签署FTA数量	国家/地区	签署FTA数量
东盟		**南亚**		**东非**	
印尼	7	印度	9	埃塞俄比亚	0
文莱	8	巴基斯坦	5	肯尼亚	0
马来西亚	13	斯里兰卡	4	坦桑尼亚	2
菲律宾	7	孟加拉国	2	莫桑比克	3
新加坡	21	**西亚北非**		毛里求斯	4
泰国	10	沙特阿拉伯	2	塞舌尔	3
越南	10	阿联酋	2	马达加斯加	2
柬埔寨	6	阿曼	3	**南非**	
缅甸	6	科威特	3	南非	5
		巴林	3	博茨瓦纳	4
		卡塔尔	2	斯威士兰	4
		伊朗	0	莱索托	4
		也门	1		
		埃及	6		

资料来源：中国商务部网站，http：//fta. mofcom. gov. cn/。

13个。南亚地区经济总体落后，贸易投资壁垒较高，该地区大多数经济体签订的FTA数量少，且主要是和印度签订FTA，形成本地区的"轮轴－辐条"FTA结构。其中孟加拉国的开放程度最低，仅与两个国家签订FTA。西亚北非地区的经济一体化水平也比较低，该地区各国签订的FTA数量少，且大多数FTA只涉及货物贸易及关税减让，较少涉及服务贸易和投资，该区域的伊朗、也门等国家的贸易自由化处于极低的水平。非洲各国于2018年3月签署了非洲大陆自由贸易区协定（AFCFTA），AFCFTA可能有利于非洲各国进一步降低关税、消除贸易壁垒，实现商品、服务、资金在非洲大陆自由流动，也有助于非洲国家间协调海关文件和流程，促进贸易便利化，其影响取决于未来推进贸易自由化的速度、深度和广度。

总体上看，"海丝"沿线经济体签订的FTA的贸易自由化便利化程度并不高，沿线国家签订的FTA具有几个特点：（1）碎片化：大量双边及多边FTA使整个地区经济呈多维的"轮轴－辐条"格局，形成"面条碗"态势，FTA利用率较低；（2）贸易自由化、便利化程度低，主要是传统的货物贸易自由化，服务贸易和投资领域开放水平较低；（3）新议题覆盖面窄：基本属于"边界措施"和边界内国民待遇，较少涉及第二代贸易政策的38个议题（知识产权、竞争政策、劳工标准、环保标准、电子商务等）；（4）缺乏统一的"范式"，其FTA文本（东盟自贸区、南盟自贸区、海合会自贸区的文本）各具特色，包括嵌套型、辐条型、交叠型等复杂多样的结构体系，面临多重治理问题。

下面我们分国别、分区域具体了解和分析"海丝"沿线各国各次区域的贸易自由化、便利化现状。

（二）"海丝"沿线各国各次区域贸易自由化现状

对 Heritage 基金会发布的贸易自由度指数① 2017 年的数据进行整理，得到"海丝"沿线 34 个国家的贸易自由化指数及排名，进一步计算各次区域——中国、东盟、南亚、西亚北非、东非、南部非洲的贸易自由化指数，结果见表 4。

表 4 "海丝"沿线各国各次区域的贸易自由化指数

国家/地区	TL 指数	排名	国家/地区	TL 指数	排名	国家/地区	TL 指数	排名
中国	73.2	23	印度	72.4	24	埃塞俄比亚	60.7	31
印尼	80.5	13	巴基斯坦	65.9	29	肯尼亚	69.8	27
文莱	89.1	2	斯里兰卡	74.5	22	坦桑尼亚	76.9	20
马来西亚	87.4	4	孟加拉国	61.2	30	莫桑比克	76.7	21
菲律宾	80.7	12	**南亚**	68.5		毛里求斯	88.7	3
新加坡	90.0	1	沙特阿拉伯	78.2	18	塞舌尔	86.7	5
泰国	83.1	11	阿联酋	84.3	7	马达加斯加	78.0	19
越南	78.7	17	阿曼	86.2	6	**东非**	76.8	
柬埔寨	80.3	14	科威特	79.1	16	南部非洲	71.6	25
缅甸	NA		巴林	83.4	9	博茨瓦纳	83.9	8
东盟	82.6		卡塔尔	83.3	10	斯威士兰	79.7	15
			伊朗	54.5	32	莱索托	68.5	28
			也门	NA		**南部非洲**	75.9	
			埃及	70.9	26			
			西亚北非	77.5				

注：贸易自由化指数在 80~100 为非常自由，70~79.9 为较自由，60~69.9 为中等自由，50~59.9 为较不自由，低于 50 分为被压制状态。

① https：//www.heritage.org/index/about.

表 4 显示，"海丝"沿线各国贸易自由化程度差异显著，包括中国在内的多数国家贸易自由化水平不高。2017 年，贸易自由化指数 TL < 75 的国家有中国、印度、巴基斯坦、斯里兰卡、孟加拉国、伊朗、埃及、埃塞俄比亚、肯尼亚、南非、莱索托等。这些国家在加快自由贸易进程方面有较大的空间和动力。

各次区域的 TL 指数，南亚 < 中国 < 南部非洲 < 东非 < 西亚北非 < 东盟。东盟国家得益于长期以来的贸易开放政策，贸易自由化指数达 82.6，其中新加坡达 90.0，贸易自由化程度处于世界领先水平；南亚国家为了保护国内幼稚产业免受冲击，对进口产品设置了较高关税，印度、巴基斯坦、斯里兰卡、孟加拉国的贸易自由化指数均在 75 以下。虽然该区域 2006 年启动了《南盟自由贸易区》协定，但至今仍停留在理论探索阶段，未见实质性行动①。西亚北非地区则具有较高的贸易自由度，这是由于该地区的海合会国家（沙特阿拉伯、阿联酋、阿曼、科威特、巴林、卡塔尔）缔结了关税同盟，经济一体化水平较高，此举也在一定程度上弥补了该区域单一的经济结构，增强了国际竞争优势。

四 "海丝"沿线国家及各区域贸易便利化现状

（一）贸易便利化②总体状况

依据《全球竞争力报告》和透明国际组织 2017 年公布的数据，利用式

---

① 南亚地区贸易密切程度不高的原因还有运输成本高和印巴领土争端引发的政治局势紧张等。

② 贸易便利化是"一带一路"实现"贸易畅通"的重点内容。《推动共建丝绸之路经济带和 21 世纪海上丝绸之路的愿景与行动》明确指出：沿线国家宜加强信息互换、监管互认、执法互助的海关合作，以及检验检疫、认证认可、标准计量、统计信息等方面的双多边合作，推动世界贸易组织《贸易便利化协定》生效和实施。改善边境口岸通关设施条件，加快边境口岸"单一窗口"建设，降低通关成本，提升通关能力。加强供应链安全与便利化合作，推进跨境监管程序协调，推动检验检疫证书国际互联网核查，开展"经认证的经营者"（AEO）互认。降低非关税壁垒，共同提高技术性贸易措施透明度，提高贸易自由化便利化水平。

（1）对数据进行标准化处理，进而用式（2）计算各三级指标的贸易便利化权重，再用式（3）计算沿线各国的贸易便利化指数，并进行排名，结果见表5。

表5 "海丝"沿线各国各次区域的贸易便利化指数

国家/地区	TF 指数	排名	国家/地区	TF 指数	排名	国家/地区	TF 指数	排名
中国	0.57	10	印度	0.54	12	埃塞俄比亚	0.39	26
印尼	0.50	17	巴基斯坦	0.41	24	肯尼亚	0.49	19
文莱	0.57	9	斯里兰卡	0.46	21	坦桑尼亚	0.40	25
马来西亚	0.68	4	孟加拉国	0.35	28	莫桑比克	0.33	30
菲律宾	0.37	27	**南亚**	0.44		毛里求斯	0.58	8
新加坡	0.88	1	沙特阿拉伯	0.64	6	塞舌尔	0.53	13
泰国	0.51	15	阿联酋	0.84	2	马达加斯加	0.28	32
越南	0.42	23	阿曼	0.62	7	**东非**	0.43	
柬埔寨	0.33	29	科威特	0.69	18	南非	0.56	11
缅甸	NA		巴林	0.68	5	博茨瓦纳	0.52	14
东盟	0.54		卡塔尔	0.77	3	斯威士兰	0.46	21
			伊朗	0.44	22	莱索托	0.32	31
			也门	0.23	33	**南部非洲**	0.47	
			埃及	0.50	16			
			西亚北非	0.60				

注：贸易便利化指数 0.8 以上为非常便利，0.7~0.8 为比较便利，0.6~0.7 为一般便利，小于 0.6 为不便利。

表5显示，"海丝"沿线34国中，中国的贸易便利化水平处于中等位置，排名第十，表现为不便利，贸易便利化有很大的提升空间。为了改善通关环境、加快货物跨境流动，中国2015年9月接受了WTO《贸易便利化协定》议定书，成为第16个接受该议定书的成员；同时，中国海关积极实施"经认证的经营者（AEO）"制度，加紧与东盟、印度以及埃及等沿线国家海关的AEO合作。一系列贸易便利化措施的实施有利于中国推动制度改革、提升海关效率、培育国际竞争新优势。东盟内部贸易便利化水平显著分化，新加坡的贸易便利化远远高于平均水平，得分位居榜首，其1986年开始实施的"单一窗口"制度为贸易和运输企业提供一站式服务，显著提高了货

物通关效率；其他除马来西亚以外的东盟国家的 TF < 0.6，而越南和柬埔寨得分均小于 0.45，表现为不便利，阻碍了其国际贸易的发展。南亚国家基础设施落后，该区域贸易便利化得分仅为 0.44，得分最高的印度也仅为 0.54，小于 0.6，表现为不便利。"一带一路"倡议的沿线国家基础设施互联互通，为南亚国家改善基础设施提供了发展机遇。西亚北非的海合会六国具有较高的便利化水平，其中阿联酋得分大于 0.8，表现为非常便利。海合会成员国优良的基础设施和便捷的通关环境，弥补了其单一经济结构的不足，同时也成为基础设施促进贸易便利化的成功范例。而非海合会成员的伊朗、也门和埃及贸易便利化水平则很低。东非、南非的 11 个国家都表现为不便利。

总体上看，21 世纪海上丝绸之路沿线各国贸易便利化水平差异十分显著，并且存在很大的提升空间。贸易便利化达到"一般便利"水平（TF > 0.6）的只有新加坡、马来西亚和海合会六国共八个经济体。大多数经济体的贸易便利化水平较低，其中 TF < 0.45 的有菲律宾、越南、柬埔寨、巴基斯坦、孟加拉国、伊朗、也门、埃塞俄比亚、坦桑尼亚、莫桑比克等国家，这些国家受制于经济、政治发展水平以及战争、疾病等不确定性因素，经济对外开放程度低，作为自由贸易深层次内容的贸易便利化必然处于较低水平，因而成为构建"海丝"自由贸易区网络应优先考虑的重点国家。

从各次区域角度看，贸易便利化指数东非 < 南亚 < 南部非洲 < 东盟 < 中国 < 西亚北非，东非、南亚、南部非洲的贸易便利化水平处于同一层次，属于较不便利，东盟、中国、西亚北非的贸易便利化水平处于同一层次，属于或接近一般便利。

（二）贸易便利化二级指标分析

依据上述式（2）中各三级指标的权重及各二级指标（口岸效率、海关环境、规制环境、电子商务）所包含的三级指标，计算"海丝"沿线 34 个国家的口岸效率、海关环境、规制环境、电子商务指数，并进一步计算各次区域的均值，结果见表 6。

表6 "海丝"沿线各国各次区域的贸易便利化二级指标（指数）

国家/地区	口岸效率	海关环境	规制环境	电子商务	国家/地区	口岸效率	海关环境	规制环境	电子商务	国家/地区	口岸效率	海关环境	规制环境	电子商务
中国	0.62	0.53	0.56	0.53	印度	0.58	0.52	0.57	0.30	埃塞俄比亚	0.40	0.38	0.46	0.15
印尼	0.55	0.46	0.55	0.25	巴基斯坦	0.49	0.38	0.42	0.16	肯尼亚	0.59	0.40	0.54	0.26
文莱	0.57	0.61	0.50	0.75	斯里兰卡	0.55	0.43	0.44	0.32	坦桑尼亚	0.40	0.40	0.48	0.13
马来西亚	0.74	0.60	0.66	0.79	孟加拉国	0.39	0.32	0.39	0.18	莫桑比克	0.37	0.33	0.33	0.18
菲律宾	0.33	0.33	0.41	0.56	南亚	0.50	0.41	0.46	0.24	塞舌尔	0.58	0.57	0.62	0.53
新加坡	0.94	0.89	0.84	0.81	沙特阿拉伯	0.63	0.61	0.63	0.74	毛里求斯	0.59	0.51	0.50	0.57
泰国	0.60	0.45	0.49	0.48	阿联酋	0.90	0.81	0.79	0.91	马达加斯加	0.35	0.28	0.27	0.05
越南	0.44	0.38	0.43	0.47	阿曼	0.66	0.57	0.61	0.70	东非	0.47	0.41	0.46	0.27
柬埔寨	0.42	0.29	0.32	0.26	科威特	0.45	0.44	0.51	0.78	南非	0.66	0.45	0.58	0.54
缅甸	NA	NA	NA	NA	巴林	0.67	0.61	0.66	0.98	博茨瓦纳	0.44	0.58	0.57	0.39
东盟	0.58	0.50	0.53	0.54	卡塔尔	0.80	0.73	0.74	0.94	斯威士兰	0.52	0.51	0.41	0.29
					伊朗	0.48	0.39	0.42	0.53	莱索托	0.21	0.34	0.43	0.27
					也门	0.22	0.22	0.26	0.25	南部非洲	0.46	0.47	0.50	0.37
					埃及	0.59	0.45	0.48	0.39					
					西亚北非	0.60	0.54	0.57	0.69					

为了更直观地对各次区域贸易便利化二级指标进行比较和分析，表6中各次区域层面的数据图示如下。

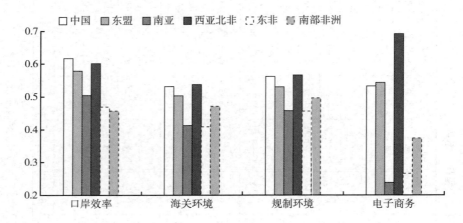

图1 "海丝"沿线各次区域贸易便利化二级指标（指数）

下面，依次对贸易便利化二级指标进行分析。

1. 口岸效率

口岸效率以公路基础设施质量、港口设施质量、航空运输设施质量来衡量。在现代国际贸易中，口岸效率对口岸货物的流转产生着重要影响，其地位也日益突出，是衡量贸易便利化水平的关键指标。

图1显示，中国和西亚北非地区的口岸效率较高，东盟多数国家处于海上丝绸之路的重要航线上，因此口岸效率也较高。东非和南部非洲地区主要贸易结构为燃料、矿产品和木材等大宗资源性初级商品，不适合采用航空运输方式，故该地区航空物流较滞后，同时海运相关的基础设施亟待系统性升级改造，这两个地区与世界的交通连通度较低，因此口岸效率指数较低，是推进"海上互联互通"基础设施建设潜力较大、可以重点提升的地区。具体到国家，新加坡口岸效率居"海丝"沿线国家首位；阿联酋、卡塔尔、沙特、阿曼、巴林等国家由于位居亚洲、欧洲和非洲的几何中心，是洲际远程航线的中转枢纽，且拥有良好的航空运输产业基础（该地区拥有颇负盛名的国际机场和航空公司），加上这些国家还拥有国际大型货物贸易港口，海运连

通性较强，因此口岸效率也处于较高水平。中国的口岸效率表现也较突出，习近平主席在多个场合用"重要支点""重要枢纽"等来形容港口在"一带一路"建设中的重要性，中国对港口基础设施投入力度大，其港口规模与运力逐年提升。同时中国在公路、铁路、桥梁、码头、机场等基础设施领域优势突出，航线也不断拓展，航权日益开放，因此其口岸效率最高。

2. 海关环境

海关环境以通关中非常规支付与行贿、腐败程度、海关程序负担来衡量。海关环境指数越高，意味着海关对货物清关的速度越快，所需出具文件的时间越短，成本越低。

图1显示，沿线各次区域的海关环境差距较大，西亚北非的海关环境指数最高，其次为中国和东盟，南亚和东非的海关环境则明显比其他四个区域差，这两个区域的海关环境指数仅为0.41。中国的海关环境指数达到0.53，因为中国一方面通过接受WTO《贸易便利化协定》（该协定中有90%的内容与提升海关效率相关）营造便利的通关环境，另一方面推进全国通关一体化改革，通过共享原产地认证等专业认证结果进一步加快了通关速度，提高监管效能，降低了通关成本。总体上看，沿线各次区域的通关时效表现出十分大的差距，主要原因是沿线各国海关管理政策不同。首先，各国的法律制度差别较大，分属英美法系、大陆法系、伊斯兰法系，不少国家的法律体系和法治水平落后，不透明、不稳定，国际规则缺乏相关国内法的配套；其次，各国对海关行政效率的重视程度不一，一些国家对外依存度高（如新加坡），因此政府重视海关管理和投资，建设了高效率贸易通关网络并简化了行政手续；最后，某些地区海关机构的冗杂是海关效率低下的主要原因，比如菲律宾、泰国、孟加拉国等存在海关多头管理现象，因此这些国家通关时效仍需进一步提高。

3. 规制环境

规制环境以司法独立性、政府解决法规冲突效率、政府政策透明度来衡量。各国规制环境的差异会导致市场交易成本变化，影响贸易便利化水平。

图1显示，"海丝"沿线各次区域之间规制环境差异显著，西亚北非地区

规制环境指数最高，其次为中国和东盟，经济发展相对落后、法治体制相对不健全的南亚和东非地区规制环境指数也最低。总体上，"海丝"沿线各次区域规制环境的情况和差别与它们在海关环境方面的情况和差别基本一致。

4. 电子商务

电子商务衡量了一国或地区科技在贸易便利化中的作用，一国使用互联网的人数比例越高，依托互联网开展电子商务越便利。

虽然近年来沿线各国信息通信技术基础设施的绝对量快速增长，但是图 1 显示，沿线各次区域信息技术基础设施发展极其不均匀。西亚北非地区信息通信基础设施体系尤其完善，其电子商务指数达到 0.69，东盟和中国的信息通信技术基础设施也处于较好水平，其电子商务指数分别为 0.54 和 0.53。相比之下，南亚、东非、南部非洲地区信息通信技术基础设施明显落后，南亚和东非则处于极度落后水平，其电子商务指数分别仅为 0.24 和 0.27，这些地区的绝大多数国家信息通信基础设施水平亟待提升。

综上所述，沿线各国贸易自由化便利化水平差异显著。分区域看，贸易自由化方面，南亚 < 中国 < 南部非洲 < 东非 < 西亚北非 < 东盟；贸易便利化方面，东非 < 南亚 < 南部非洲 < 东盟 < 中国 < 西亚北非。即，南亚地区的贸易自由化、便利化水平均很低，是推进 FTA 谈判的优先领域；中国的贸易自由化水平较低，应着力扩大市场准入、减少贸易限制；东非、南部非洲的贸易便利化程度低，应着力基础设施建设、提高通关效率等。具体到贸易便利化的四个二级指标，四个二级指标均显示，西亚北非、中国、东盟的贸易便利化水平相对较高，西亚北非尤甚，而南亚、东非、南部非洲的贸易便利化水平较低，南亚和东非的一些指标则处于极低水平。

五 "海丝"沿线国家贸易自由化便利化的经济效应预测

推动"海丝"沿线国家贸易自由化便利化、构建"海丝"自由贸易区网络，是一种国际区域经济一体化行动，这种行动会对"海丝"沿线各次区域及其产业产生联动、复杂和不均衡的影响，也会在"海丝"沿线区域和其他区域间产生贸易创造和贸易转移效应。为此，本文引入全球贸易分析模型模拟"海丝"沿线国家贸易自由化便利化的国际经济效应。依照该研究目的，我们将世界划分为"海丝"沿线的中国、东盟、南亚、西亚北非、东非、南非，以及欧盟、美国、其他地区，共9个区域；借鉴相关文献，根据联合国 SITC－3 分类法，将 57 个行业重新集结为粮食作物、畜牧和肉制品、加工食品、自然资源、纺织及制衣业、轻工业、重工业、公共事业与建设、交通与通信、其他服务业等 10 个部门①；以"海丝"沿线国家间的关税下降 50% 表征贸易自由化、技术性贸易壁垒减少 10% 表征贸易便利化（见表7），模拟和预测其宏观经济效应和产业冲击效应。

表7　"海丝"沿线国家间贸易自由化便利化模拟情景

贸易自由化情景（Ⅰ）	21 世纪海上丝绸之路沿线国之间关税下降 50%
贸易便利化情景（Ⅱ）	21 世纪海上丝绸之路沿线国之间技术性贸易壁垒减少 10%

依据以上区域和行业划分对原始数据进行归集之后，将表7的贸易自由化、贸易便利化冲击引入模型，采用 Johanson 一步法，用 Run GTAP 软件求解，得到两种冲击情景下的宏观经济效应——各区域的实际 GDP、社会福

---

① 10 个部门为：①粮食作物：水稻、小麦、谷物及其他相关产品、蔬菜、水果、坚果、油料作物、糖料作物、农作物及相关产品、加工大米、植物纤维；②畜牧和肉制品：牛羊马牲畜、动物制品及其他相关产品、奶、毛及丝制品、牛马羊肉、肉制品及其他相关产品；③自然资源：森林、渔业、煤、石油、天然气、矿产及相关产品；④加工食品：动植物油脂、乳制品、糖、食物制品及其他相关产品、饮料及其他相关产品；⑤纺织及制衣业：纺织品、服装；⑥轻工业：皮革制品、木制品、纸制品、金属制品、机动车及零配件、交通运输设备及其他相关产品、制造业其他产品；⑦重工业：石化及煤制品、黑色（铁类）金属、有色金属及相关产品、矿产品及其他相关产品、化学橡胶品、塑料、电子设备、机械设备及其他相关产品；⑧公共事业与建设：水、电力、天然气制造及零售、建筑；⑨交通与通信：旅游、海运、空运、通信、交通及其他相关服务；⑩其他服务业：金融及其他相关服务、保险、商务服务及其他相关服务、娱乐及相关服务、政府、法院、医疗、教育、民居。

利、贸易条件、进出口量等宏观经济指标的变化（见表8），以及产业冲击效应——各区域各行业的产出、进口、出口的变化（见表9）。

表8　关税下降50%、技术性贸易壁垒减少10%下各区域宏观经济指标的变化

		中国	东盟	南亚	西亚北非	东非	南部非洲	美国	欧盟	其他地区
实际GDP变动(%)	I	0.03	0.05	0.27	0.08	0.19	0.17	-0.002	-0.004	-0.004
	II	0.71	1.95	1.81	1.05	2.38	1.45	-0.01	-0.02	-0.01
社会福利变化（百亿美元）	I	8.53	3.65	4.10	3.57	0.10	0.78	-3.36	-2.87	-4.46
	II	74.80	55.34	49.28	38.42	5.33	8.00	-12.30	-9.35	-4.36
贸易条件变化(%)	I	0.26	0.21	-0.26	0.09	-0.14	0.05	-0.12	-0.04	-0.06
	II	0.73	1.13	1.57	1.48	1.47	1.44	-0.41	-0.11	-0.65
进口变化（%）	I	1.02	1.38	2.79	1.75	2.24	2.55	-0.23	-0.11	-0.19
	II	3.88	5.73	6.13	4.59	5.37	6.5	-1.33	-0.82	-1.69
出口变化（%）	I	0.75	0.97	3.56	0.82	3.05	2.15	-0.04	-0.08	-0.11
	II	2.25	3.56	5.11	3.22	5.63	4.43	-0.65	-0.64	-1.17

资料来源：Run GTAP 模拟结果。

（一）宏观经济效应

1. 实际 GDP 变化

情景 I 显示，"海丝"沿线国家间关税下降50%后，沿线各区域——中国、东盟、南亚、西亚北非、东非、南部非洲的实际 GDP 均呈现增长趋势。其中南亚地区增幅最大，达 0.27%；东非、南部非洲实际 GDP 分别增长 0.19%、0.17%；沿线其他五个区域的增长幅度均大于中国，说明这些地区贸易自由化的 GDP 增长效应显著。而美国、欧盟及其他地区均表现为轻微负增长，其影响基本可以忽略不计。

情景 II 显示，"海丝"沿线国家间技术性贸易壁垒减少10%后，沿线各区域的实际 GDP 都出现了明显的较大幅度的增长，而非"海丝"地区的实际 GDP 则由于贸易转移效应而受损。其中东非的实际 GDP 增加最多，为 2.38%，其次为东盟 1.95%、南亚 1.81%、南部非洲 1.45%、西亚北非

1.05%，中国的实际GDP增幅依然最小，仅为0.71%，而美国、欧盟及其他地区均表现为轻微负增长，三者依次为 - 0.01%、 - 0.02%、 - 0.01%。

对比情景Ⅰ和情景Ⅱ的结果可知，技术性贸易壁垒减少10%对实际GDP的正向影响远远大于关税降低50%的影响，贸易便利化水平提高对沿线国家实际GDP的拉动效果更显著。图2直观地展示了其结果。

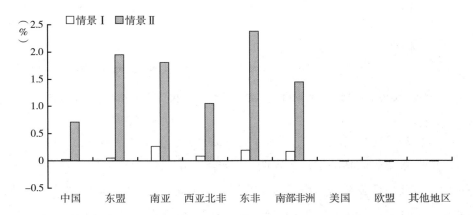

图2　关税下降50%、技术性贸易壁垒减少10%情景下各区域实际GDP变化

2. 社会福利变化

表8第2行数据显示了两种情景下各区域社会福利的变化。显然两种情景的"海丝"自由贸易均提升了中国及沿线各区域的福利水平。作为倡议的发起国，中国也能够从中获得较大效益，分别增长853亿美元和7480亿美元。相比之下，东盟、南亚、西亚北非的增幅也不小，东非和南部非洲的增幅则较小，而美国、欧盟及其他地区的社会福利水平则有所下降，这与其进出口量削减带来的GDP减少和贸易条件恶化（在下文分析）有关。但根据加总数据，关税降低50%、技术性贸易壁垒减少10%将分别使世界总体福利增加1004亿美元、20516亿美元，这说明虽然推动沿线国家间的贸易自由化便利化需要采取一系列广泛深刻的制度化改革，包括消除腐败等艰难的行动，但其预期收益也是巨大的。图3直观地展示了各次区域社会福利的变化。

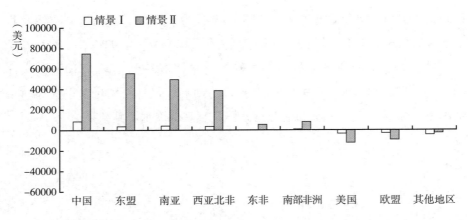

图 3　关税下降 50%、技术性贸易壁垒减少 10%情景下各区域社会福利变化

3. 贸易条件①变化

表 8 第 3 行数据的情景 I 表明，"海丝"沿线国间家关税下降 50% 后，中国、东盟、西亚北非、南部非洲的贸易条件均得到不同程度的改善，南亚和东非的贸易条件则出现恶化。此外，美国、欧盟和其他地区也出现不同程度的贸易条件恶化。中国的贸易条件改善最明显，提高 0.26%。而南亚的贸易条件恶化最明显，下降 0.26%。进一步分析南亚和东非地区贸易条件恶化可能的原因是：①这两个地区的出口结构都是以初级产品为主，产品需求弹性较小，关税降低导致初级产品的国际价格下降；②南亚和东非在"海丝"沿线成员国中产业优势并不突出，在区域内贸易中难以占据优势。与中国改革开放 40 年形成的制造业优势相比，南亚和东非国家并没有发展出很明显的产业优势，因而难以从关税削减中获益；③由于"海丝"沿线国家关税削减，南亚的进出口大幅度增加（分别增长 2.79%、3.56%），短期内可能对其某些产业造成激烈冲击，导致贸易条件恶化。

情景 II 显示，"海丝"沿线间国家技术性贸易壁垒减少 10% 后，沿线国

---

① 贸易条件（Terms of trade）指一国的出口商品价格指数与该国进口商品价格指数之比。若此比值上升，意味着该国每单位出口商品可换回更多的进口商品，贸易条件改善。反之，贸易条件则恶化。

家的贸易条件都得到了不同程度的改善，南亚和东非的贸易条件改善也分别达到1.57%、1.47%。对中国而言，贸易便利化水平提高10%，贸易条件将改善0.73%。

综合情景Ⅰ和情景Ⅱ的分析可知：随着关税水平降低，南亚和东非的贸易条件出现了恶化，但随着技术性贸易壁垒的削减，南亚和东非的贸易条件逐渐好转。这说明在推进"海丝"贸易自由化便利化谈判过程中，应当把握贸易自由化和贸易便利化"双轮驱动"的原则，避免部分国家由于贸易条件恶化导致贸易开放动力不足。图4直观地展示了各次区域贸易条件的变化。

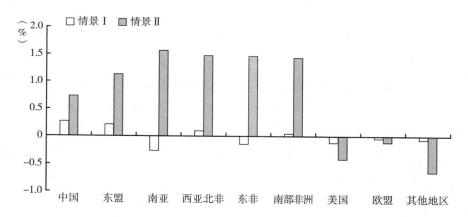

图4　关税下降50%、技术性贸易壁垒减少10%情景下各区域贸易条件的变化

4. 进出口变化

表8第4、5行数据的情景Ⅰ显示，得益于关税的减免，"海丝"沿线国家的进口与出口均有所增长。出口方面，增长最快的是南亚，增长3.56%。东非、南部非洲紧随其后，分别增长3.05%和2.15%。此外，东盟、西亚北非、中国等的出口也有不同程度的增长。而不属于"海丝"沿线的美国、欧盟与其他地区的进出口均有所下降。在进口方面，除南亚和东非外沿线各区域进口增长率都大于其出口增长率，说明关税水平降低对沿线国家进口的正向刺激作用大于对出口的作用，原因主要是"海丝"沿线的国内需求将随着对外开放程度的提高而增加。

　　情景Ⅱ显示，"海丝"沿线国家间的贸易便利化均显著促进沿线各次区域进出口，相比之下，南亚、东非、南部非洲进出口的增长率也比较高，中国作为"海丝"沿线已经达到较高贸易量水平的成员，其进出口增长幅度相对较小，贸易便利化水平提升10%，出口增长2.25%，进口增长3.88%，贸易便利化有利于减少中国贸易顺差，调整国内消费结构和优化产业结构。

　　总体来看，进出口变化呈现以下特点：第一，中国的进出口增长幅度均处在靠后位置，与预期不同，贸易自由化便利化更多地改善了中国的贸易条件，而不是增加贸易量。第二，受益于关税的减免，"海丝"沿线其他区域进出口均有增长，其中南亚、东非和南部非洲的进出口增长都比较显著，而非"海丝"沿线的美国、欧盟和其他地区的进出口均有所下降，呈现出"贸易转移"效应。

　　综合上述分析，"海丝"沿线国家间的贸易自由化、贸易便利化都能提升沿线各次区域的实际GDP、社会福利和进出口水平，但贸易便利化的作用远大于贸易自由化；其中，贸易自由化对南亚、东非、南部非洲的进出口影响较大，贸易便利化对"海丝"各次区域进出口影响均十分显著；由于贸易自由化恶化南亚和东非的贸易条件，贸易便利化则相反，因此构建"海丝"自由贸易区，应采取自由化和便利化"双轮驱动"的原则；对于非"海丝"沿线的美国、欧盟和其他地区，由于进出口削减带来的GDP下降和贸易条件恶化，其社会福利水平略有下降，但影响较小。

（二）产业冲击效应

　　限于篇幅，表9仅给出关税降低50%、技术性贸易壁垒减少10%两者同时发生时的产业冲击情况。并且，在分析冲击结果时将10大产业归入初级产品、制造业和服务业三大类进行阐释。

　　1.初级产品（粮食作物、畜牧和肉制品、自然资源）

　　表9显示，在关税降低50%、技术性贸易壁垒减少10%的情况下，在粮食作物部门，除了东非产出增加1.24%外，"海丝"沿线其他区域（中国、东盟、南亚、西亚北非、南部非洲）的产出均有不同程度的下降，而

进出口则显著增长，其中中国和南亚出口分别增长16.46%、14.2%，东盟、南亚、南部非洲的进口分别增长10.05%、14.16%和8.89%。这说明中国和南亚的粮食作物在"海丝"沿线具有比较优势。那么为什么这些地区粮食作物产出减少而进出口反而增加呢？原因是"海丝"沿线国家间的关税减让、海关程序简化以及其他贸易便利化措施的出台，推动各国发挥比较优势，提升了贸易规模和水平。在畜牧和肉制品部门，"海丝"沿线国家两极分化，东非、南部非洲和南亚产出增加，出口大幅增加，南亚进口也大幅增加，其中东非、南部非洲的产出分别增加3.12%、2.2%，出口分别增加29.85%、35.25%，而东盟和中国则产出下降、出口减少、进口增加，变化率依次为－1.35%、－0.02%，－9.93%、－5.55%，15.5%、7.36%。显然，"海丝"沿线国家间贸易自由化便利化大大提高了东非和南部非洲畜牧和肉制品的出口市场份额。在自然资源方面，中国、东盟、南亚的产出将受到冲击，分别下降3.1%、2.64%、2.93%，东非的产出则增长了3.21%，进出口方面，南亚的出口增幅高达50.37%、东非的进口增幅高达26.58%。这可能是由于贸易自由化便利化将南亚自然资源的潜在比较优势转化为现实，同时，东非的经济发展产生了巨大的资源需求。此外，非"海丝"沿线的美国、欧盟和其他地区的粮食作物部门未受冲击，产出仍然增加，而其自然资源部门的产出和出口则显著减少，存在贸易转移效应。

2.制造业（加工食品、纺织及制衣业、轻工业、重工业）

在关税降低50%、技术性贸易壁垒减少10%的情况下，在加工食品部门，东盟的产出和出口增长显著，分别达到1.96%和9.92%，南亚产出下降2.79%而进口却增加了27.66%，中国和东非的进口增长也较显著；在纺织及制衣业，中国相对于沿线其他区域具有优势，产出增长0.4%，而其他区域均呈现产出下降、进口增加的趋势，其中南部非洲和西亚北非产出下降达15.98%、12.45%，而南部非洲和南亚进口增长达36.77%、29.53%，值得注意的是，美国和欧盟的产出和出口也有所增加；在轻工业部门，贸易自由化便利化使"海丝"沿线各区域进出口贸易加速发展，进出口变化显著高于产出变化，其中南亚逐渐在该领域显示出优势，其产出、出口、进口均有提高，

表9 关税降低50%、技术性贸易壁垒减少10%后各区域各产业的变化

单位：%

产业	细分产业	中国	东盟	南亚	西亚北非	东非	南部非洲	美国	欧盟	其他地区
					产出变化					
初级品	粮食作物	-0.62	-0.9	-0.15	-2.41	1.24	-2.2	0.3	0.27	0.35
	畜牧和肉制品	-0.02	-1.35	1.31	-1	3.12	2.2	0.11	0.03	0.16
	自然资源	-3.1	-2.64	-2.93	0.17	3.21	0.17	-0.01	-0.5	-0.29
制造业	加工食品	-0.2	1.96	-2.79	-0.62	-1.56	0.35	0.1	0.03	0.08
	纺织及制衣业	0.4	-4.46	-6.06	-12.45	-9.65	-15.98	1.74	1.6	1.32
	轻工业	0	-1.89	0.83	-4	-8.86	-3.53	0.16	0	0.5
	重工业	-0.08	1.27	-0.77	0.1	-10.47	-0.02	0	-0.4	-0.21
服务业	公共事业与建设	1.79	5.27	3	1.93	2.93	3.73	-0.45	-0.27	-0.5
	交通与通信	-0.08	-0.04	0.65	0.73	-0.22	-1.31	0.02	0.25	0.09
	其他服务业	0.23	-0.45	-0.55	0.25	1.57	0.95	0.02	0.04	0.02
					进口变化					
初级品	粮食作物	5.94	10.05	14.16	3.45	9.49	8.89	-0.93	-0.59	-1.27
	畜牧和肉制品	7.36	15.5	22.16	5.02	12.1	9.98	-1.16	-0.72	-1.65
	自然资源	1.45	10.51	1.36	9.5	26.58	0.79	-1.01	-1.42	-4.03
制造业	加工食品	7.98	8	27.66	3.89	10.56	8.68	-1.44	-0.68	-1.47
	纺织及制衣业	7.97	9.74	29.53	14.62	14.54	36.77	-2.37	-0.81	-2.02
	轻工业	6.47	9.78	18.25	6.13	8.48	11.41	-1.78	-0.87	-1.68
	重工业	5.69	5.04	9.51	7.41	5.96	9.07	-1.56	-0.91	-1.57

续表

产业	细分产业	中国	东盟	南亚	西亚北非	东非	南部非洲	美国	欧盟	其他地区
服务业	公共事业与建设	5.55	11.24	8	4.24	4.04	10.57	-1.53	-1.01	-1.84
	交通与通信	4.52	8.47	9.53	3.97	2.2	6.67	-1.58	-0.87	-1.68
	其他服务业	5.55	9.41	8.04	3.59	4.17	7.73	-1.63	-0.89	-1.67
					出口变化					
初级品	粮食作物	16.46	3.25	14.2	2.35	9.31	2.06	-0.23	-0.27	-0.06
	畜牧和肉制品	-5.55	-9.93	29.18	1.42	29.85	35.25	0.61	-0.44	0.75
	自然资源	19.08	7.88	50.37	2.19	14.74	6.71	-3.61	-5.21	-3.37
制造业	加工食品	4.64	9.92	3.56	1.31	0.14	3.66	-0.66	-0.61	-0.83
	纺织及制衣业	2.6	4.32	-3.13	-1.31	11.04	0.82	1.48	1.6	-0.81
	轻工业	1.93	0.24	15	10.04	7.76	0.12	-0.7	-0.71	-0.05
	重工业	4.18	7.57	17.54	11.19	1.51	10.74	-1.56	-1.46	-2.08
服务业	公共事业与建设	0.8	-5.87	-1.04	-0.19	16.86	3.95	0.42	-0.35	0.72
	交通与通信	-1.13	-3.24	-0.82	0.68	2.53	-0.41	0.96	0.57	1.2
	其他服务业	-2.1	-8.29	-7.97	-0.85	1.41	-0.41	0.93	0.33	1.51

资料来源：Run GTAP模拟结果。

而西亚北非、东非、南部非洲的弱势则加剧,产出分别下降4%、8.86%、3.53%;在重工业部门,除了东非产出下降10.47%外,沿线各区域产出变化有限,但进出口变化明显,其中南亚、西亚北非、南部非洲的出口分别增长17.54%、11.19%、10.74%,南亚、南部非洲进口分别增长9.51%、9.07%,而非"海丝"沿线的欧盟及其他地区,由于贸易转移效应,其重工业产出有所下降。总体上,"海丝"沿线国家贸易自由化便利化使各国更好地发挥了比较优势,进出口增速显著高于产出增速,而中国在制造业各领域的进口增速均显著高于出口。

3. 服务业(公共事业与建设、交通与通信、其他服务业)

在关税降低50%、技术性贸易壁垒减少10%的冲击下,在公共事业与建设部门,"海丝"沿线各次区域的产出、进口均有显著增长,出口则有增有减。其中东盟产出、进口分别增长5.27%、11.24%,南部非洲产出、进口分别增长3.73%、10.57%,而此时东盟的出口又下降5.87%,说明东盟地区公共事业与建设部门的需求增长迅猛,新增需求通过产出增加、进口增加、出口减少来弥补。相比之下,非"海丝"沿线的美国、欧盟和其他地区的产出、进口均有所下降;在交通与通信、其他服务业两大部门,与公共事业与建设部门明显不同,"海丝"沿线各次区域在这些部门的产出略有增减,但出口以下降为主、进口则显著增加,其中东盟这两大部门出口分别下降3.24%、8.29%,进口分别增长8.47%、9.41%;南亚出口分别下降0.82%、7.97%,进口分别增长9.53%、8.04%;中国出口分别下降1.13%、2.1%,进口分别增长4.52%、5.55%;而在这两个部门,美国、欧盟和其他地区均呈现产出增加、出口增加、进口减少。显然,美国、欧盟在这两大部门的优势较明显,因此未受到"海丝"沿线国家间贸易自由化便利化的冲击。总体上,"海丝"沿线国家间贸易自由化便利化促进了各国具有比较优势的服务部门的发展,其进出口增速高于产出增速,但这种促进作用没有制造业部门明显,并且,沿线各次区域服务进出口的增长也未对美国、欧盟和其他地区的服务业和服务贸易产生冲击。

总体上,"海丝"沿线国家间贸易自由化便利化将推动沿线各国发挥各自的比较优势，提升贸易规模和水平，各地区相关部门的进出口增速明显快于其产出增速，其中制造业最明显，初级产品次之，服务部门作用小些。具体而言，中国的纺织及制衣业、东盟的加工食品、南亚的粮食作物、西亚北非的重工业、东非和南非的畜牧和肉制品将获得加速发展。其次，"海丝"沿线国家间贸易自由化便利化将使一些国家的潜在比较优势转化为现实的比较优势，比如南亚地区的轻工业、重工业中的一些行业。最后，与上述贸易创造效应相比，"海丝"沿线国家间贸易自由化便利化产生的贸易转移规模较小，主要发生在自然资源和重工业，在其他部门影响则很小，而在交通与通信、其他服务业等服务部门，美国、欧盟和其他地区仍将呈现产出增加、出口增加的趋势。

六　结论

贸易自由化便利化是促进"贸易畅通"，构建"海丝"自由贸易区网络的重要内容。采用 Heritage 基金会发布的贸易自由化指数和包含口岸效率、海关环境、规制环境、电子商务 4 个二级指标的贸易便利化指数分析"海丝"沿线各国各次区域贸易自由化便利化现状，结果表明：沿线各国贸易自由化便利化水平差异显著。贸易自由化方面，南亚＜中国＜南部非洲＜东非＜西亚北非＜东盟；贸易便利化方面，东非＜南亚＜南部非洲＜东盟＜中国＜西亚北非。即，南亚的贸易自由化、便利化水平均很低，是推进 FTA 谈判的优先领域；中国的贸易自由化水平较低，应着力扩大市场准入、减少贸易限制；东非、南部非洲的贸易便利化程度低，应着力基础设施建设、提高通关效率等。具体到贸易便利化的四个二级指标，四个二级指标均显示，西亚北非、中国、东盟的贸易便利化水平相对较高，西亚北非尤甚，而南亚、东非、南部非洲的贸易便利化水平较低，南亚和东非的一些指标则处于极低水平。

进一步运用 GTAP 模型模拟"海丝"沿线国家贸易自由化便利化的国际经济效应，结果表明：（1）"海丝"贸易自由化、便利化均对沿线各区域的实际 GDP、社会福利、进出口等产生正向激励，而对欧美等其他国家和

地区则有轻微的负面影响；（2）与关税下降50%相比，技术性贸易壁垒削减10%对宏观经济和产业发展的影响更大，贸易便利化的效应更显著；（3）从区域看，贸易自由化对南亚、东非、南部非洲的进出口影响较大，贸易便利化对"海丝"各次区域进出口影响均十分显著，而二者均显著改善中国的贸易条件和社会福利水平；（4）从产业角度看，贸易自由化便利化推动沿线各国朝着各自比较优势的方向发展，各次区域的进出口增速明显快于其产出增速，其中制造业最明显，初级产品次之，服务部门作用小些。具体而言，中国的纺织及制衣业、东盟的加工食品、南亚的粮食作物、西亚北非的重工业、东非和南部非洲的畜牧和肉制品将获得加速发展，甚至南亚在轻工业、重工业的潜在比较优势也将转化为现实；（5）由于一些国家在贸易自由化、贸易便利化中呈正负相反的收益，因此，虽然贸易便利化的作用更显著，但两者同步推进是构建"海丝"自由贸易区网络的最优模式。

参考文献

A. Portugal – Perez, J. S. Wilson, "Export Performance and Trade Facilitation Reform: Hard and Soft Infrastructure," *World Development*, 2012, 40（7）: 1295 – 1307.

汪洁、全毅：《21 世纪海上丝绸之路贸易便利化研究》，《国际商务》（对外经济贸易大学学报）2015 年第 6 期，第 36 ~ 46 页。

马莉莉、协天紫光、张亚斌：《新海上丝绸之路贸易便利化测度及对中国贸易潜力影响研究》，《人文杂志》2016 年第 9 期，第 40 ~ 49 页。

J. S. Wilson, C. L. Mann and T. Otsuki, "Assessing the Benefits of Trade Facilitation: a Global Perspective," *The World Economy*, 2003, （6）: 741 – 771.

张亚斌、刘俊、李城霖：《丝绸之路经济带贸易便利化测度及中国贸易潜力》，《财经科学》2016 年第 5 期，第 112 ~ 122 页。

B.10
"一带一路"油气开发与能源
贸易合作现状、问题与前景*

康　霖**

摘　要：　以油气开发与能源贸易为主的资源开发合作是"一带一路"
倡议的重要组成部分，同时也是增进中国与"一带一路"沿
线国家彼此政治互信，提升总体合作水平的有效途径。自
"一带一路"倡议提出以来，中国与沿线国家能源合作成果
显著，其中从"一带一路"国家进口的原油占我国原油进口
总量的70%，天然气进口量占比达60%以上。然而，受中国
与部分"一带一路"沿线国家在能源发展规划和对接方面存
在不同理解、地缘政治问题影响开展能源与油气合作的深入
推进，以及部分"一带一路"沿线国家国内政局不稳等问题
影响，"一带一路"能源合作也面临诸多挑战。为此，中国
应该把握部分"一带一路"沿线国家经济转型发展需要，主
动推进油气产业合作，创新能源基础设施建设—能源产业合
作模式，深挖"一带一路"沿线国家油气合作潜力，拓宽能
源合作贸易渠道，并积极引导中资能源企业形成国际能源竞

＊　本文系国家社科基金青年项目"推动中国—菲律宾南海油气资源共同开发对策研究"
（项目编号：18CGJ026）、海南省哲学社会科学规划重大课题"'大三亚'旅游经济圈建
设统筹研究"（项目编号：HNSK（ZD）18 - 02）、中国博士后科学基金面上资助一等项
目"21 世纪海上丝绸之路建设与南海战略安全"（项目编号：2017M610577）系列成果
之一。
＊＊　康霖，海南大学旅游学院副院长，政协第七届海南省委员会社会和法制委员会副主任委员，
主要从事南海问题、海洋资源开发、海上丝绸之路建设等相关研究工作。

争优势，增强企业规避风险能力。

关键词： "一带一路" 油气开发 能源贸易 国际合作

一 "一带一路"油气开发与能源贸易合作的重要意义

2013 年，习近平总书记在先后对哈萨克斯坦和印度尼西亚进行国事访问期间，分别发出了共建"丝绸之路经济带"和"21 世纪海上丝绸之路"的重大倡议，此举不仅得到了被访问国的高度赞誉，也得到了国际社会的普遍认可。在 2015 年 3 月海南举行的博鳌亚洲论坛期间，国家发展改革委、外交部、商务部联合发布了《推动共建丝绸之路经济带和 21 世纪海上丝绸之路的愿景与行动》，向世界详细阐述了中国提出"一带一路"倡议的时代背景、基本原则、主要内容和方向思路。根据《推动共建丝绸之路经济带和 21 世纪海上丝绸之路的愿景与行动》，中国和"一带一路"沿线国家将着力在"五通"领域（政策沟通、设施联通、贸易畅通、资金融通、民心相通）开展一系列务实合作。在这"五通"领域之中，其中的设施联通和贸易畅通领域，《推动共建丝绸之路经济带和 21 世纪海上丝绸之路的愿景与行动》分别提出了要"加强能源基础设施互联互通合作，共同维护输油、输气管道等运输通道安全，推进跨境电力与输电通道建设，积极开展区域电网升级改造合作"，以及"加大煤炭、油气、金属矿产等传统能源资源勘探开发合作，推进能源资源就地就近加工转化合作，形成能源资源合作上下游一体化产业链。加强能源资源深加工技术、装备与工程服务合作"① 的目标。为此，本文将以能源基础设施互联互通和包括油气资源在内的能源勘探共同开发为重点，重点分析研究自"一带一路"倡议提出以来，中国与相

---

① 《推动共建丝绸之路经济带和 21 世纪海上丝绸之路的愿景与行动》，求是网，http：// www. qstheory. cn/2017 – 05/12/c_1120962775. htm。

关沿线国家,特别是"21世纪海上丝绸之路"相关沿线国家在油气能源领域开展的一系列合作,存在的主要问题,并尝试研究提出针对这些问题的政策建议。

二 "一带一路"沿线国家油气资源开发与能源贸易合作情况

　　"一带一路"沿线国家既包括俄罗斯、中亚国家及中东地区等重要油气资源国,也拥有越南、菲律宾、马来西亚、文莱等与中国存在海上争议的东南亚国家,更有莫桑比克、津巴布韦等非洲新兴能源出口国。其中,中东地区已经探明的石油储量接近全世界总储量的一半,其年均石油生产量则占全球总产量的30%以上;而俄罗斯和中亚国家则是全球天然气的最主要来源地,目前已经探明的天然气储量占全世界的近六成,其产量则占全世界的34%以上。[①] 因此,从这个意义上而言,中国与"一带一路"沿线国家开展油气资源等能源领域的合作潜力巨大。

　　与此同时,"一带一路"沿线国家自身的能源发展需求与开发能力之间的不匹配,也为中国与它们开展合作提供了有利契机。据有关数据的统计分析,截至2030年,"一带一路"沿线国家总共需要投入近1万亿美元用于28.8亿吨石油和2.9万亿立方米天然气的生产,需要投入1000亿美元新建近2万千米长的油气管道;到2020年前,"一带一路"沿线国家则需要投入1000亿美元以新增超过2亿吨的炼油能力。[②] 然而,很多"一带一路"沿线国家经济发展水平偏低、资金较为短期、技术装备水平有限。同时,考虑到油气开发属于高投资、高风险行业,单个国家难以承担,需要其他国家共同分担。这就使这些"一带一路"沿线国家亟须通过国际合作方式解决这些问题,也为中国油气企业进入这些国家的油气开发领域提供了合作契

[①] 孙依敏:《一带一路油气合作发展的五大转变》,《石油商报》2017年5月10日。
[②] 李小松:《一带一路倡议五周年中国石油海外油气合作的思考》,《中国石油报》2018年9月11日。

机。据统计，2010～2016年，我国原油进口量由2.4亿吨增长至3.8亿吨，
天然气进口量由167亿立方米增长至719亿立方米。从进口来源国的分布情
况来看，我国原油进口来源中排在前10位的国家中，有6个位于"一带一
路"沿线地区。从进口总量来看，从"一带一路"沿线国家进口的原油占
我国原油进口总量的70%。天然气进口来源国前5位国家中，其中有3个
国家属于"一带一路"沿线国，我国从这3个沿线国每年进口的天然气占
我国每年进口天然气总量的六成以上。因此，从这个意义上而言，中国与
"一带一路"沿线国家的能源贸易已经成为我国海外能源进出口贸易和确保
国家能源安全的重要组成部分。

以中俄油气能源合作为例，自2014年起，中国从俄罗斯进口油气呈快
速增长态势，年均增速高达35.4%，仅次于哥伦比亚，居我国十大能源进
口国的第二位，俄罗斯在我国总体能源安全中的地位显著上升。在石油合作
方面，中俄石油管道是俄罗斯"东西伯利亚—太平洋"石油管道的一条支
线。该管道全长4770千米，一期工程共2400千米，已于2011年正式竣工
并投入运营。中俄石油管道起自俄罗斯远东斯科沃罗季诺，途经我国黑龙江
省和内蒙古自治区，止于大庆末站。管道全长999.04千米，其中俄罗斯境
内72千米，中国境内927.04千米。设计年运输量原油1500万吨，最大运
输量3000万吨，为期20年。在天然气合作方面，早在2006年，中俄两国
就计划修建两条连接中国和俄罗斯的天然气输送管道。这两条天然气管道分
别位于东、西两线。其中，西线天然气管道负责将俄罗斯西伯利亚的天然气
资源输送进入中国新疆境内；而东线天然气管道则负责将俄罗斯远东地区开
采的天然气资源输送到中国的东北地区。有关消息显示，连接中国和俄罗斯
的两条天然气管道每年的输气总量大约为680亿立方米，东线输送天然气总
量约380亿立方米，西线输送天然气总量约300亿立方米。① 目前，双方在
东线的合作较为顺利，已经签署正式合作协议。2014年5月，俄罗斯天然

---

① 《中俄签署天然气供应协议：期限30年 每年380亿立方米》，金融界，http://
stock. jrj. com. cn/2014/05/21175717259950. shtml。

气工业公司与中国石油天然气公司共同签署了为期30年的中俄东线供气项目购销合同协议。与东线不同，西线的进展则相对较慢。实际上，早在2014年11月，中国石油天然气公司就已经与俄罗斯方面签署了为期30年的合作协议，双方共同约定俄罗斯每年通过西线向中国输送300亿立方米的天然气。然而，2015年7月28日，俄罗斯方面宣布无限期推迟签署中俄西线天然气管道合同，原因在于双方的价格分歧。直到近两年，中俄终于在该问题上达成一致。天然气管道的全线贯通，也标志着中俄全方位油气合作取得新突破。

与此同时，为进一步推动"一带一路"油气资源合作，中国和"一带一路"沿线国已经建立起了一系列双多边合作机制。2018年10月18日，第一届"一带一路"能源部长会议在中国召开。本次会议邀请了29个"一带一路"沿线国家和经济体的能源部门负责人，还邀请了相关国际组织、企业以及能源方面专家学者的代表。本次"一带一路"能源部长会议的主题是：共建"一带一路"能源合作伙伴关系和推动能源转型。本次会议最大的亮点是，与会的18个国家共同发表了《共建"一带一路"能源合作伙伴关系部长联合宣言》。通过首届"一带一路"能源部长会议，沿线国家的能源合作提升到了合作伙伴关系。中国和土耳其、阿尔及利亚等"一带一路"沿线国家一致同意围绕营商环境、能源贸易、技术开发、跨境流动、融资渠道等领域开展全方位的油气合作和能源贸易，增进彼此政治互信，不断深化务实合作。①

三 "一带一路"油气开发与能源贸易过程中存在的问题

第一，中国与部分"一带一路"沿线国家在能源互联互通基建设施建设及发展重点不同，双方在各自能源发展规划和对接方面尚存在不同理解。以中国和东盟国家为例，中国对《东盟互联互通总体规划》中提出能源基

---

① 冯保国：《共建一带一路油气合作伙伴关系》，《中国石油报》2018年11月20日。

础设施互联互通建设项目就存在疑虑。根据东盟的《东盟互联互通总体规划》，其主要包括两个方面——交通基础设施互联互通和能源基础设施互联互通。在能源基础设施互联互通方面，东盟规划中明确提出要完成构建跨东盟油气管道系统（Trans - ASEAN Gas Pipeline，TAGP）。该方案计划建设总长约4500千米，连接泰国—缅甸、纳土纳群岛—新加坡、南苏门答腊—新加坡、马来西亚—泰国以及新加坡—马来西亚的油气管道系统。同时，该方案还计划在马来西亚、新加坡和泰国分别建设液化天然气（LNG）终点站，以方便供给东盟成员国使用。[①] 由于东盟各成员并非彼此陆地接壤，菲律宾等国家需通过海上通道与其他东盟国家相连接，且部分国家由于地理原因施工难度较大，因此东盟要建设如此庞大的油气管网系统不仅耗资巨大，还面临一系列技术难题，甚至需要修建海底输油管道，这对于东盟而言将是非常大的挑战。为此，东盟承认在TAGP的修建过程中，增加并吸引投资，引进域外国家成熟技术将是必要的替代方案。然而，由于从根本上来说东盟的能源基础设施互联互通建设方案重点还是局限于东盟内部，侧重于加强东盟内部成员国间的油气管道连通，并未给出明确的对外合作方案和外部接口，因此这也导致其对外吸引力非常有限。从中国—东盟能源基础设施互联互通合作来看，中国对于参与TAGP兴趣不高，而是转而推动中缅油气管道建设项目。该项目堪称近年来中国与东盟国家间开展的最为重要的能源基础设施互联互通合作项目，可使原先由中东、北非地区所产原油不再经过马六甲海峡，而绕道缅甸陆上通道直接运往中国。整个项目包括中缅原油管道和中缅天然气管道两个部分，其中原油管道由缅甸西海岸马德岛至昆明，中国境内全长1631千米，缅甸境内全长771千米，年设计原油输送量2200万吨；天然气管道由皎漂港至昆明，中国境内全长1727千米，缅甸境内管道全长793千米，年设计天然气输送量120亿立方米。[②] 目前，中缅天然气管道和原油管道均已经完成建设并投入使用。可以看出，一方面，中缅油气管道项目并不在东盟的规划之中；另

① "Master Plan on ASEAN Connectivity"，p. 17.

② 《中国挺进印度洋 中缅油气管道破解"马六甲困局"》，金融界，http：//stock. jrj. com. cn/2012/05/21190613210110. shtml。

一方面，在与东盟的能源基础设施互联互通合作过程中，由于东盟规划中的跨东盟油气管道系统（TAGP）项目与中国并不直接相关，中国也并没有选择参与其中。中国与东盟的能源基础设施互联互通建设主要立足于自身能源需求，倾向于以双边合作的方式与缅甸等部分东盟成员国开展单独合作。

第二，南海争议等地缘政治问题阻碍中国与部分沿线国家开展海上油气共同开发务实合作。包括菲律宾在内的南海沿岸国是海上丝绸之路合作的重要参与方。然而，受南海问题影响，该区域的海上油气合作与共同开发一直难以有效推进。

第三，部分"一带一路"沿线国家国内政局不稳，中国与其开展油气能源合作面临较高风险。以非洲为例，其是新兴的能源资源地，石油探明储量总计 171 亿吨，占世界总探明储量的 7.13%；天然气探明储量 14.2 万亿立方米，占世界探明总量的 7.6%。近年来，随着投资进度的加快，特别是深海勘探技术的应用，这一地区油气资源的勘探开发力度不断加大，探明油气储量持续增加，成为继拉美墨西哥湾地区和中东海湾地区之后，全球又一重要的油气产区和出口区。[1] 借助"一带一路"合作倡议，中国与非洲国家能源合作成效显著。比如，中石油近年来持续在非洲开展油气投资和油气田工程技术服务等业务，分别在苏丹、埃及、尼日利亚等非洲国家开展了 20 多个油气项目合作，其中包括苏丹 3/7 区，南苏丹 1/2/4 区、乍得 PSA 项目、苏丹喀土穆炼厂、尼日尔津德尔炼厂，为当地创造上万个就业岗位。[2] 然而，大部分非洲国家是处于政治转型中的发展中国家。2016 年，在经合组织（OECD）评选出的全球 56 个"脆弱国家"中，非洲国家占据了其中的 37 席，占比高达 66%。一些非洲国家国内政局不稳，政府施政缺乏稳定性，能源政策左右摇摆。特别是部分国家国内宗教和派系矛盾突出，内乱和武装冲突时有发生，导致外国企业在非洲国家的投资难以得到安全保障和相关法律保护。考虑到油气能源合作资金投入量大，回收周期长，非洲国家政

---

① 《全球化中的中非能源合作》，搜狐网，http：//www.sohu.com/a/123315521_498851。

② 《中国石油在非洲项目稳步推进》，中国石油网，http：//news.cnpc.com.cn/system/2018/08/28/001702635.shtml。

局不稳将极大地影响"一带一路"倡议的实施和中资企业的投资信心，给中资石油企业在非投资带来复杂挑战和严重风险。①

四　推动"一带一路"油气开发与能源贸易合作政策建议

第一，把握部分"一带一路"沿线国家经济转型发展需要，主动推进油气产业合作。以文莱为例，油气产业是文莱经济的支柱性产业，其石油产量在东南亚居第四位，液化天然气出口量在世界排名第九位。据报道，文莱目前产油量为每天18万~20万桶②，其中90%以上的石油和几乎全部的天然气产自海上。然而，过度依赖能源产业也导致了文莱经济结4构存在过于单一的问题。为了加强国家经济发展的计划性，1962年，文莱开始实行"国家发展五年计划"，并制定了《文莱达鲁萨兰国长期发展计划（2035年远景展望）》。根据该计划，文莱认为，国际市场能源价格的继续上涨将会对文莱经济、政府财政和出口等方面做出积极贡献。为此，文莱要继续实施经济多元化战略，发展油气下游产业；在非油气领域继续发展受鼓励产业，根据实际国情发展能源规划，促进油气下游产业多元化。从两国关系来看，近两年来在双方领导人和高层的不断推动和关心下，中国—文莱关系取得了前所未有的突破，已经建立战略合作伙伴关系。特别是在油气资源共同开发合作领域，两国就南海油气资源开发达成重要共识，并签署了《中华人民共和国政府与文莱达鲁萨兰国政府关于海上合作的谅解备忘录》《中国海油和文莱国油关于成立油田服务领域合资公司的协议》。2012年，中国浙江恒逸集团与文莱壳牌石油公司签署《原油供应协议》，计划投资43亿美元，以获得长达15年的原油供应。根据该协议，恒逸集团每年将从文莱壳牌石油公司获得275万吨原油供应，并约定在合同结束后有权利优先延长协议。③ 可以说，中国

---

① 金博、于海涛：《一带一路倡议框架下扩大深化中非油气合作的思考和建议》，《国际石油经济》2018年第11期。
② 马静、马金案：《文莱：2009年回顾与2010年展望》，《东南亚纵横》2010年第3期。
③ 雷著宁主编《东南亚报告2013－2014》，云南大学出版社，2014，第212页。

—文莱油气资源合作已经成为中国"搁置争议、共同开发"政策主张落实的典范，双方在该领域的合作潜力也十分巨大。因此，对于中国而言，如果能够将中国—文莱之间的南海争议置于两国总体关系大局下加以考虑，充分理解文莱的战略意图，努力对接文莱"2035年远景展望"发展规划，把握文莱实施经济多元化战略，促进油气下游产业多元化所带来的机遇，从中挖掘以能源资源，特别是以海上油气资源开发为主的合作项目，必将有助于中国—文莱总体关系向前发展，也有利于建立"一带一路"能源合作示范项目，进而为推动更大范围内的油气合作积累实践经验。

第二，加强中国与"一带一路"沿线国家能源基础设施领域合作，实现由能源基础设施建设转向能源产业合作模式。相比较于传统的交通基础设施互联互通，能源基础设施互联互通合作是较少关注的一个领域。以中国—东盟合作为例，虽然近年来中国与东盟在通信网络覆盖、电力管网建设等领域的合作取得了一定成绩，但双方在石油、天然气等基本能源的基础设施建设方面合作还存在很大的提升空间。考虑到东盟在其互联互通总体规划中将能源基础设施建设作为重要的互联互通建设组成部分，并详细列举了相关项目实施计划，且中国已经与部分东盟国家签署了相关合作协议，共同推进海上资源开发，中国应该以能源基础设施互联互通合作为契机，发挥项目示范引领作用，积极拓展双方合作领域，带动实现由能源基础设施合作向能源贸易合作的跨越。

第三，深挖"一带一路"沿线国家油气合作潜力，拓宽中国能源合作贸易渠道。得益于"一带一路"倡议的实施，近年来中国的能源贸易环境有了很大改善，特别是中俄能源合作、中非能源合作等能够有效缓解中国面临的能源压力。然而，从需求上来看，即便中俄石油、天然气合作能够最大限度地落实，中非能源合作进程不断加快，但与中国总体能源贸易目标仍存在一定距离。因此，要想实现能源贸易渠道多样化，确保中国能源安全，就必须进一步拓宽能源贸易渠道。比如，中国可以借助当前相对稳定的南海局势，积极推动与相关国家的油气能源贸易合作，将南海周边国家作为重点合

作目标。实际上，中国与区域内国家在该领域拥有一定的合作基础（见表1），未来发展潜力也值得期待。

表1 中国与部分南海周边国家油气能源贸易合作项目

项目名称	国家	国内企业	参股公司
L31/50 区块项目	泰国	延长石油	延长石油（泰国）有限公司：100%
东南亚油气管道	缅甸	中石油	中石油：50.9%；大宇国际：25.041%；印度石油：8.347%；缅甸油气：7.365%；韩国燃气：4.1735%；印度燃气：4.1735%
IOR－2 区块	缅甸	振华石油	振华石油（40%）
柬埔寨东海域 F 区块	柬埔寨	中海油	中海油 100%
Merangin Ⅱ	印尼	中化	印尼 Pt Sele Raya（80%），中化（20%）
Non－Bula 区块	印尼	中信资源	中信资源：51.00%，KUFPEC：30.00%，Gulf Petroleum：16.50%，Lion Energy：2.50%
SPC 项目	新加坡	中石油	中石油：7.8%～40%不等；印尼 MH：60%
中石化润滑油项目	新加坡	中石化	中石化 100%

资料来源：中石油经济技术研究院。

第四，正确引导中国油气开发和能源贸易企业的发展观，对国内相关企业进行有机整合，形成国际市场竞争优势，提升整体应对风险能力，完善各类规避风险手段。近年来，部分国内油气能源企业为争夺市场份额，在国际市场大打价格战，其结果就是导致中资企业在海外频频"自相火拼"，受损的是中国企业自身。因此，建议国家发改委、外交部、商务部、国家能源局等相关政策主管部门要加强对国内油气企业的指导，引导企业在海外能源开发和项目竞标过程中树立正确的业绩观和秩序观。充分发挥第三方咨询机构和行业协会在海外开发中的特殊作用，尝试成立海外开发能源合作协调机构，指导能源企业"抱团出海"形成合力。强化风险防范意识，特别是针对部分国家可能潜在的政治、经济、军事、外交以及文化风险，针对中资能源企业定期发布风险预警提示，提升企业自身的风险意识和防控能力。可以考虑采取中外企业联合持股方式，尽最大努力降低价格波动及地缘政治风险。

B.11

"21世纪海上丝绸之路"背景下的
南海地缘战略通道研究*

于 营**

摘　要： 近年来，随着"21世纪海上丝绸之路"倡议的不断推进，海洋地缘战略通道日益成为我国从近海走向远洋的关键。从我国整体地缘战略态势来看，我国的三个边缘海均受限于地缘战略通道。南海海域因沟通印度洋和太平洋，地理位置极其关键。同时，南海问题久拖不决，虽有缓和趋势，但仍错综复杂。南海地缘战略通道的开拓和维护可称我国地缘战略通道策略的重中之重。马六甲海峡、龙目海峡、巽他海峡和望加锡海峡是南海海域进出的最重要水道，可以作为我国开拓南海地缘战略通道的核心节点。未来，我国可从构建多边合作机制、推进"依陆制海"思维的进一步扩展以及话语权建设三个层面推进我国南海地缘战略通道建设。

关键词： 海上战略通道　依陆制海　地缘战略

---

* 本文系2017年国家社科基金项目"'21世纪海上丝绸之路'背景下的南海地缘战略通道研究"（编号：17BZZO72）的阶段性成果。
** 于营，海南大学政治与公共管理学院副教授、硕士生导师。

一 南海地缘战略通道开拓与维护的基础

（一）南海地缘战略通道的蕴意

海上战略通道指国家战略中，具有重大战略意义的海上交通要道，尤其是海上通道和航线的咽喉部分。① 海上战略通道的特殊价值主要表现在三个层面：一是海上航线必经之处，战略地位重要；二是海上航线中转之处，地缘地位重要；三是海上必争之地，军事价值重要。随着中国海外利益不断拓展，海上战略通道安全已经成为牵动国家生存和发展的重大问题，在我国和平发展道路上具有牵一发而动全身的影响。② 南海地缘战略通道是从南海出发沟通中国与太平洋和印度洋两大洋的海上航海路线和关键节点。

海上地缘战略通道是海权的基础和关键。大航海时代以前，海洋是国家防御的天然屏障，广阔的海洋几乎成为文明之间分隔的界限。海洋国家兴起之后，远洋航行成为可能，远海也不再被视为畏途，借助先进的航海技术和武器的西方海洋强国征服四方，使东方从属于西方。1501 年，葡萄牙（中国古籍中称"佛朗机"）占领马六甲海峡，进而刺探有关中国的情报以图侵略中国。畏于中国封建王权的强大，最终采取租借的形式在澳门立足。大英帝国殖民地遍布全球，主要依靠海上航线和运输通道维持帝国的存在。第一次世界大战前夕，英国将英吉利—多佛尔海峡、直布罗陀海峡、苏伊士运河、马六甲海峡和好望角形象地比喻为"五把钥匙"。大英帝国的海洋霸权依靠海上地缘战略通道的支撑，也伴随着对这些通道的控制权的丧失而衰败。美国早在第二次世界大战期间就通过《租借法案》逐步获取英国在太

---

① 梁芳认为，海上战略通道是指对国家安全与发展具有重要战略影响的海上咽喉要道、海上航线和重要海域的总称。它主要包括三个部分：一是特指一些重要的海峡、水道、运河，二是指海峡及海上交通线附近的一些重要的交通枢纽岛国和岛屿，三是指海上交通线所经过的有特定空间限制的重要海域。参见梁芳《海上战略通道论》，时事出版社，2011。

② 杜婕、仇昊、胡海喜：《海上通道安全：基于利益相关性的战略分析与思考》，《南昌大学学报》（人文社会科学版）2014 年第 3 期，第 62～67 页。

平洋上的军事基地，二战后更是依靠强大的海上军事力量经营海上地缘战略通道。1986年美国海军公布了其必须掌握的16条地缘战略通道①。从葡萄牙到美国，海上霸权国家对于海上战略通道的掌控足见其对维持霸权，保证国家利益的重要作用。任何一个走向远洋的国家都必须面对他国掌控海上地缘战略通道的困局。

（二）海上战略通道的角色

作为陆海复合型国家，我国的生存与发展需要依靠国内和海外两个层面的支撑。改革开放以来，中国经济对外依存度不断加强，外贸对于我国经济的贡献也呈现出不断上升的趋势。据统计，中国经济增长对世界经济增长的贡献率已从1978年的2.3%上升到2007年的19.2%，居世界第一。② 因此，对外贸易已成为中国经济增长的主要动力。中国经南海地缘战略通道可连通太平洋和印度洋。在经济上，南海—印度洋通道不仅仅是中国对外贸易出口商品的重要航线，还涉及中国的能源安全。我国从1994年变为石油净进口国以来，对外依存度逐年上升，至2003年达到36.1%。

外贸对于中国经济的发展至关重要，但在保证外贸安全层面我国短板突出。这既有历史的因素，又有地缘政治、经济格局的桎梏。2008年1~11月，中国共有1265艘次商船通过索马里海域。③ 在海盗威胁等非传统安全方面，我国遇到的威胁愈来愈多。而中国外贸船队在面临安全威胁的时候，缺乏对海上通道控制权的中国海上军事力量只能通过护航应对，护航不但成本高昂，且效率不高。这些困境都为中国开拓南海出海战略通道提出了要求。

---

① 包括马六甲海峡、望加锡海峡、巽他海峡、朝鲜海峡、曼德海峡、霍尔木兹海峡、直布罗陀海峡、斯卡格拉克海峡、卡特加特海峡、格陵兰—冰岛—联合王国海峡、佛罗里达海峡、苏伊士运河、巴拿马运河、波斯湾、阿拉斯加湾、非洲以南海域到北美间的航道。
② 王历荣：《国际海盗问题与中国海上通道安全》，《当代亚太》2009年第6期，第119~131页。
③ 王历荣：《国际海盗问题与中国海上通道安全》，《当代亚太》2009年第6期，第119~131页。

（三）中国开拓南海地缘战略通道的国际形势

从安全角度考量，南海－太平洋通道是中国突破第一岛链的必经之路。从整个亚太地区军事形势看，美国在韩日驻扎重兵，北防中俄，而其在南海海域军事力量部署相对薄弱。在经济层面，太平洋地区非常重要。目前，该地区的贸易额占全球贸易的一半以上，GDP 占全球经济的 60%，对世界经济增长贡献的份额则占到 70% 以上。① 对这一地区的掌控是美国全球战略的重要组成部分。其依靠军事同盟加强对于东亚大陆边缘地带的控制进而在亚太地区的博弈中伸缩自如，占据优势地位。在这种背景下，中俄不断加强合作以对冲美国及其盟国的遏制战略。

南海海域有四条关键的地缘出海战略通道。除了马六甲海峡之外，巽他海峡、龙目海峡和望加锡海峡是穿越印度尼西亚群岛，沟通两大洋的海上咽喉要道。四条海峡就像四把锁一样将南海海域限制在东南亚一带。受限于地缘环境，四条海峡是我国开拓南海地缘战略通道的关键节点。中国南海地缘战略通道是"21 世纪海上丝绸之路"建设推进的关键节点，南海地缘战略通道的通畅与否直接关系到"21 世纪海上丝绸之路"建设的进度。作为南海的四大门户，四条海峡各有优劣。马六甲海峡是贸易往来的关键，水深有限，不能通过大型军事舰艇。龙目海峡适宜大型舰艇机动，却比马六甲海峡远 2000 海里，因此会大幅度增加贸易使用的成本。巽他海峡和望加锡海峡水文环境较差。所以这四条海峡是中国南海地缘战略通道缺一不可的整体。

海上地缘战略通道在当今世界政治博弈、经济发展和军事斗争中占据越来越重要的地位。② 冷战时期，美苏两国对南海海域极为关注。对苏联来讲，控制南海尤其是马六甲海峡将会对美国的海上霸权造成强有力的挑战。而美国一直担忧苏联主导东南亚进而出现多米诺式的阵营转变。因此，美苏

---

① 李兵：《国际战略通道研究》，博士学位论文，中共中央党校，2005。
② 李兵：《论海上战略通道的地位和作用》，《当代世界与社会主义》2010 年第 2 期。

两国不约而同地强化在苏比克湾和金兰湾的军事力量。冷战结束后,美俄从自身利益出发削减其在东南亚地区的驻军,客观上起到了缓和南海地区紧张局势的作用。传统安全威胁缓和之后,非传统安全问题凸显。海盗、海上恐怖主义是我国海上通道安全的最大威胁,"特别是在非洲索马里的亚丁湾和东南亚的马六甲海峡地区"①。

二　当前南海地缘战略通道的态势

世界大国的海洋战略均涉及南海地缘战略通道问题。其海上战略的实施对中国来说既是机遇又是挑战。

(一)中国南海地缘战略通道的现状

古代中国在对外交往的漫长历史中,逐渐形成了"南洋""西洋"等传统的世界地理概念。② 据史料记载,我国早在秦汉时代就开发和利用了南海通道,延至明代郑和七下西洋,进一步拓展了从太平洋到达印度洋的航线。自此,从太平洋中的南中国海出发,通过马六甲海峡到达印度洋,便成为中国对外交流和贸易的传统航线。③ 航海时代到来之后,清朝为禁绝汉人反抗,对海上贸易严格控制,只允许广东地区在官府的严密控制下实施朝贡贸易。中国的世界眼光逐渐收缩,再也没有出现过类似郑和下西洋的壮举。清末英法等殖民帝国均从南海借道而来,打败近海防御的中国。而日本的崛起、并吞琉球和台湾与清朝的衰朽形成鲜明对比。至此,中国海上战略通道丧失殆尽、门户大开、无险可守。20世纪中叶,新中国成立以后特别是抗美援朝战争结束以来,这种状况才得到了彻底的扭转。改革开放初期,囿于

---

① 邹立刚:《保障我国海上通道安全研究》,《法治研究》2012年第1期,第77~83页。
② 汪海:《从北部湾到中南半岛和印度洋——构建中国联系东盟和避开"马六甲困局"的战略通道》,《世界经济与政治》2007年第9期,第47~54页。
③ 李靖宇、陈医、马平:《关于开创"两洋出海"格局保障国家利益拓展的战略推进构想》,《东南大学学报》(哲学社会科学版)2013年第6期,第38~44页。

实力所限，我国在维护南海地缘战略通道上力不从心。当前，随着中国的和平发展，中国对于海上战略通道的需求愈发迫切。

域外大国在南海地缘战略通道的掌控上占据优势。美国从霸权遏制崛起思维出发，担心中国的发展会对美国的领导地位形成挑战，不断为中国设限。在美国"印太战略"战略背景下，其他域外大国也展现出对南海争端越来越浓厚的兴趣。日本就鼓吹要发挥金兰湾的地缘战略优势，对南海地区进行监视和控制。

此外，在重要的海上战略通道上，非传统安全威胁日益严重，尤其是海盗活动极为猖獗。特别是在非洲索马里的亚丁湾和东南亚的马六甲海峡地区。2002 年 10 月，"基地"组织头目扎瓦西里（Aymanal Zawahiri）公开宣称该组织的战略目标是"锁定西方经济的咽喉"，而通过攻击商船、油轮就可以对世界经济造成重大冲击。① 海上战略通道与海上非传统安全关系密切。地缘战略通道附近数量庞大的过往商船是海盗活动瞄准的对象。日益发展的中国越来越依赖于海上地缘战略通道的畅通无阻，而海盗问题的升级必然会严重威胁到中国海上地缘战略通道安全。而反制海盗问题等非传统安全威胁的最好的策略就是加强对海上地缘战略通道的控制。

（二）开拓南海地缘战略通道的三个层面

开拓南海地缘战略通道的目的在于为中国和平发展营造良好的外部环境。"21 世纪海上丝绸之路"倡议十分注重各国之间的合作与协调，在此基础上实现共赢。在"21 世纪海上丝绸之路"倡议背景下推进我国南海地缘战略通道建设要从三个层面展开。首先是意识层面。作为陆海复合型国家，我国应当充分意识到南海地缘战略通道对我国生存与发展的重要价值。21世纪中国的和平发展能否得到保障有赖于海洋层面的安全与稳定。面对当前

---

① Zachary Abuza，"Terrorismin Southeast Asia：Keeping Al‐Qaedaat Bay"，*Terrorism Monitor*，Vol. Ⅱ，Issue 9，May 6，2004，p. 5.

我国南海地缘战略通道存在的不足,应当积极开展研究,寻求对策。尤其是应当积极借鉴海洋国家的经验和教训,研究其对于海上地缘战略通道控制的兴衰。在扬弃他国经验与教训的同时,以我国国情为依归确定我国海上通道安全的基本战略。中国现今已经意识到国民海洋意识对于海权建设的重要性,但在推行海洋建设方面仍显不足。

其次,要充分认识到海空军事力量对于开拓南海地缘战略通道的重要意义。虽然现今国际关系并不像霍布斯所设想的"一切人反对一切人"的状态,也不是"台球式"硬碰硬的状态,但不可否认海上军事力量在地缘战略通道博弈过程中的话语权意义。中国是典型的陆海复合型国家,晚清洋务运动建立起来的海上军事力量在甲午战争中一败涂地之后,中国近半个世纪无暇顾及海上军事力量。而这半个世纪正是世界海洋强国激烈争夺海上霸权的阶段。二战期间日本海军和德国海军被消灭,美国成长为海上霸权。当前,我国海上军事力量有了长足的发展,为我国调整国家安全战略,从近海防御走向远洋提供了保驾护航的基础。

最后一个层面是依陆制海。在确保自身北部陆上边疆安全的背景下,陆海复合型特征成为中国实施海洋战略,开拓南海地缘战略通道的优势所在。这种优势主要体现在海上地缘战略通道的关键节点与中国在陆地上的相通性。就像巴拿马运河对于美国、博斯普鲁斯海峡对于俄罗斯一样,陆地上的相邻性是地区大国向这些海上地缘战略通道渗透的重要优势。根据东盟制订的"泛亚铁路"计划,建设经老挝连接越南河内和泰国曼谷的铁路,主要有"3A方案""3C方案"和"3D方案"。① 在中国北部湾到新加坡的铁路打通后,它将成为中国与东盟国家相互贸易的重要通道、中南半岛经济开发的主要轴线。从打破"马六甲困局"来看,东南亚的铁路可以成为马六甲海峡的替代能源运输路线。2017年12月15日澜沧江—湄公河合作第三次外长会在大理举行,中、柬、老、越、缅五国外长共同出席。这表明了中国

---

① "3A方案"走向为:河内——新安——他曲——万象——廊开——曼谷,需新建铁路531千米;"3C方案"走向为:河内——东河——沙湾拿吉——乌汶——曼谷,需新建铁路616千米;"3D方案"走向为:河内——东河——沙湾拿吉——波艾——曼谷。

和东南亚各国进一步发展合作关系，实现共赢的愿望。东南亚各国希望借力中国经济实现跨越式发展，中国希望以合作促进周边环境的稳定和保证贸易通道的安全。

2017 年下半年以来，中国与南海主权声索国之间的关系取得了积极进展。尤其是中国与菲律宾、越南之间的关系实现了缓和，这为中国开拓南海地缘战略通道营造了相对稳定的周边环境。中菲和中越关系的回暖是在中国积极展现合作姿态的背景下实现的。这种合作意向不仅针对南海周边国家，还可以包括在南海有利益关切的美、日、印、俄、韩等国家。合作意向可以为中国打破南海混乱局面，维持南海稳定从而为南海地缘战略通道的开拓提供良好的外部环境。

三 南海地缘战略通道的借鉴

纵观世界上的大国兴衰，尤其是近代以来的强国大多与海洋密切相关。以史为鉴可知古今，近代兴起的海上强国的海上地缘战略通道战略为我国海上地缘战略通道建设提供了借鉴。以下就对中国周边的三个大国的海上地缘战略通道战略进行比较研究，从中找出其特点和借鉴之处。

（一）美国：控制全球重要海上地缘战略通道

美国作为当今海上霸权，十分重视海洋发展战略和海上安全。尤其是第二次世界大战之后美国根据自身的战略利益需求建构了当今的国际政治经济秩序，并以美国的同盟体系为核心维护这种秩序的运转。美国有周详的海洋政策、战略和规划。在东亚，美国以美日、美韩同盟为前沿，以美菲同盟、美泰同盟为侧翼，以美澳同盟为后卫，遏制中国和俄罗斯的崛起。美国的这套同盟体系收缩自如，在需要的时候还可以扮演"仲裁者"的角色。而当东亚地区力量格局对美有利时，美国倾向于躲在幕后"不干涉"这一地区的局势。

美国的海上地缘战略通道战略依赖于其海上军事霸权的维持。美国以其军事同盟为基础掌控亚太地区的海上地缘战略通道的控制权。就南海来说，不管是马六甲海峡、巽他海峡还是龙目海峡都能看到美国军事力量的影子。美国有完整的战略体系支撑起海上军事活动。如2000年《海洋法令》决定成立专门机构重新审议现行海洋战略。2004年国会批准名为《21世纪海洋蓝图》的海洋战略。这些方案极其细致地描述了美国的海上战略通道战略。美国海上军事力量以这些方案为依托不断加强对关键海峡和重要交通要道的控制。通过这种控制，美国实现了自身的战略利益并且为其盟国提供了安全上的保障。可以说，对于海上地缘战略通道的控制塑造了美国当今的海上战略主动和优势。这种战略主动和战略优势与其强大的海上军事力量和对于世界各地关键的海上地缘战略通道的控制紧密相关。

（二）日本：通过合作确保海上地缘战略通道安全

作为贸易型海洋国家，日本极其重视海上运输线的安全。根据《开罗宣言》，日本的主权限于本州、北海道、九州、四国等岛屿，其谋求对于海上地缘战略通道的掌控策略受到重挫。随着《旧金山对日和约》的签署，美国开始扶持日本作为其亚太地区的盟友。近年来，日本通过南海进入印度洋，以支持美国的南海战略目标和彰显其在南海和印度洋的军事存在。

日本是一个资源匮乏的工业化强国，资源始终是制约其发展的软肋。在20世纪五六十年代，日本借助技术优势和亚洲其他地区工业化进程较慢的区位优势，从东亚地区进口大量的矿物资源和燃料，并以此为基础将其建设成亚洲唯一的发达经济体。七八十年代以后，亚洲"四小龙"崛起，中国改革开放起步，亚洲特别是东亚地区经济空前繁荣。新涌现的工业经济体对资源的需求使日本在亚洲地区获取矿石资源的成本上升、难度增加。在此背景下，日本对中东能源的依赖不断加强，马六甲海峡也成为日本的生命线。

从日本的国家安全和利益出发，日本政府积极构建一个以日美同盟为基础，东南亚诸国为成员，甚至可能囊括印度的合作同盟。通过这一合作同盟，日本可以剥离其二战后战败国身份，并且扮演类似英美"离岸平衡手"的角色。

（三）印度：控制毗连海域地缘战略通道

印度一直宣称"印度洋是印度之洋"这一理念。因实力不足，印度并不能阻挡世界强权在印度洋驻军和航行。但印度不惜重金建立了远超其国力的海空军，并且将其海岸线500海里以内划定为"必须控制的海域"。

印度东、西、南三个方向被印度洋环绕，具有成为海洋大国的潜质。在苏联的支持下，20世纪六七十年代印度开始实施其海洋战略。印度海洋战略的核心是：以威慑求扩张，着重于海军建设。进入21世纪，印度谋求在基本支配印度洋的情况下，将自己的影响范围向印度洋以外海域延伸。印度在1996年加入东盟地区论坛，先后与新加坡、马来西亚、印尼、越南等国签订了军事合作协定。2000年，印度海军首次穿过马六甲海峡，在南海与新加坡、越南、日本和韩国的海军举行联合军演。此后，印度舰机不断现身南海。印度积极配合美日在南海的交流情报、联合军演、军售贸易等活动。

四 构建南海地缘战略通道的策略

海峡是两块陆地或两个海之间的狭窄水道。从军事角度上讲，陆地之间的海峡可做天堑，成为防守的屏障。英国正是基于自1713年以来对直布罗陀海峡的控制，才能左右欧洲政局200余年。① 对于关键海峡的控制是一国在海权问题上的话语权的重要支撑因素。就南海来说，四条关键的海峡对中国的海权来说至关重要。这些海峡既可以作为中国海上贸易走出近海，走向远洋的地缘战略通道，又可以成为对中国怀有敌意的国家封锁中国实施对华遏制战略的关键节点。南海出海海峡大多比较狭窄，马六甲海峡的最窄处仅有两千米，极易对其实施军事封锁。在日益全球化的今天，中国的发展越来

---

① 自1713年以来西班牙从未放弃夺回直布罗陀海峡的努力，尤其是第二次世界大战以后，其与英国进行了形式多样的交涉，但始终未能取得实质性进展。如今的英国脱欧谈判，直布罗陀海峡的控制权再度成为一个热点议题。

越离不开世界。就目前中国周边形势来看，我国的南海地缘战略通道建设的未来走向可从以下三个方面开展。

（一）构建多边合作机制以保障南海地缘战略通道战略的实施

在当前美国重返亚太加强与南海周边国家合作遏制中国的大背景下，寻求对南海地缘战略通道的控制并不明智。虽然现在南海局势向稳发展，但矛盾和冲突根源——主权争端尚未解决。南海周边国家对中国提出的"搁置争议、共同开发"原则存有疑虑。从现代国际关系角度来讲，主权是一切附属权力的基础，而主权确定之后，在共同开发层面的主导权将归主权所有方。这种学理和观念上的共识是中国开拓南海地缘战略通道的最大阻碍因素。

从地缘战略角度来看，中国与密切关系自身命运的四条南海地缘战略通道均不接壤。这四条地缘战略通道均掌控在他国手中。如地区形势发生剧烈变动，我国的对外贸易和能源安全将会受到巨大威胁。当前中国的地缘通道战略开拓的主要着力点应当是以合作为手段增强自身在这些海峡的使用和管理上的影响力。尤其是应当谋求类似于黑海海峡的集体安全模式，通过这一机制保证自身的海上安全环境。

2013 年，习近平主席先后提出了"丝绸之路经济带"和"21 世纪海上丝绸之路"（简称"一带一路"）的倡议。其中，"21 世纪海上丝绸之路"辐射区域与南海地缘战略通道高度重合。可以说中国南海地缘战略通道是"21 世纪海上丝绸之路"建设的关键节点。"21 世纪海上丝绸之路"建设秉承共商、共享、共建原则。这一原则与当前中国开拓南海地缘战略通道需要采取的合作措施相契合。推进"21 世纪海上丝绸之路"建设可为我国南海地缘战略通道的开拓创造良好的外部环境，而南海地缘战略通道开拓工作的进展，会促进"21 世纪海上丝绸之路"建设的推进。两者关系密切，共荣共损。据此，评估中国南海地缘战略的安全现状，将"21 世纪海上丝绸之路"的建设重点与南海地缘战略通道建设布局有机地结合起来，兼顾经济与安全利益，是必行之路。

（二）推进"依陆制海"思维的进一步扩展

"依陆制海"思维是我国作为陆海复合型国家在建构自身海洋战略，维护海洋权益的过程中"扬长避短"的观念。虽然英国和美国在近300多年来执掌海上战略通道，但并非未遇敌手。英、美两国的海上地缘战略通道无不是在硝烟中获取的。除去荷兰、日本等海上强国的挑战，陆海复合型国家对于海权的争夺也激烈异常。拿破仑帝国针对英国采取的"大陆封锁令"和第二次世界大战后崛起的苏联建立的战略核潜艇部队，都对海上霸权提出了强有力的冲击。这些史实说明陆海复合型国家可以凭借自身的优势挑战海洋国家对海上地缘战略通道的控制权。

中央集权的陆海复合型国家在挑战海洋霸权的过程中无不采取依陆制海的方略。拿破仑帝国发起对英国的全面封锁是建立在法国将欧洲大陆置于其羽翼之下的环境下实施的。借助掌控欧洲的优势，拿破仑帝国可以集中整个欧洲大陆的资源与英国海上霸权博弈。而掌握了东欧的苏联，进可以威慑西欧，退可以控制博斯普鲁斯海峡等关键海上地缘战略通道，并凭借其政治影响力将海上军事力量派驻金兰湾，从而构成对美国海上战略通道的挑战。

在强化依陆制海思维的过程中，也必须看到这一战略的短板。拿破仑帝国和苏联都因为自身的意图远超其实力最终走向崩溃。这两个陆海复合型国家给我们最大的启示就是——依陆制海战略须有限度。张文木先生认为世界大国兴起于地区守成而消失于大国争霸。在南海地缘战略通道的开拓和维护过程中，依陆制海战略可以发挥积极作用，但并不能将其当作教条。当前中国海洋战略的建构尚未完全成型，但走向远洋是必然趋势。依陆制海应当和强化海上军事力量紧密结合起来，从而塑造伸缩自如、左右逢源的战略态势。

（三）开拓南海地缘战略通道的话语权建设

中国长期坚持以和平共处五项原则为基础的外交政策。改革开放以来，中国维持着和平的周边环境。中国开拓南海地缘战略通道除加强合作和依陆制海以外，还应当从话语权层面经营，努力建构在南海地缘战略通道层面的话语权。

中国可以依靠周边环境向好的窗口期，更加积极地构建南海地缘战略通道话语权。在话语权构建过程中，增强"21世纪海上丝绸之路"沿线国家对中国开拓与维护南海通道安全的理解和支持非常重要。

从对冲西方话语权优势的视角来看，中国可将掌控南海地缘战略通道的话语权构建镶嵌于"21世纪海上丝绸之路"建设的话语权构建之中。"21世纪海上丝绸之路"倡议已经推进五年，在世界上特别是中国周边引起了积极响应。中国可将南海地缘战略通道建设作为"21世纪海上丝绸之路"建设的一个重要步骤。应当着重宣传"中国既是公共安全的积极维护者，又是经济发展的有力组织者"这一国家形象，通过话语权的构建打消相关国家的疑虑。与此同时还需特别强调对各国文化差异性的包容，以矫正西方媒体对中国形象的扭曲。

五　结论

改革开放以来，中国的国内外形势发生了重大变化。与此同时中国的海外利益发生了重大变动。全球化时代的中国与世界之间的紧密联系造成了相互依存关系的加深。国家利益向海上方向急剧拓展，海上通道安全与国家发展联系紧密。因此，要制定和落实南海地缘战略通道安全的保障方案，维护我国传统的主流航线畅通无阻。[①]

从地缘战略角度来看，南海地缘战略通道是打破美国及其盟国的战略封锁，从近海走向大洋的必经之路，而四条核心海峡就是中国开启大洋的四把钥匙。从中国的经济发展和目前的国际环境来看，中国开拓南

---

① 李靖宇、陈医、马平：《关于开创"两洋出海"格局保障国家利益拓展的战略推进构想》，《东南大学学报》（哲学社会科学版）2013年第6期。

海地缘战略通道势在必行。只有在周边环境有利于自身的情况下居安思危，才能在下一轮的南海博弈甚至是大洋博弈中占据先机。在开拓南海地缘战略通道的具体方略层面，应当从意识和行动两个方面努力。在意识层面，扭转中国传统观念中以陆地为主的思维方式，引导国民观念向海洋转变。在行动方面，以与东南亚各国的合作为核心，重视东南亚地区的铁路建设等。

B.12
中东地区海上丝绸之路构建的机遇与挑战
——基于非传统安全的分析

李子昕*

摘　要： 作为"丝绸之路经济带"和"21世纪海上丝绸之路"的重要交汇点，中东地区是我国推动"一带一路"建设的关键节点。中东资源蕴藏丰富、市场广阔、经济社会发展潜力巨大，但受到地缘政治、教派冲突、极端主义、恐怖袭击等因素的袭扰，本地区政治版图碎片化严重，政治局势持续震荡，非传统安全风险有上升的趋势。特别是近一年来，域外大国在中东的争夺愈发激烈，叙利亚局势由内战转入战后利益分配期，特朗普政府退出伊核协议、迁馆耶路撒冷等冒进政策都给地区带来新的不稳定因素。尽管地区局势纷繁复杂、暗流涌动，中国在过去一年与中东地区合力推动海上丝绸之路建设的努力一直没有停歇。高层交往加频加密，顶层设计举旗定向，合作平台不断拓宽，机制保障落实到位，中国的"一带一路"倡议与地区国家各自的发展规划逐步完成对接。总体而言，中东地区海上丝绸之路构建的机遇与挑战并存，非传统安全风险较其他地区仍处于较高水平。目前相关合作已就应对非传统安全风险预设一定的防范机制，但具体细则和危机处置能力仍有待进一步加强。

---

* 李子昕，中国国际问题研究院美国研究所助理研究员，主要研究方向为中美关系、美国中东政策、"一带一路"倡议、中东国际安全、国际反恐合作。

关键词： 非传统安全　海上丝绸之路　中东

　　全面推进"一带一路"建设是新时期中国外交的重要使命之一。中东地区横跨三大洲，连接两大洋，区位优势无与伦比，是"丝绸之路经济带"和"21世纪海上丝绸之路"的重要交汇点，也是我国全面推动"一带一路"倡议的重要支点地区。一众中东国家依靠良好的区位优势及丰富的资源蕴藏，近年来纷纷提出各自的发展规划，力求实现经济社会的跨越式发展。与此同时，中国经济发展已经进入了中高速发展、产业结构需调整优化、经济驱动方式需转变为创新驱动型的"新常态"阶段；[①] 中国提出的"一带一路"倡议为将中国的优势产能与地区国家的发展需求相对接提供了难得的合作平台。在中国与中东国家的共同努力下，倡议自提出以来的五年间，发展迅速，成果丰硕，并展现出强劲的可持续推动潜力。

　　然而我们也应看到，中东地区常年处于国际地缘政治角力的核心地带，战乱不停，恐怖活动频繁。宗教冲突和民族矛盾纷繁复杂，地区发展极度不均衡；非传统安全与传统安全威胁相生相伴，且相互转化，给维安努力造成了巨大挑战。毋庸置疑，中东是我国推进"一带一路"建设之路上重要的一环，也是艰难的一环，机遇与挑战并存。如何在高风险环境中避锋芒、求稳妥，并最终实现我国与地区国家的发展共赢，考验着中国与中东国家的智慧。

一　地区局势波谲云诡

　　知己知彼方能百战不殆。了解并客观分析中东地区的政治安全局势，对

---

① 林永新：《中国建设21世纪海上丝绸之路会带来哪些新机遇？》，新华网，2018年4月19日，http://silkroad.news.cn/2018/0419/92155.shtml。

推进同本地区国家的"一带一路"建设至关重要。近年来，中东地区多受政治动荡、恐怖主义和局部战争的袭扰，安全环境并不乐观。2018年以来，地区局势变化有喜有忧。恐怖主义活动得到部分遏制，"伊斯兰国"组织架构被有效打击，但零星、碎片化的极端活动仍然广泛存在，滋生恐怖主义的社会基础难以解除，暴力极端主义思潮暗流涌动。与此同时，地缘政治争夺日趋激烈，特别是随着叙利亚内战进入尾声、也门战事僵局难破，围绕着遏制伊朗地区影响力的地缘角力导致本区域国家与域外大国合纵连横，传统同盟体系出现松动，以议题为考量的"利益联盟"成为主导。美国的强势回归以及高度利己化的政策导向令地区局势不稳定性持续走高。总体上，2018年地区局势波谲云诡，主要呈现出以下三个特点。

（一）美国因素显著上升，成地区局势最大变量

自奥巴马政府第二任期开始，美从中东"撤退"的速度显著提升。特别是"阿拉伯之春"后美对盟友的漠视态度以及"伊朗核协议"的签订，令地区盟友对奥巴马政府的失望情绪达到顶峰。俄罗斯通过介入叙利亚内战强势回归中东地区事务，"美退俄进"的趋势愈发明显。

特朗普总统上台后，一改前任奥巴马对中东漠视的态度，高调介入地区事务。在"美国优先"的框架下，特朗普并未大规模投入对中东的人力、物力和财力，而是采用"极限施压"和"离岸制衡"的方式，通过"退出伊核协议"加强地区国家和盟友对其政策的借重，提升美在中东事务的话语权。特朗普政府对伊政策调整实质上是对美传统中东政策的回归；在建制派与非建制派的博弈中，其政策呈现出"趋利性"和以结果为导向的"碎片化"特征。特朗普政府过分强调单边利益、罔顾契约精神的行为对美国软实力或将构成持续伤害。

美国中东政策近40年来依托于美在中东的军事同盟体系，对中东地区的"敌对国"形成强大的军事威慑和政治、经济包围，并借此实现对国际能源市场的主导性优势。诚然美国从该体系中获益良多，但维系其日常运作需要大规模的资本投入。特朗普利用国内民粹主义情绪，煽动民众对传统

"政治正确"的不满，提出"让盟友付出更多"，而非美国"一力承担"的主张，对盟友与同盟体系"开火"，并从"损害美国主权利益"的多边协议中撤出。特朗普政府的"退出政策"并非传统意义的"新保守主义"，而是一种极限施压的政策手段，用以实现更加功利化的政策目标，最终"低成本"地维持美国在全球的影响力。

于中东而言，"迁馆耶路撒冷"与"退出伊核协议"是2018年美国挑动地区局势的"开篇之作"。在经历了奥巴马政府第二任期内中东地区"美退俄进"的地区格局转变后，特朗普政府"低成本"介入地区的战略空间已所剩无几。但"迁馆"与撕毁伊核协议一方面突破了国际社会在中东事务中保持的"政治默契"，另一方面也回应了美国内激进亲以色列势力的利益诉求和回归传统中东路线的呼声，令建制派鲜有反制的空间。特朗普政府的中东政策回应了美地区盟友的核心安全关切，直接强化了地区国家对美外交政策的借重。与此同时，尽管国际社会其他国家对此多有不满，但美恰可以此做牌，提高与他国在地区及国际事务谈判中的要价。以"地缘安排"换取制裁豁免成为特朗普政府重塑美在中东影响力和话语权的重要手段。

此外，特朗普政府在中东的军事布局也出现新变化。2018年12月底，特朗普宣布因"打击'伊斯兰国'已获胜利"，"美国将撤出在叙利亚军事人员"，并以伊拉克为基地应对地区军事挑战及非传统安全威胁。特朗普的"撤军"实质是美中东军事布局的政策"调整"。美在叙军事人员与其驻伊部队本就存在实质差别。从叙撤军政治意图多于军事意义。经过八年激战，阿萨德政府已实质性取得内战胜利，美国难以实现其原有"政权更迭"的目标，对叙利亚政治期待有所降低。当前，特朗普政府希望通过"撤军"打破叙国内各派政治平衡，拆散已成熟的俄罗斯—土耳其—伊朗三国联盟，为美今后重新插手叙政治局势腾挪空间。特朗普政府近期持续调整中东政策，显示其尽管不愿投放更多资源，但对中东事务依旧"兴趣不减"，意图充分利用政治抓手，挑动地区局势维持"可控但持久的混乱"，为介入地区事务创造机会。美国频繁制造地区新热点，业已成为局势走向的最大变量。

（二）地缘争夺愈发激烈，不确定性加剧

美俄两大国在中东的地缘角力已代替"打击恐怖主义"成为当前中东地区最为重要的主线。美俄两国的彼此角力在本地区并非首次出现；但值得注意的是，由于恐怖主义多年的肆虐、教派纷争的不断升级，特别是"阿拉伯之春"后地区政治版图的破裂和地区权威持续的碎片化震荡，中东地区原本的同盟体系与敌对阵营出现了微妙变化。传统的同盟体系在中东地缘角力中逐步松动、瓦解，取而代之的是短时期的"利益联盟"。在地缘角力激烈博弈的同时，政治格局的不稳定性进一步加剧。

首先，以色列以及中东主要逊尼派国家对伊朗的敌对态度并未改变。这也构成了地区地缘角力格局大体稳定的根基。应对伊朗威胁仍然是沙特、以色列等主要中东国家同美国展开全方位军事合作的主要安全考量。其次，以色列与沙特为首的大多数海湾君主国关系迅速转圜。在共同威胁——伊朗——带来的巨大压力下，沙以两国摒弃前嫌，展开全方位合作。尽管受到巴以问题等原则性因素的制约，两国未能捅破最后的窗户纸；但在现实技术层面，两国关系的紧密程度已众所周知。沙特对美国迁馆耶路撒冷一事做到闭口不言，沙以关系之紧密可窥见一斑。再次，土美关系迅速滑落，土俄联盟貌合神离。从三年前"居伦运动"发起的未遂政变，到如今因"牧师扣押事件"引发美对土挥舞制裁大棒，这对北约框架下的传统盟友关系愈发僵持。埃尔多安本寄希望特朗普政府上台后双边关系得以改善，以期提高土在地区事务中的话语权，成为美俄欧三方竞相争夺的关键；然而现实却是土与西方关系持续滑落，俄向土伸出橄榄枝的同时，在战后叙利亚政治安排、伊朗、库尔德问题等方面与土立场差距难以弥合。俄土关系以议题为衡量，难以推心置腹。最后，沙特等美国传统盟友在维系与美紧密关系的同时，纷纷寻找其他的利益联盟，力求"双线"保险。尽管特朗普通过离岸制衡的方式令美在中东话语权迅速提升，也令地区盟友更为满意，但其"利字当头"的行为方式无法弥合盟友对美国的不信任感。由于地缘角力阵营的变化，新时期美俄的中东地区角力有了更多的不确定性。

（三）伊核问题成最主要的不稳定因素

2018 年 5 月，美国总统特朗普决定单方面退出"伊核协议"，令该协议名存实亡。特朗普就任美国总统以来，在伊朗问题上回归美近 40 年来政治传统，并全面调整美在中东、核不扩散等问题上的政策。2018 年初，特朗普政府公布的最新《核态势评估》①，抛弃奥巴马时期构建"无核世界"的目标，着重强调提升自身的核威慑能力，甚至鼓吹研发并应用战术核武器。同时，特朗普政府展示出与中东盟友开展核能合作的浓厚兴趣，突破国会阻力，力争与沙特等海湾国家签署核电合作协议。这令海湾地区核不扩散压力骤增，地区军备竞赛雪上加霜。

在与盟友加强核合作的同时，特朗普政府全方位加大对伊朗的制裁力度。美国最新版《国家安全战略》中，将其中东政策改为三大政策目标：第一，不让中东成为"圣战"分子和恐怖分子的滋长地和天堂；第二，中东不能被反美政权所支配；第三，中东应为稳定的全球能源市场做出贡献。② 特朗普政府退出"伊核协议"、加大对伊朗制裁力度，对实现其中东政策目标有直接的推动作用。特别是 2018 年 11 月初，美国对伊朗实施全面制裁，在金融、能源等领域全方面开火，并宣称将"使伊朗石油出口降为零"。退出"伊核协议"是美对伊"全面遏制"战略的重要一环，美国借此做牌并迫使伊朗及协议有关各方转变政策，服务美国中东政策大局的意图愈加明显。

"伊核协议"最主要的内容是安全保证与商业许可。这两点均需有美国的参与，甚至是主导。因此，在美国退出"伊核协议"后，即便其他各方竭尽全力加以维护，协议的有效性都将大大降低，维系原有的协议架构已难上加难。伊朗对此心知肚明，也因此对协议其他各方明确提出：如果伊朗的权益无法得到保障，其将不再遵守"伊核协议"规定下的相关义务。就美国退出"伊核协议"而言，欧洲是仅次于伊朗的利益受损方。欧洲亟须通

---

① "Nuclear Posture Review," U. S. Department of Defense, February 2018. https：//dod. defense. gov/News/SpecialReports/2018NuclearPostureReview. aspx.

② "National Security Strategy of the United States of America," December 18，2017，White House.

过"伊核协议"增进与伊朗的能源贸易,维系自身能源来源多样性与安全;限制伊朗的核活动,避免近东和中东地区出现核扩散甚至核军备竞赛;安抚伊朗情绪,促其在打击恐怖主义以及控制叙利亚难民外流方面助欧洲一臂之力。可以讲,维护"伊核协议"的完整性事关欧洲的核心安全利益。即便是强大如美国的盟友,也难以在以上诸多方面为欧洲做出全盘保证。正因此,欧洲对美退出"伊核协议"大为光火,旋即启动"阻断法案"(EU Blocking Regulation),并为与伊朗经商的欧企提供"紧急信贷"(Emergency Credit),努力与美国谈判争取豁免。然而现实情况并不乐观,不仅因为特朗普政府对制裁的偏爱令欧洲国家几无斩获,市场的悲观情绪也让欧洲"伊核协议"和紧急信贷措施并未达到预期的效果。

受到外部局势恶化及内部改革效果欠佳的双重影响,伊朗自2017年底开始国内抗议示威所引发的社会动荡明显增多。伊朗国内强硬派对鲁哈尼政府形成的压力正逐步转化为现实政策影响。伊朗在核开发、军事活动、对地区盟友支持方面多有举措,做牌意图明显。目前围绕"伊核协议"的存废问题,各方已陷入"胆小鬼博弈"的困局。考虑到目前各方的立场差距巨大,形成新协议的难度较高,但仍然存在通过谈判以实现制裁减缓乃至豁免的可能性。国际社会主要力量围绕"伊核协议"的角力已成为触发地区局势重大变化的最大不确定因素。

二 中国与中东国家合作稳步推进

(一)顶层设计举旗定向

自2013年中国提出"一带一路"倡议以来,中国与中东国家的合作稳步推进。在双方高层的直接关心下,一系列合作机制得以建立,合作成果不断涌现。顶层设计为中国与中东国家在"一带一路"框架下的合作举旗定向。

在2014年的中阿合作论坛第六届部长会议开幕式上,习近平主席提出,为促进各国共同繁荣进步,中方倡议共建"一带一路",秉持共商共建共享

海丝蓝皮书

原则，推动政策沟通、设施联通、贸易畅通、资金融通、民心相通。该倡议得到包括阿拉伯世界在内的国际社会广泛支持和积极参与。作为历史上丝路文明的重要参与者和缔造者之一，阿拉伯国家身处"一带一路"交汇地带，是共建"一带一路"的天然合作伙伴。

四年来，中国与中东国家高层互访不断，元首外交引领中国同中东国家合作新航程。2014年6月，科威特首相贾比尔访华；2014年11月，卡塔尔埃米尔塔米姆访华；2014年12月，埃及总统塞西访华，之后又连续于2016年9月、2017年9月两度访华；2015年7月，土耳其总统埃尔多安访华；2015年12月，阿联酋阿布扎比王储穆罕默德访华；2016年1月，习近平主席访问沙特阿拉伯、伊朗和埃及三国；2016年5月，摩洛哥国王穆罕默德六世访华；2017年3月，以色列总理内塔尼亚胡访华；2017年7月巴勒斯坦国总统访华；2018年5月，伊朗总统鲁哈尼访华；2018年7月，习近平主席访问阿联酋。

2017年5月，"一带一路"国际合作高峰论坛在北京召开。在论坛开幕式的主旨演讲中，习近平主席对推动"一带一路"建设提出了五点意见，即：要将"一带一路"建成和平之路、繁荣之路、开放之路、创新之路、文明之路。这赋予了"一带一路"倡议以新的内涵。"一带一路"绝非单纯的经济合作架构，而是融合了政治、经济、科技、人文等多领域的全面发展倡议。值得一提的是，习近平主席在演讲中提出的"和平赤字、发展赤字、治理赤字，是摆在全人类面前的严峻挑战"，无疑切中了中东地区的时弊；而推动"一带一路"建设的五点意见，在很大程度上也可视作中国为中东走出和平发展困境提供的思路。①

2018年7月，中阿合作论坛第八届部长级会议在北京举行。中国国家主席习近平出席开幕式并做重要讲话。会议宣布中阿双方建立全面合作、共同发展、面向未来的中阿战略伙伴关系。这一关系定位的提升，是双方顺应

① 《中国亟需在中东构建契合实际的"一带一路"话语》，凤凰网，http://news.ifeng.com/a/20170915/52010717_0.shtml。

时代潮流，携手奋发进取的新起点，也为中阿关系发展翻开了新篇章。与会各方一致赞同中阿关系新的定位，一致同意推动建设新型国际关系，共同构建人类命运共同体，在对外政策的方向和理念上形成重大共识。中阿双方达成并签署了《北京宣言》《论坛 2018 年至 2020 年行动执行计划》和《中阿合作共建"一带一路"行动宣言》三份重要成果文件。《北京宣言》着重阐述中阿战略伙伴关系内涵，明确了深化中阿关系和集体合作的方向。《执行计划》提出了涵盖经贸、工业、能源、文化等近 20 个领域合作的新方案、新举措。《行动宣言》提出了中阿共建"一带一路"的重大合作设想。这三份重要文件为今后一段时期中阿关系的发展描绘出一幅清晰、系统和完整的蓝图。会议为今后一段时间中国与中东国家在"一带一路"建设方面的工作做出了清晰的指向。

（二）拓宽合作平台，落实机制保障

客观而言，"一带一路"倡议是在中方领导人出访或在国际会议场合以建议方式提出的，并无正式、统一的官方合作机制，尚无稳定的机制安排，这导致在执行与争端处理方面缺乏明确指导原则以阐明各方权利义务、利益如何分配。[①] 正因如此，构建"一带一路"建设长效推进机制已成为刻不容缓的要务。目前，围绕"一带一路"建设，中国已同 105 个国家和地区签署了 123 份合作文件，与 29 个国际组织签署了 26 份合作文件。除此之外，在不断推进新机制建设的同时，更要充分利用现有平台，拓宽合作。2018 年，上海合作组织青岛峰会、中阿合作论坛部长级会议、中非合作论坛北京峰会在中国密集召开。"一带一路"建设在系列机制的保驾护航与世界各国的广泛参与中正迅速前行。

"中国—阿拉伯国家合作论坛"作为中国同阿拉伯世界各国开展友好合作的重要平台，自建立以来始终发挥无可替代的关键性作用。2004 年论坛成立，逐步发展成为涵盖众多领域、兼有 10 余项机制的集体合作平台。

---

① 顾保国：《创建"一带一路"建设长效推进机制》，《学习时报》2017 年 9 月 25 日。

2014 年 6 月，中国国家主席习近平在中阿合作论坛第六届部长级会议开幕式上发表重要讲话，提出中阿共建"一带一路"倡议，构建中阿合作新格局，得到阿拉伯国家积极响应，中阿集体合作进入全面提质升级的新时代。"一带一路"建设为中阿合作打造新平台，增添新动力。双方的合作不仅包括经贸金融、科技创新、社会发展、人文交往等"常规"内容，也为非传统安全风险防范、人道主义救援等领域提供了广阔的合作空间。有了"一带一路"的助力，中阿合作论坛的机制化建设更加细化，合作开展更为有序，不同子机制间相互促进、良性互动，使中阿合作平台不断实现自我完善。在 2018 年 7 月中阿合作论坛第八届部长级会议中，中阿双方就各领域合作达成了 100 多项共识，一致同意继续加强中阿合作论坛机制建设，将论坛在中阿"一带一路"建设中承担的重要作用推向新高度。

上海合作组织是确保中国同中东、中亚、南亚国家顺利推进"一带一路"建设的又一机制性保障。上合组织从建立伊始专注于"集体安全"，逐步演化为集安全、政治、经济合作于一体的地区性合作组织。上合组织各成员国、观察员国和对话伙伴国围绕着各自国家的发展规划，纷纷推出与"一带一路"倡议相对接的发展计划。上合组织成员多为我国邻国，是"一带一路"行稳致远的关键性起步区域。上合组织成员对"一带一路"倡议的浓厚兴趣，充分说明其可行性与现实必要性。但我们也需看到，当前部分上合组织成员国、观察员国和对话伙伴国存在法制不健全、安全风险高等问题，使中国尝试通过双边方式解决彼此合作中的问题面临很大挑战。上合组织的存在，恰恰为中国和这些国家协商应对风险、推进彼此间的互联互通提供了一个渠道。①

（三）丝路建设在中东稳步推进

自古至今，中国与中东国家一直是丝绸之路上关系紧密的伙伴。就狭义的"丝绸之路"而言，正是在古代中国与中东国家的共同努力之下，才使这

---

① 王义桅：《"上合组织" +"一带一路"》，《环球》2018 年第 12 期，第 16 页。

条促进文化、经贸交融的人类文明之路越走越宽。历史的连接令中东国家对参与中国"一带一路"倡议有了更多的"认同感"。中东各国纷纷将自己的发展战略与"一带一路"建设相对接,例如埃及"振兴计划"、沙特"2030 愿景"、科威特丝绸新城(Silk City)建设、摩洛哥丹吉尔穆罕默德六世科技城建设、约旦"2025 年愿景"、土耳其"中间走廊"倡议与"驿站计划"等等。事实上,包括沙特在内的海湾国家,曾集体向中方提出更加宏大的区域合作发展规划,希望与中国的"一带一路"倡议做全面对接,并依托亚投行等国际金融机构的融资支持,全面推升合作层级和规模。虽然中方最终遵循实务和商业原则婉拒了相关提议,但这足以说明地区国家对与中国拓宽合作,推进"一带一路"框架下双边经济、社会、科技、人文交流的巨大意愿。

中阿合作成果丰硕。早在 2014 年 6 月,习近平主席就在中阿合作论坛第六届部长级会议上提出了"1 + 2 + 3"的中阿合作格局,即以能源合作为主轴,以基础设施建设、贸易和投资便利化为两翼,以核能、航天卫星、新能源三大高新领域为突破口。2016 年 1 月,中国政府首次发布的《中国对阿拉伯国家政策文件》,再次明确了中阿战略合作关系的定位和"1 + 2 + 3"合作格局,并将共建"一带一路"列为双方首要合作重点。目前,中阿双方在能源贸易、石油炼化、产能对接、港口基建、电网路桥、核能开发等领域屡推重大项目。值得一提的是,中阿双方的科技合作正大跨步打开新篇章,双方在新能源、现代农业、医药卫生等领域建立联合实验室,并在航空航天领域开展深度合作。[①] 仅 2018 年,中国多次在卫星发生任务中搭载沙特等阿拉伯国家的小型卫星及科研设备,共同完成气象、通信、探月等多项航天科研项目。

中伊(朗)合作可圈可点。伊朗领导层明确表示要加强与中国的合作,将本国的发展战略与"一带一路"倡议进行对接。在双方的共同努力下,中伊双边贸易额持续大幅增长,一系列标志性的投资项目纷纷建成投产。"伊核

---

① 《共建"一带一路",推动中阿集体合作站上新起点——中国—阿拉伯国家合作论坛成就与展望》,上海外国语大学中东研究所,中国—阿拉伯国家合作论坛研究中心,2018 年 5 月,第 14 页。

协议"签订后，伊朗获得更多的发展选择，中国企业也面临更为激烈的市场竞争。2018 年下半年以来，中国企业与伊朗达成多项合作意向，双方努力探索在美国制裁导致的复杂地缘环境下，可持续性地推动两国合作，更好地令两国民众受益。

中以合作突飞猛进。依托"一带一路"倡议，中以在经贸、科技、创新、人文等领域双边关系发展飞速。中以双边贸易额从建交时的 5000 万美元增加至 2017 年的 130 多亿美元，增长 260 多倍。中国已成为以色列的亚洲第一、世界第三大贸易伙伴。2018 年上半年，双边贸易额同比增长 21.6%，其中中国从以色列进口增长 47.2%，彰显两国贸易发展的巨大潜力。

中土合作迎来契机。2015 年 3 月，中国《推动共建丝绸之路经济带和 21 世纪海上丝绸之路的愿景与行动》发布，土耳其视"一带一路"倡议为自身发展的机遇。2015 年 10 月，两国政府签署了中国"一带一路"倡议与土耳其"中间走廊"倡议对接的谅解备忘录，为加强双边投资与经贸合作提供了指南与保障。在"一带一路"倡议推动下，中国企业对土耳其的投资热情不断提高，投资领域不断扩展，正从传统的矿业向农业、制造业、交通、能源、电信和金融等多领域拓展，并主要集中在交通基础设施、通信、能源、矿产开发和轻纺制造等领域，5000 万美元以上的大型合作项目不断出现。近年来，两国在"一带一路"框架下加大了产能与装备制造、交通、核电、新能源等领域的合作力度。[①]

三　中东地区丝路构建中的非传统安全挑战与合作

（一）恐怖主义威胁暗流涌动、能源安全忧虑再度升温

中东既是中国丝路构建中的重点地区，同时也是非传统安全风险高危地

---

① 邹志强：《"一带一路"背景下中国与土耳其的国际产能合作》，《西北民族大学学报》（哲学社会科学版）2017 年第 6 期，第 134 页。

区。特别是自 21 世纪初以来，经历了阿富汗战争、伊拉克战争、"阿拉伯之春"、诸场地区国家内战，中东政治版图破裂，地缘角力碎片化，宗教和民族冲突此起彼伏。中东的非传统安全威胁客观上对中国"一带一路"倡议的推进构成显著威胁。

根据美国马里兰大学恐怖主义及应对恐怖主义研究中心的统计数据，2017年全球恐怖袭击尽管得到有效遏制，数量有所减少，但从历年数据综合分析，仍处于历史高位。2017 年，全球超过 1/3 的恐怖袭击发生在伊拉克（23%）与阿富汗（13%），超过半数的受袭死亡案例发生在伊拉克（24%）、阿富汗（23%）和叙利亚（8%）三国。[①] 尽管从袭击数量和伤亡数字上看有所减少，"伊斯兰国"仍然是恐怖袭击的主要实施者。事实证明，恐怖主义在中东地区远未达到被有效控制的程度，极端主义暗流仍然涌动。

纵观 2001 年至 2017 年中东恐怖主义袭击的统计数据，本地区恐怖主义发展呈现以下特征：其一，地区性政治动荡及军事冲突无可避免地加剧了恐怖主义活动的数量及烈度，并导致恐怖主义从策源地向周边乃至世界范围的外溢；其二，美国在中东的军事行动激发地区极端势力发动数量更多、烈度更强、规模更大的恐怖袭击，安全形势不断恶化，但自美驻军力量开始外撤起，地区军事维稳力量出现缺失，暴力恐怖袭击数量随之出现进一步大幅度上扬；其三，次区域级恐怖组织不断涌现，在意识形态和配合作战方面效忠于大型国际恐怖组织，但在组织架构上独立性明显，地区恐怖组织自 2014 年后从"单极"向"一超多强"转变；其四，单一恐怖组织受到打击后，对其他恐怖组织的震慑效果愈发减弱，表明各恐怖组织之间的独立性越来越强，抑或是同一组织内架构的灵活性和重组能力越来越强，打击"重点"未能遏制其整体。随着中东地区恐怖组织不断增强袭击的"游击化"和组织架构的"散状化"特征，打击恐怖主义的难度也在与日俱增。恐怖组织内部架构的破碎并不意味着有生力量的灭失。更令人担忧的是，地区主要恐怖组织的分裂或将

① Jessica Stark Rivinius, "Terrorist Violence Decreases Worldwide in 2017 but Remains Historically High," START University of Maryland, August 1st, 2018, http：//www. start. umd. edu/news/ terrorist – violence – decreases – worldwide –2017 – remains – historically – high.

促使分裂后的小团体结构更灵活、更松散、独立性更强，而外籍"圣战者"则可能回归原籍国，在世界更广泛地区发动独狼式恐怖袭击。

不仅恐怖主义风险居高不下，中东地区的能源安全问题也因地缘角力而再度升温。众所周知，中东是国际能源市场最为重要的出口方之一，维护中东能源运输通道的畅通对世界各国的能源安全至关重要。2015年签订的"伊核协议"解除了针对伊朗的各项制裁禁令，不仅伊朗因此获得了难得的发展机遇，也使包括欧洲在内的世界主要能源消费国有了更多的进口选择，可谓多赢之举。然而随着特朗普政府上台，美国对伊朗的政策出现钟摆性回调。其单方面退出"伊核协议"并施加全方位制裁的举动令协议危如累卵。鉴于美国在军事和经济上的霸权地位，美方的举动已令"伊核协议"的有效性难以维系。伊朗因此曾威胁封锁霍尔木兹海峡。考虑到霍尔木兹海峡日输送20%国际能源市场的原油交易量，这一威胁是国际社会难以承受之重。诚然，如果伊朗做出如此贸然举动，其所面临的国际压力也是伊朗当局无法承受的；但类似的威胁言论仍然令国际社会对能源安全的忧虑再度升级。

伊朗的威胁虽然具有震慑力，但国家行为体极大概率仍会遵循理性决策的基本逻辑；相对而言，反叛组织及极端组织的行事就会更加随意，造成危险的不确定性也更高。作为国际能源运输通道的核心地带，中东地区普遍存在的局部冲突及恐怖主义袭击，对国际能源运输安全也构成重大挑战。特别是沿"亚丁湾—曼德海峡—红海"一线，也门内战各方、地区恐怖组织、沿岸海盗活动均对这一国际主要油路产生威胁。传统战争与非传统安全所带来的风险正出现合流之势，维安难度不断提高。根据海洋安全研究机构"无海盗海洋"发布的最新报告数据，2017年总共发生54起海盗袭击事件，是2016年数量的2倍，其中有4艘大型船舶被劫持，可疑的活动、失败的袭击以及绑架层出不穷。① 与袭击数量相对应的则是大量船员受到海上袭击

---

① "The State of Maritime Piracy 2017," Oceans Beyond Piracy, http：//oceansbeyondpiracy. org/reports/sop/east‑afica.

活动的严重威胁，其中有15%的受袭船员为中国籍。由此可见，无论是从维护国际能源运输通道、确保中国人员及能源保障安全的角度，抑或是推进"一带一路"建设，特别是"海上丝绸之路"建设的角度，应对非传统安全带来的挑战都是亟待解决的要务。

（二）中国与中东国家的非传统安全合作

中国与中东国家在非传统安全领域的合作既是双方全方位"一带一路"建设的重要组成部分，也是确保其他各项合作得以顺利进行的客观需求。中国支持中东国家建设包容、共享的地区集体安全机制，并以身作则不断在地区事务和热点问题中发挥积极作用，提出中国方案。中东国家也欢迎中国在安全事务中扮演公正斡旋者的角色，实现地区冲突的降级止暴，维护区域的持久和平与安全。

在打击恐怖主义方面，中国同地区国家加强反恐交流与合作，构建长效安全机制。特别是在情报收集与交流、政策对接与合作、军事技术与武器装备、人员培训与技能提升等领域，中国同中东国家在共同应对国际和地区恐怖主义势力问题上团结一致，相互协作。众所周知，中东各国因所属宗教、教派、民族的不同，对恐怖主义定义有所区隔。中国反对并谴责一切形式的恐怖主义，反对将恐怖主义同特定的民族、宗教挂钩，反对反恐双重标准。中国同地区国家分享自身在打击恐怖主义、分裂主义和极端主义势力中的经验和教训，通过国际组织及特定国际合作机制协助阻断恐怖主义融资来源，打击跨境有组织犯罪。特别是在"去极端化"方面，中国与地区国家开展广泛合作，从官方到民间，从学术到实务，业已成为双方打击恐怖主义合作中极为亮眼的一笔。

在维护核不扩散体系及防止大规模杀伤性武器扩散方面，中国坚定支持，立场明确。中国支持阿盟及其成员国建立中东无核区的倡议，反对核武器及其他大规模杀伤性武器在中东扩散，主张中东地区国家加入《不扩散核武器条约》。在伊朗核问题上，中国坚定支持得到联合国安理会认可的"伊核问题全面协议"，认为所有各方都应当认真执行，维护全面协议的完

整性和严肃性。这有利于维护国际核不扩散体系，促进中东地区和平与稳定，对通过政治手段解决热点问题也具有示范意义。中国呼吁所有各方坚持政治解决方向，妥善管控分歧，尽快回到继续执行全面协议的正确轨道上来。

在反海盗、打击跨国犯罪、毒品贸易、追逃追赃等领域，中国和中东国家合作不断深化。全球五大被广泛提及的海盗活跃海域几内亚湾、亚丁湾、索马里海域、孟加拉湾、马六甲海峡，均为"海上丝绸之路"的必经之地。其中至少两处处于泛中东地区。海盗活动对"海上丝绸之路"的开拓与稳定造成诸多安全隐患。中国早在 2008 年底便开始在亚丁湾开展护航作业，不仅保护往来中方船只，更是对各国民用船只提供紧急救助。2017 年下半年，中国在吉布提设立的后勤保障基地投入使用，将有助于中国军队更好地执行亚丁湾和索马里海域护航、维和、人道主义救援等任务。跨国犯罪和毒品贸易方面，近年来国际犯罪组织与恐怖组织联系愈发紧密，通过海上恐怖活动进行走私、犯罪的比例在持续增长。目前我国在与"海上丝绸之路"沿岸各国探讨推进相关建设时，多附有共同打击跨国犯罪的政策宣示及具体措施，为遏制这一非传统安全风险奠定了重要基础。

在维护能源安全领域，"一带一路"倡议，特别是"海上丝绸之路"的构建将不仅对中国自身的能源安全，更对国际能源市场的稳定以及能源运输通道的安全做出了重要贡献。能源安全保障往往与地缘政治纠葛在一起。世界主要大国在能源输送通道的建设方面存在较大争议。在"一带一路"框架下，中国与多国签署的合作文件中均包含确保能源运输安全的子项。这在确保我国能源运输通道安全的同时，也保障了"一带一路"沿线国家的能源安全开发、利用和输出的问题。这对确保沿线国家自身经济安全与稳定同样具有举足轻重的作用，并将促进各国经济社会发展的共享共建。

Abstract

21st Century Maritime Silk Road Research Report (*2018 ~ 2019*) consists of three parts: General Report, Country and Region, Special Topic.

"General Report" points out that the 21st-Century Maritime Silk Road construction has yielded rich fruits during the 5 years anniversary, more and more countries have taken part in this development wave which sharing blue opportunities. the plans and policies of Maritime Silk Road construction have achieved refinement, expansion and wider communication, the spatial arrangement of maritime connectivity has extent to "interconnection among four oceans", interconnection between land and sea as well as linkage between the Belt and the Road have strengthened, the maritime cooperation in economy, trade, investment, environment and other fields has achieved effective promotion, multi-channel people to people exchanges have achieved collaborative expansion, multi-countries and parties are co-building development pattern of common prosperity among four oceans. At the same time, there are some problems in the Maritime Silk Road construction such as international geopolitical-economic game, domestic situation change of joint construction countries, subjective cognition of Maritime Silk Road construction need to be promoted, different understanding and identity of the outsider world, advancing process need improving and so on, which have restricted real effect and long-term development of Maritime Silk Road construction. Facing with these problems, if we want to promote further Maritime Silk Road construction both in substance and depth, we can't do without the combination between large part have something in mind and small part begins, we need to perfect top-level design of Belt and Road, overall planning the balanced development of land and sea; making efforts to build a new model of international relations, increasing mutual political trust among great powers; deepening investigation research of different countries, strengthening communication with

political ecosystem; expanding public diplomacy of Maritime Silk Road, promoting closer people-to-people ties and meeting each other half way; scientifically assessing practice of Maritime Silk Road, promoting construction step by step; coordinating domestic actions of Maritime Silk Road, converting competition to synergetic composition of forces.

In the "Country and Region", first report points out, it discusses to build well connection between the 21st-Century Maritime Silk Road construction and the joint construction country, expand pragmatic cooperation, share economic development opportunities, face new challenges of global governance and achieve common development. The main contents and forms of the connection are as below: development strategy, mechanism, overseas projects and enterprises, humanities. The connecting cooperation fields are various. Moreover, it analyses the characteristics of the connection and the difficulties, and make policy proposals, such as deepening the institutionalization of docking with the countries along the route, optimizing the existing docking cooperation, promoting the industrial development and industrial chain construction of docking and cooperation with countries along the route, building a platform based on docking port cooperation. Second report points out, it points out that the strategic connectivity between China and the Pacific island countries has a new platform after the 21st-Century Maritime Silk Road initiative was put forward, and mutual cooperation has gained new impetus. In the new situation, in order to give full play to the strategic role of the Pacific island countries in economic cooperation, political support and security in the construction of the 21st-Century Maritime Silk Road, China should strengthen the political, economic, cultural and institutional cooperation with the Pacific island countries and the pragmatic cooperation with the key countries such as Fiji, Papua New Guinea and Vanuatu on the basis of the "one country one policy" principle. Third report points out, climate change is a major common challenge facing mankind, and it is also a hot issue in the world in recent years. As a strategic extension of China's "21st-Century Maritime Silk Road" initiative, the South Pacific region has important practical and strategic value in deepening the cooperation on climate change between the two sides in terms of geography, security and development. In recent years, China and the South Pacific Island countries have carried out all-round and multi-level cooperation on climate change issues by using existing international mechanisms and international rules, playing the role of multilateral cooperation mechanisms, strengthening high-level visits, and multi-directional assistance. The cooperation mechanism and platform are increasing, the cooperative actors are diversified and the cooperation modes are diversified. At the same time, the climate change cooperation between the two sides also faces the interference of the opposition of the countries inside and outside the domain, the gap between the policy consensus and the project landing and the lack of coordination between the countries. In the future, we can promote pragmatic cooperation between China and the South Pacific Island countries in tackling climate change by expanding the scale of development cooperation provided to the climate change sector, consolidating cooperation in international climate negotiations, increase cooperation in renewable energy and promote a comprehensive three-dimensional cooperation model. Fourth report points out, in 2018, The political environment in Malaysia has changed. Looking back at the "Belt and Road" initiative, the cooperation between China and Malaysia has experienced four stages: hard-start, start-docking, steady-cooperation with blemish and recent-adjustment. In the past five years, Sino-Malaysia's cooperation in "five connectivity" have achieved remarkable results, and always ahead of other countries whether in the ASEAN or the world. However, After "the 14th General Assembly of Malaysia" which was held in May 2018, the cooperation between the two countries appear some new difficulties and challenges. Mainly manifested by the new government stopped and reviewed a number of Chinese-funded projects, the change of domestic and foreign policy, and uncertainties in the future direction of domestic political development, these new challenges will bring uncertainty to the cooperation between the two countries in future. Therefore, the Chinese and Malaysian governments should carefully research and pragmatically deal with it, for avoiding the damage of the overall cooperation and the comprehensive strategic partnership due to various differences or misjudgments. Fifth report points out, both China and India are emerging economies with strong economic complementarities and huge potential for cooperation. The deepening of Sino-Indian economic and trade cooperation under

the background of the Belt and Road has important strategic significance. Based on the analysis of the current status of Sino-Indian economic and trade cooperation and existing problems, the article further explores the importance of strengthening Sino-Indian economic and trade cooperation under the framework of the Belt and Road and the key areas of future cooperation between the two countries. Finally, the paper puts forward some Suggestions for deepening bilateral economic and trade cooperation. Sixth report points out, in the past five years, China and Indonesia have been actively involved in promoting synergy of their national development strategies and cooperation in an all-round way. Notable outcomes have been achieved. Bilateral trade has reached new highs. Mutual investment is expanding. Economic and technical cooperation in other fields are fruitful. Despite the difficulties encountered, it is manifest that China-Indonesia governments and enterprises work closely have laid a solid foundation for strategic synergies and economic cooperation. These factors will undoubtedly build a bright and prosperous future for two nations.

In the "Special Topic", first report points out, Chinese companies and institutions are also experiencing many risks in going out during the 21st-Century Maritime Silk Road construction. In order to more effectively protect the overseas interests of Chinese companies and personnel, it is necessary to build well connection for overseas risk and prevention and control mechanism. Therefore, Chinese government issued a series of documents and has also achieved many achievements in the protection of overseas interests. Moreover, in order to better prevent and control overseas risks, the central government and relevant departments decided to establish a "Belt and Road" dispute resolution mechanism and institutions, the country risk database and the key regional risk warning mechanism will be available soon. Experts from various fields have also provided valuable opinions for the protection of overseas interests in China from the aspects of top-level design, taxation, laws and network security. Second report points out, Trade liberalization and facilitation are important contents of promoting "unimpeded trade" and constructing "Maritime Silk Road Free Trade Area". Now countries along MSR differ a lot in levels of trade liberalization and facilitation: South Asia is lowest in trade liberalization and facilitation and is the prior region for MSRFTA negotiation; China is relatively low-level in trade liberalization so that market access should be expanded and trade restrictions reduced. East and South Africa are low-level in trade facilitation so that infrastructure and customs efficiency should be improved. Results of the quantitative evaluation of their international economic effects show that: both trade liberalization and facilitation have positive effects on real GDP, national welfare, imports and exports of MSR countries, while the effects of trade facilitation are more significant; from the perspective of regions, trade liberalization does more good to imports and exports of South Asia, East Africa and South Africa, trade facilitation has very significant effects on imports and exports of all sub-region along MSR, while both significantly improve China's terms of trade and welfare; from the perspective of sectors, trade liberalization and facilitation enhance the development of each countries' comparative advantages. Due to their contradictory effects in some countries, the optimal mode to construct MSRFTA is synchronously advancing trade liberalization and facilitation. Third report points out, Oil and gas development and energy trade cooperation are important components of the Belt and Road initiative, as well as effective ways to promote pragmatic cooperation between China and countries along the Belt and Road. Since the advocating of the Belt and Road initiative, energy cooperation between China and countries along the Belt and Road is fruitful. However, due to the difference with some surrounding countries' development plans, geopolitical and political instability, and the Belt and Road energy cooperation faces a series of challenges. China should take the opportunity of some surrounding countries' need of economic development transition, promoting oil and gas industry cooperation actively, innovating energy infrastructure construction-energy industry cooperation model, exploiting the potential of oil and gas cooperation with countries along the Belt and Road, extending energy trade cooperation channels, guiding Chinese energy enterprises to form international competitive advantage, and enhancing enterprises' ability to avoid risks. Fourth report points out, the oceanic geo-strategic channel is becoming the key which move China from the offshore to the ocean. Under the perspective of China's geopolitical strategy, China's three marginal seas are limited by geo-strategic channels. Between the India Ocean and the Pacific Ocean, the location of the South China Sea is crucial. Meanwhile, though, there

is a trend of relaxation in the Dispute over the South China Sea, it is still complicated. It is very important for China to reclaim and maintain the oceanic geo-strategic channel. The Malacca Strait, the Longmu Strait, the Sunda Strait and the Wangkassi Strait are the most important channels which connected the South China Sea. They are core nodes for China to explore the geo-strategic channels. In the future, China can control the South China Sea geo-strategic channel from three aspects: construction of multilateral cooperation mechanism, expansion of "relying on the mainland to control the ocean" and promotion of discourse power. Fifth report points out, the Middle East is an essential region for promoting the Belt and Road Initiative, and its environment and security should be attached great importance to. The Middle East enjoys rich resources, vast markets, and great potential of economic and social development. But at the same time, due to the geopolitical wrestling, sectarian conflicts, extremism and terrorism, the regional political map are fragmented and the political situation has been fluctuating, while non-traditional security risks keep rising. Especially since the last year, the regional geopolitical competition among the extraterritorial powers has been dramatically upgraded. The situation in Syria is shifting to the post-war political transition, while the Trump administration's aggressive policy on JCPOA and Embassy moving brought new risks to the region. Despite the complicated regional situation, the effort of China and regional countries on promoting the construction of the Maritime Silk Road has never been stopped. Frequent high-level visits and designs go along with the implementation of the specific mechanism, China's Belt and Road Initiative has gradually connecting with the development plans of regional countries. In general, the opportunities and challenges for the construction of the Maritime Silk Road in the Middle East coexist, and the non-traditional security risks are still at a relatively high level compared with other regions. At present, some prevention mechanisms have been presented in most projects against the non-traditional security risks, while the crisis coping ability of relevant parties still needs to be further strengthened.

Keywords: The 21st-Century Maritime Silk Road; Geographical Environment; Economic and Trade Cooperation

Contents

I General Report

Abstract: The Belt and Road Initiative has already gone through 5 years anniversary. As its direction of maritime cooperation, 21st Century Maritime Silk Road construction has yielded rich fruits too, more and more countries have taken part in this development wave which sharing blue opportunities. In five years, the plans and policies of Maritime Silk Road construction have achieved refinement, expansion and wider communication, the spatial arrangement of maritime connectivity has extent to "interconnection among four oceans", interconnection between land and sea as well as linkage between the Belt and the Road have

 海丝蓝皮书

strengthened, the maritime cooperation in economy, trade, investment, environment and other fields has achieved effective promotion, multi-channel people to people exchanges have achieved collaborative expansion, multi-countries and parties are co-building development pattern of common prosperity among four oceans. At the same time, there are some problems in the Maritime Silk Road construction such as international geopolitical-economic game, domestic situation change of joint construction countries, fuzzy subjective cognition of Maritime Silk Road construction, different understanding and identity of the outsider world, unreasoning impetuosity of advancing process and so on, which have restricted real effect and long-term development of Maritime Silk Road construction. Facing with these problems, if we want to promote further Maritime Silk Road construction both in substance and depth, we can't do without the combination between large part have something in mind and small part begins, we need to perfect top-level design of Belt and Road, overall planning the balanced development of land and sea; making efforts to build a new model of international relations, increasing mutual political trust among great powers; deepening investigation research of different countries, strengthening communication with political ecosystem; expanding public diplomacy of Maritime Silk Road, promoting closer people-to-people ties and meeting each other half way; scientifically assessing practice of Maritime Silk Road, promoting construction step by step; co-ordinating domestic actions of Maritime Silk Road, converting competition to synergetic composition of forces. 21st Century Maritime Silk Road construction is an important attempt of China which faces the oceans to realize the "Chinese dream" and build a community of shared future. In this big trend of cooperation that ocean frontage would bring about more prosperity, China has explained age connotation with its concrete actions, namely, guided by the Silk Road Spirit which is "openness, inclusiveness, cooperation, win-win", sharing the blue opportunities, consulting blue cooperation together, co-constructing the blue channels, co-undertaking the blue governance, co-creating the blue century with every joint construction country of 21st Century Maritime Silk Road.

Keywords: 21st Century Maritime Silk Road; Belt and Road Initiative; Joint Construction Country; Blue Channel; Overall Planning the Development of Land and Sea

II   Country and Region

B. 2   The 21st Century Maritime Silk Road and Cooperation
of the Countries along the Maritime Silk Road

Pang Jiaxin, Zhao Jianglin / 025

Abstract: To promote the connection of the national strategies of the countries is vital to the building of the 21st century Maritime Silk Road. The way to connect the strategies and the strategies that can be connected could be various. This thesis will analyses the characteristics of the connection and the difficulties that thwart it, and make policy proposals by studying how the the 21st century Maritime Silk Road is connected to the national strategies of the countries along the maritime silk road.

Keywords: The 21st century Maritime Silk Road; Connection of Strategies; International Cooperation

B. 3   China-Pacific Island Countries Cooperation under the
Framework of the 21st Century Maritime Silk Road

Xu Xiujun / 046

Abstract: After the 21st century Maritime Silk Road initiative was put forward in 2013, the strategic connectivity between China and the Pacific island countries has a new platform, and mutual cooperation has gained new impetus. In the new situation, in order to give full play to the strategic role of the Pacific island countries in economic cooperation, political support and security in the construction of the 21st century Maritime Silk Road, China should strengthen the political, economic, cultural and institutional cooperation with the Pacific island countries and the pragmatic cooperation with the key countries such as Fiji, Papua

海丝蓝皮书

New Guinea and Vanuatu on the basis of the "one country one policy" principle.

Keywords: 21st century Maritime Silk Road; Pacific Island Countries; "One Country One Policy"

B. 4　Climate Change Cooperation between China and the South Pacific Island under the Background of the "21ˢᵗ Century Maritime Silk Road"

Song Xiuju, *Yu Jiao* / 062

Abstract: Climate change is a major common challenge facing mankind, and it is also a hot issue in the world in recent years. As a strategic extension of China's "21ˢᵗ century Maritime Silk Road" initiative, the South Pacific region has important practical and strategic value in deepening the cooperation on climate change between the two sides in terms of geography, security and development. In recent years, China and the South Pacific Island countries have carried out all-round and multi-level cooperation on climate change issues by using existing international mechanisms and international rules, playing the role of multilateral cooperation mechanisms, strengthening high-level visits, and multi-directional assistance. The cooperation mechanism and platform are increasing, the cooperative actors are diversified and the cooperation modes are diversified. At the same time, the climate change cooperation between the two sides also faces the interference of the opposition of the countries inside and outside the domain, the gap between the policy consensus and the project landing and the lack of coordination between the countries. In the future, we can promote pragmatic cooperation between China and the South Pacific Island countries in tackling climate change by expanding the scale of development cooperation provided to the climate change sector, consolidating cooperation in international climate negotiations, increase cooperation in renewable energy and promote a comprehensive three-dimensional cooperation model.

Abstract: Since the "Belt and Road" initiative was proposed in 2013, the cooperation between China and Malaysia has experienced four stages: hard-start, start-docking, steady-cooperation with blemish and recent-adjustment. In the past five years, Sino-Malaysia's cooperation in "five connectivity" have achieved remarkable results, and always ahead of other countries whether in the ASEAN or the world. However, After "the 14th General Assembly of Malaysia" which was held in May 2018, the cooperation between the two countries appear some new difficulties and challenges. Mainly manifested by the new government stopped and reviewed a number of Chinese-funded projects, the change of domestic and foreign policy, and uncertainties in the future direction of domestic political development, these new challenges will bring uncertainty to the cooperation between the two countries in future. Therefore, the Chinese and Malaysian governments should carefully research and pragmatically deal with it, for avoiding the damage of the overall cooperation and the comprehensive strategic partnership due to various differences or misjudgments.
Keywords: China; Malaysia; the Belt and Road

Abstract: Both China and India are emerging economies with strong

海丝蓝皮书

economic complementarities and huge potential for cooperation. The deepening of
Sino-Indian economic and trade cooperation under the background of the Belt and
Road has important strategic significance. Based on the analysis of the current status
of Sino-Indian economic and trade cooperation and existing problems, the article
further explores the importance of strengthening Sino-Indian economic and trade
cooperation under the framework of the Belt and Road and the key areas of future
cooperation between the two countries. Finally, the paper puts forward some
Suggestions for deepening bilateral economic and trade cooperation.

Keywords: China; India; The Belt and Road; Trade; Investment

B. 7 The Progress and Prospects of Economic Relations
between China and Indonesia under the
"Belt and Road" Initiative   *Wu Chongbo* / 118

Abstract: President Xi Jinping proposed to build the 21st Century Maritime
Silk Road initiative during his visit to Indonesia in 2013. Thereafter, Indonesia's
newly installed president; Joko Widodo proposed a strategy to transform Indonesia
into a maritime nation. In the past five years, the two countries have been actively
involved in promoting synergy of their national development strategies and
cooperation in an all-round way. Notable outcomes have been achieved. Bilateral
trade has reached new highs. Mutual investment is expanding. Economic and
technical cooperation in other fields are fruitful. Despite the difficulties
encountered, it is manifest that China-Indonesia governments and enterprises work
closely have laid a solid foundation for strategic synergies and economic
cooperation. These factors will undoubtedly build a bright and prosperous future for
two nations.

Keywords: The Belt and Road Initiative; "Global Maritime Axis" Vision;
Infrastructure Construction; Production Capacity Cooperation; Marine Economy

III   Special Topic

Abstract: The 21ˢᵗ Century Maritime Silk Road is an important part of the "Belt and Road Initiative". While making significant progress, Chinese companies and institutions are also experiencing many risks in going out. In order to more effectively protect the overseas interests of Chinese companies and personnel, in 2017, Chinese government issued a series of documents, including: to practically promote the docking of China's various standards at national and regional standards along the "Belt and Road Initiative", to enhance international cooperation and exchanges, combat financial crimes, optimize the functions of relevant departments, and to construct various monitoring and control systems.

The ministries and commissions made specific arrangements for preventing and controlling overseas financial risks, developing overseas credit insurance business, strengthening the external project management credit system, constructing a global human resources service network, providing foreign-related legal services, and setting up overseas risk databases. At the same time, in 2017, China has also achieved many achievements in the protection of overseas interests, including: relevant sectors and even specific projects from different countries along the 21ˢᵗ Century Maritime Silk Road signed a series of memorandums of understanding on cooperation and agreements of practical guaranteeing our interests, the relevant departments have strengthened the implementation of external supervision and achieved remarkable results, and the credit evaluation and insurance industry has also achieved great development. In addition, in January 2018, in order to better prevent and control overseas risks, the central government and relevant departments decided to establish a "Belt and Road" dispute resolution mechanism and institutions, the country risk database and the key regional risk warning mechanism will be available soon. Experts from various fields have also provided

valuable opinions for the protection of overseas interests in China from the aspects of top-level design, taxation, laws and network security.

Keywords: Overseas Interest Protection; The Belt and Road; Maritime Silk Road; Risk

B. 9　Trade Liberalization and Facilitation and Their Economic Effects of the 21st Century Maritime Silk Road

Xu Peiyuan, Qiao Dan / 159

Abstract: Trade liberalization and facilitation are important contents of promoting "unimpeded trade" and constructing "Maritime Silk Road Free Trade Area". Now countries along MSR differ a lot in levels of trade liberalization and facilitation: South Asia is lowest in trade liberalization and facilitation and is the prior region for MSRFTA negotiation; China is relatively low-level in trade liberalization so that market access should be expanded and trade restrictions reduced. East and South Africa are low-level in trade facilitation so that infrastructure and customs efficiency should be improved. Results of the quantitative evaluation of their international economic effects show that: both trade liberalization and facilitation have positive effects on real GDP, national welfare, imports and exports of MSR countries, while the effects of trade facilitation are more significant; from the perspective of regions, trade liberalization does more good to imports and exports of South Asia, East Africa and South Africa, trade facilitation has very significant effects on imports and exports of all sub-region along MSR, while both significantly improve China's terms of trade and welfare; from the perspective of sectors, trade liberalization and facilitation enhance the development of each countries' comparative advantages—textiles and clothing in China, processed food in ASEAN, food crops in South Asia, heavy industries in West Asia and North Africa, and animal husbandry and meat products in East Africa and South Africa; due to their contradictory effects in some countries, the optimal mode to construct MSRFTA is synchronously advancing trade liberalization and facilitation.

Keywords: 21st century Maritime Silk Road; Trade Liberalization; Trade Facilitation; Economic Effects Evaluation

B. 10　The Status Quo, Problems and Prospects of the Belt and Road Oil and Gas Development and Energy Trade Cooperation　　　　　*Kang Lin* / 187

Abstract: Oil and gas development and energy trade cooperation are important components of the Belt and Road initiative, as well as effective ways to promote pragmatic cooperation between China and countries along the Belt and Road. Since the advocating of the Belt and Road initiative, energy cooperation between China and countries along the Belt and Road is fruitful, China's imports of crude oil and natural gas from surrounding countries have accounted for 70% and 60% of the total imports, respectively. However, due to the difference with some surrounding countries' development plans, geopolitical and political instability, and the Belt and Road energy cooperation faces a series of challenges. China should take the opportunity of some surrounding countries' need of economic development transition, promoting oil and gas industry cooperation actively, innovating energy infrastructure construction—energy industry cooperation model, exploiting the potential of oil and gas cooperation with countries along the Belt and Road, extending energy trade cooperation channels, guiding Chinese energy enterprises to form international competitive advantage, and enhancing enterprises' ability to avoid risks.

Keywords: The Belt and Road; Oil and Gas Development; Energy Trade; International Cooperation

海丝蓝皮书

B. 11   The Strategic Channel of the South China Sea

under the Background of 21ˢᵗ Century

Maritime Silk Road Strategy   *Yu Ying* / 197

Abstract: In recent years, with actualization of "21ˢᵗ century Maritime Silk Road Strategy", the oceanic geo-strategic channel is becoming the key which move China from the offshore to the ocean. Under the perspective of China's geopolitical strategy, China's three marginal seas are limited by geo-strategic channels. Between the India Ocean and the Pacific Ocean, the location of the South China Sea is crucial. Meanwhile, though, there is a trend of relaxation in the Dispute over the South China Sea, it is still complicated. It is very important for China to reclaim and maintain the oceanic geo-strategic channel. The Malacca Strait, the Longmu Strait, the Sunda Strait and the Wangkassi Strait are the most important channels which connected the South China Sea. They are core nodes for China to explore the geo-strategic channels. In the future, China can control the South China Sea geo-strategic channel from three aspects: construction of multilateral cooperation mechanism, expansion of "relying on the mainland to control the ocean" and promotion of discourse power

Keywords: Oceanic Geo-strategic Channel; Relying on the Mainland to Control the Ocean; Geopolitical Strategy

B. 12   Opportunities and Challenges for the Construction

of the Maritime Silk Road in the Middle East:

Non-traditional Security Perspective   *Li Zixin* / 211

Abstract: As the geographical intersection of the "Silk Road Economic Belt" and the "21ˢᵗ Century Maritime Silk Road", the Middle East is an essential region for promoting the Belt and Road Initiative. The Middle East enjoys rich resources, vast markets, and great potential of economic and social development. But at the same time, due to the geopolitical wrestling, sectarian conflicts, extremism and terrorism, the regional political map are fragmented and the political situation has been fluctuating, while non-traditional security risks keep rising. Especially since the last year, the regional geopolitical competition among the extraterritorial powers has been dramatically upgraded. The situation in Syria is shifting to the post-war political transition, while the Trump administration's aggressive policy on JCPOA and Embassy moving brought new risks to the region. Despite the complicated regional situation, the effort of China and regional countries on promoting the construction of the Maritime Silk Road has never been stopped. Frequent high-level visits and designs go along with the implementation of the specific mechanism, China's Belt and Road Initiative has gradually connecting with the development plans of regional countries. In general, the opportunities and challenges for the construction of the Maritime Silk Road in the Middle East coexist, and the non-traditional security risks are still at a relatively high level compared with other regions. At present, some prevention mechanisms have been presented in most projects against the non-traditional security risks, while the crisis coping ability of relevant parties still needs to be further strengthened.

Keywords: Non-traditional Security; The Maritime Silk Road; The Middle East

社会科学文献出版社

皮书系列

❖ 皮书起源 ❖

"皮书"起源于十七、十八世纪的英国，主要指官方或社会组织正式发表的重要文件或报告，多以"白皮书"命名。在中国，"皮书"这一概念被社会广泛接受，并被成功运作、发展成为一种全新的出版形态，则源于中国社会科学院社会科学文献出版社。

❖ 皮书定义 ❖

皮书是对中国与世界发展状况和热点问题进行年度监测，以专业的角度、专家的视野和实证研究方法，针对某一领域或区域现状与发展态势展开分析和预测，具备原创性、实证性、专业性、连续性、前沿性、时效性等特点的公开出版物，由一系列权威研究报告组成。

❖ 皮书作者 ❖

皮书系列的作者以中国社会科学院、著名高校、地方社会科学院的研究人员为主，多为国内一流研究机构的权威专家学者，他们的看法和观点代表了学界对中国与世界的现实和未来最高水平的解读与分析。

❖ 皮书荣誉 ❖

皮书系列已成为社会科学文献出版社的著名图书品牌和中国社会科学院的知名学术品牌。2016年，皮书系列正式列入"十三五"国家重点出版规划项目；2013~2019年，重点皮书列入中国社会科学院承担的国家哲学社会科学创新工程项目；2019年，64种院外皮书使用"中国社会科学院创新工程学术出版项目"标识。

中国皮书网

（网址：www.pishu.cn）

发布皮书研创资讯，传播皮书精彩内容

引领皮书出版潮流，打造皮书服务平台

栏目设置

关于皮书：何谓皮书、皮书分类、皮书大事记、皮书荣誉、

皮书出版第一人、皮书编辑部

最新资讯：通知公告、新闻动态、媒体聚焦、网站专题、视频直播、下载专区

皮书研创：皮书规范、皮书选题、皮书出版、皮书研究、研创团队

皮书评奖评价：指标体系、皮书评价、皮书评奖

互动专区：皮书说、社科数托邦、皮书微博、留言板

所获荣誉

2008 年、2011 年，中国皮书网均在全国新闻出版业网站荣誉评选中获得"最具商业价值网站"称号；

2012 年，获得"出版业网站百强"称号。

网库合一

2014 年，中国皮书网与皮书数据库端口合一，实现资源共享。

权威报告·一手数据·特色资源

皮书数据库
ANNUAL REPORT(YEARBOOK)
DATABASE

当代中国经济与社会发展高端智库平台

所获荣誉

- 2016年，入选"'十三五'国家重点电子出版物出版规划骨干工程"
- 2015年，荣获"搜索中国正能量 点赞2015""创新中国科技创新奖"
- 2013年，荣获"中国出版政府奖·网络出版物奖"提名奖
- 连续多年荣获中国数字出版博览会"数字出版·优秀品牌"奖

成为会员

　　通过网址www.pishu.com.cn访问皮书数据库网站或下载皮书数据库APP，进行手机号码验证或邮箱验证即可成为皮书数据库会员。

会员福利

- 已注册用户购书后可免费获赠100元皮书数据库充值卡。刮开充值卡涂层获取充值密码，登录并进入"会员中心"—"在线充值"—"充值卡充值"，充值成功即可购买和查看数据库内容。
- 会员福利最终解释权归社会科学文献出版社所有。

社会科学文献出版社 皮书系列
SOCIAL SCIENCES ACADEMIC PRESS (CHINA)

卡号：493947386351
密码：

数据库服务热线：400-008-6695
数据库服务QQ：2475522410
数据库服务邮箱：database@ssap.cn
图书销售热线：010-59367070/7028
图书服务QQ：1265056568
图书服务邮箱：duzhe@ssap.cn

S 基本子库
SUB DATABASE

中国社会发展数据库（下设 12 个子库）

全面整合国内外中国社会发展研究成果，汇聚独家统计数据、深度分析报告，涉及社会、人口、政治、教育、法律等 12 个领域，为了解中国社会发展动态、跟踪社会核心热点、分析社会发展趋势提供一站式资源搜索和数据分析与挖掘服务。

中国经济发展数据库（下设 12 个子库）

基于"皮书系列"中涉及中国经济发展的研究资料构建，内容涵盖宏观经济、农业经济、工业经济、产业经济等 12 个重点经济领域，为实时掌控经济运行态势、把握经济发展规律、洞察经济形势、进行经济决策提供参考和依据。

中国行业发展数据库（下设 17 个子库）

以中国国民经济行业分类为依据，覆盖金融业、旅游、医疗卫生、交通运输、能源矿产等 100 多个行业，跟踪分析国民经济相关行业市场运行状况和政策导向，汇集行业发展前沿资讯，为投资、从业及各种经济决策提供理论基础和实践指导。

中国区域发展数据库（下设 6 个子库）

对中国特定区域内的经济、社会、文化等领域现状与发展情况进行深度分析和预测，研究层级至县及县以下行政区，涉及地区、区域经济体、城市、农村等不同维度。为地方经济社会宏观态势研究、发展经验研究、案例分析提供数据服务。

中国文化传媒数据库（下设 18 个子库）

汇聚文化传媒领域专家观点、热点资讯，梳理国内外中国文化发展相关学术研究成果、一手统计数据，涵盖文化产业、新闻传播、电影娱乐、文学艺术、群众文化等 18 个重点研究领域。为文化传媒研究提供相关数据、研究报告和综合分析服务。

世界经济与国际关系数据库（下设 6 个子库）

立足"皮书系列"世界经济、国际关系相关学术资源，整合世界经济、国际政治、世界文化与科技、全球性问题、国际组织与国际法、区域研究 6 大领域研究成果，为世界经济与国际关系研究提供全方位数据分析，为决策和形势研判提供参考。

法律声明

    "皮书系列"（含蓝皮书、绿皮书、黄皮书）之品牌由社会科学文献出版社最早使用并持续至今，现已被中国图书市场所熟知。"皮书系列"的相关商标已在中华人民共和国国家工商行政管理总局商标局注册，如 LOGO（ ▨ ）、皮书、Pishu、经济蓝皮书、社会蓝皮书等。"皮书系列"图书的注册商标专用权及封面设计、版式设计的著作权均为社会科学文献出版社所有。未经社会科学文献出版社书面授权许可，任何使用与"皮书系列"图书注册商标、封面设计、版式设计相同或者近似的文字、图形或其组合的行为均系侵权行为。

    经作者授权，本书的专有出版权及信息网络传播权等为社会科学文献出版社享有。未经社会科学文献出版社书面授权许可，任何就本书内容的复制、发行或以数字形式进行网络传播的行为均系侵权行为。

    社会科学文献出版社将通过法律途径追究上述侵权行为的法律责任，维护自身合法权益。

    欢迎社会各界人士对侵犯社会科学文献出版社上述权利的侵权行为进行举报。电话：010-59367121，电子邮箱：fawubu@ssap.cn。

社会科学文献出版社